老科学家学术成长资料采集工程

中国工程院院士传记丛书

寻梦衣被天下

梅自强传

陆慕寒◎著

年 苏常州

1951 年 毕业于南通学院纺织工程系

1958 年 获莫斯科纺织学院副博士学位

1984 年 任中国纺织科学研究院院长

1995 年 当选为中国工程院院士

2010 年 逝世于北京

老科学家学术成长资料采集工程
中国工程院院士传记丛书

寻梦衣被天下

梅自强传

陆慕寒◎著

中国科学技术出版社
上海交通大学出版社

图书在版编目（CIP）数据

寻梦衣被天下：梅自强传／陆慕寒著．—北京：中国科学技术出版社，2017.4

（老科学家学术成长资料采集工程丛书；中国工程院院士传记丛书）

ISBN 978-7-5046-7450-0

Ⅰ. ①寻… Ⅱ. ①陆… Ⅲ. ①梅自强－传记 Ⅳ. ① K826.16

中国版本图书馆 CIP 数据核字（2017）第 067504 号

责任编辑	余　君
责任校对	杨京华
责任印制	张建农
版式设计	中文天地

出　　版	中国科学技术出版社　上海交通大学出版社
发　　行	科学普及出版社发行部
地　　址	北京市海淀区中关村南大街 16 号
邮　　编	100081
发行电话	010-62173865
传　　真	010-62179148
网　　址	http：//www.cspbooks.com.cn

开　　本	787mm × 1092mm　1/16
字　　数	320 千字
印　　张	22
彩　　插	2
版　　次	2017 年 4 月第 1 版
印　　次	2017 年 4 月第 1 次印刷
印　　刷	北京华联印刷有限公司
书　　号	ISBN 978-7-5046-7450-0 / K・217
定　　价	80.00 元

老科学家学术成长资料采集工程简介

老科学家学术成长资料采集工程（以下简称“采集工程”）是根据国务院领导同志的指示精神，由国家科教领导小组于2010年正式启动，中国科协牵头，联合中组部、教育部、科技部、工信部、财政部、文化部、国资委、解放军总政治部、中国科学院、中国工程院、国家自然科学基金委员会等11部委共同实施的一项抢救性工程，旨在通过实物采集、口述访谈、录音录像等方法，把反映老科学家学术成长历程的关键事件、重要节点、师承关系等各方面的资料保存下来，为深入研究科技人才成长规律，宣传优秀科技人物提供第一手资料和原始素材。

采集工程是一项开创性工作。为确保采集工作规范科学，启动之初即成立了由中国科协主要领导任组长、12个部委分管领导任成员的领导小组，负责采集工程的宏观指导和重要政策措施制定，同时成立领导小组专家委员会负责采集原则确定、采集名单审定和学术咨询，委托科学史学者承担学术指导与组织工作，建立专门的馆藏基地确保采集资料的永久性收藏和提供使用，并研究制定了《采集工作流程》、《采集工作规范》等一系列基础文件，作为采集人员的工作指南。截止2016年6月，已启动400多位老科学家的学术成长资料采集工作，获得手稿、书信等实物原件资料73968件，数字化资料178326件，视频资料4037小时，音频资料4963小时，具有重要的史料价值。

采集工程的成果目前主要有三种体现形式，一是建设“中国科学家博物馆网络版”，提供学术研究和弘扬科学精神、宣传科学家之用；二是编辑制作科学家专题资料片系列，以视频形式播出；三是研究撰写客观反映老科学家学术成长经历的研究报告，以学术传记的形式，与中国科学院、中国工程院联合出版。随着采集工程的不断拓展和深入，将有更多形式的采集成果问世，为社会公众了解老科学家的感人事迹，探索科技人才成长规律，研究中国科技事业的发展历程提供客观翔实的史料支撑。

总序一

中国科学技术协会主席　韩启德

老科学家是共和国建设的重要参与者，也是新中国科技发展历史的亲历者和见证者，他们的学术成长历程生动反映了近现代中国科技事业与科技教育的进展，本身就是新中国科技发展历史的重要组成部分。针对近年来老科学家相继辞世、学术成长资料大量散失的突出问题，中国科协于2009年向国务院提出抢救老科学家学术成长资料的建议，受到国务院领导同志的高度重视和充分肯定，并明确责成中国科协牵头，联合相关部门共同组织实施。根据国务院批复的《老科学家学术成长资料采集工程实施方案》，中国科协联合中组部、教育部、科技部、工业和信息化部、财政部、文化部、国资委、解放军总政治部、中国科学院、中国工程院、国家自然科学基金委员会等11部委共同组成领导小组，从2010年开始组织实施老科学家学术成长资料采集工程。

老科学家学术成长资料采集是一项系统工程，通过文献与口述资料的搜集和整理、录音录像、实物采集等形式，把反映老科学家求学历程、师承关系、科研活动、学术成就等学术成长中关键节点和重要事件的口述资料、实物资料和音像资料完整系统地保存下来，对于充实新中国科技发展的历史文献，理清我国科技界学术传承脉络，探索我国科技发展规律和科技人才成长规律，弘扬我国科技工作者求真务实、无私奉献的精神，在全社会营造爱科学、学科学、用科学的良好氛围，是一件很有意义的事情。采集工程把重点放在年龄在80岁以上、学术成长经历丰富的两院院士，以及虽然不是两院院士、但在我国科技事业发展中作出突出贡献的老科技工作者，充分体现了党和国家对老科学家的关心和爱护。

自2010年启动实施以来，采集工程以对历史负责、对国家负责、对科技事业负责的精神，开展了一系列工作，获得大量反映老科学家学术成长历程的文字资料、实物资料和音视频资料，其中有一些资料具有很高的史料价值和学术价值，弥足珍贵。

以传记丛书的形式把采集工程的成果展现给社会公众，是采集工程的目标之一，也是社会各界的共同期待。在我看来，这些传记丛书大都是在充分挖掘档案和书信等各种文献资料、与口述访谈相互印证校核、严密考证的基础之上形成的，内中还有许多很有价值的照片、手稿影印件等珍贵图片，基本做到了图文并茂，语言生动，既体现了历史的鲜活，又立体化地刻画了人物，较好地实现了真实性、专业性、可读性的有机统一。通过这套传记丛书，学者能够获得更加丰富扎实的文献依据，公众能够更加系统深入地了解老一辈科学家的成就、贡献、经历和品格，青少年可以更真实地了解科学家、了解科技活动，进而充分激发对科学家职业的浓厚兴趣。

借此机会，向所有接受采集的老科学家及其亲属朋友，向参与采集工程的工作人员和单位，表示衷心感谢。真诚希望这套丛书能够得到学术界的认可和读者的喜爱，希望采集工程能够得到更广泛的关注和支持。我期待并相信，随着时间的流逝，采集工程的成果将以更加丰富多样的形式呈现给社会公众，采集工程的意义也将越来越彰显于天下。

是为序。

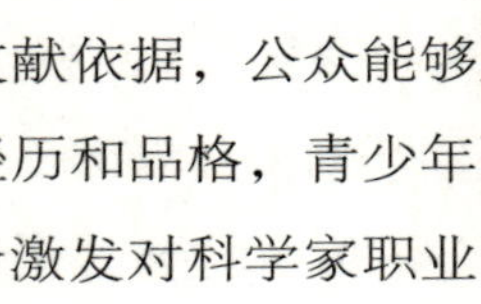

总序二

中国科学院院长　白春礼

由国家科教领导小组直接启动，中国科学技术协会和中国科学院等12个部门和单位共同组织实施的老科学家学术成长资料采集工程，是国务院交办的一项重要任务，也是中国科技界的一件大事。值此采集工程传记丛书出版之际，我向采集工程的顺利实施表示热烈祝贺，向参与采集工程的老科学家和工作人员表示衷心感谢！

按照国务院批准实施的《老科学家学术成长资料采集工程实施方案》，开展这一工作的主要目的就是要通过录音录像、实物采集等多种方式，把反映老科学家学术成长历史的重要资料保存下来，丰富新中国科技发展的历史资料，推动形成新中国的学术传统，激发科技工作者的创新热情和创造活力，在全社会营造爱科学、学科学、用科学的良好氛围。通过实施采集工程，系统搜集、整理反映这些老科学家学术成长历程的关键事件、重要节点、学术传承关系等的各类文献、实物和音视频资料，并结合不同时期的社会发展和国际相关学科领域的发展背景加以梳理和研究，不仅有利于深入了解新中国科学发展的进程特别是老科学家所在学科的发展脉络，而且有利于发现老科学家成长成才中的关键人物、关键事件、关键因素，探索和把握高层次人才培养规律和创新人才成长规律，更有利于理清我国科技界学术传承脉络，深入了解我国科学传统的形成过程，在全社会范围内宣传弘扬老科学家的科学思想、卓越贡献和高尚品质，推动社会主义科学文化和创新文化建设。从这个意义上说，采集工程不仅是一项文化工程，更是一项严肃认真的学术建设工作。

中国科学院是科技事业的国家队，也是凝聚和团结广大院士的大家庭。早在 1955 年，中国科学院选举产生了第一批学部委员，1993 年国务院决定中国科学院学部委员改称中国科学院院士。半个多世纪以来，从学部委员到院士，经历了一个艰难的制度化进程，在我国科学事业发展史上书写了浓墨重彩的一笔。在目前已接受采集的老科学家中，有很大一部分即是上个世纪 80、90 年代当选的中国科学院学部委员、院士，其中既有学科领域的奠基人和开拓者，也有作出过重大科学成就的著名科学家，更有毕生在专门学科领域默默耕耘的一流学者。作为声誉卓著的学术带头人，他们以发展科技、服务国家、造福人民为己任，求真务实、开拓创新，为我国经济建设、社会发展、科技进步和国家安全作出了重要贡献；作为杰出的科学教育家，他们着力培养、大力提携青年人才，在弘扬科学精神、倡树科学理念方面书写了可歌可泣的光辉篇章。他们的学术成就和成长经历既是新中国科技发展的一个缩影，也是国家和社会的宝贵财富。通过采集工程为老科学家树碑立传，不仅对老科学家们的成就和贡献是一份肯定和安慰，也使我们多年的夙愿得偿！

鲁迅说过，“跨过那站着的前人”。过去的辉煌历史是老一辈科学家铸就的，新的历史篇章需要我们来谱写。衷心希望广大科技工作者能够通过“采集工程”的这套老科学家传记丛书和院士丛书等类似著作，深入具体地了解和学习老一辈科学家学术成长历程中的感人事迹和优秀品质；继承和弘扬老一辈科学家求真务实、勇于创新的科学精神，不畏艰险、勇攀高峰的探索精神，团结协作、淡泊名利的团队精神，报效祖国、服务社会的奉献精神，在推动科技发展和创新型国家建设的广阔道路上取得更辉煌的成绩。

总序三

中国工程院院长　周　济

由中国科协联合相关部门共同组织实施的老科学家学术成长资料采集工程，是一项经国务院批准开展的弘扬老一辈科技专家崇高精神、加强科学道德建设的重要工作，也是我国科技界的共同责任。中国工程院作为采集工程领导小组的成员单位，能够直接参与此项工作，深感责任重大、意义非凡。

在新的历史时期，科学技术作为第一生产力，已经日益成为经济社会发展的主要驱动力。科技工作者作为先进生产力的开拓者和先进文化的传播者，在推动科学技术进步和科技事业发展方面发挥着关键的决定的作用。

新中国成立以来，特别是改革开放 30 多年来，我们国家的工程科技取得了伟大的历史性成就，为祖国的现代化事业作出了巨大的历史性贡献。两弹一星、三峡工程、高速铁路、载人航天、杂交水稻、载人深潜、超级计算机……一项项重大工程为社会主义事业的蓬勃发展和祖国富强书写了浓墨重彩的篇章。

这些伟大的重大工程成就，凝聚和倾注了以钱学森、朱光亚、周光召、侯祥麟、袁隆平等为代表的一代又一代科技专家们的心血和智慧。他们克服重重困难，攻克无数技术难关，潜心开展科技研究，致力推动创新发展，为实现我国工程科技水平大幅提升和国家综合实力显著增强作出了杰出贡献。他们热爱祖国，忠于人民，自觉把个人事业融入到国家建设大局之中，为实现国家富强而不断奋斗；他们求真务实，勇于创新，用科技为中华民族的伟大复兴铸就了辉煌；他们治学严谨，鞠躬尽瘁，具有崇高的科学精神和科学道德，是我们后代学习的楷模。科学家们的一生是一本珍贵的教科书，他们坚定的理想信念和淡泊名利的崇高品格是中华民族自强不息精神的宝贵财富，永远值得后人铭记和敬仰。

通过实施采集工程，把反映老科学家学术成长经历的重要文字资料、实物资料和音像资料保存下来，把他们卓越的技术成就和可贵的精神品质记录下来，并编辑出版他们的学术传记，对于进一步宣传他们为我国科技发展和民族进步作出的不朽功勋，引导青年科技工作者学习继承他们的可贵精神和优秀品质，不断攀登世界科技高峰，推动在全社会弘扬科学精神，营造爱科学、讲科学、学科学、用科学的良好氛围，无疑有着十分重要的意义。

中国工程院是我国工程科技界的最高荣誉性、咨询性学术机构，集中了一大批成就卓著、德高望重的老科技专家。以各种形式把他们的学术成长经历留存下来，为后人提供启迪，为社会提供借鉴，为共和国的科技发展留下一份珍贵资料。这是我们的愿望和责任，也是科技界和全社会的共同期待。

周济

梅自强
（2000 年 3 月 30 日。李椿和提供）

中国纺织工业联合会会长王天凯（中）接受采集小组采访
（2014 年 10 月 30 日，杨立军摄）

中国纺织科学研究院原院长赵强（右二）带领采集小组到湖北安陆原五七棉纺厂采访
（2014 年 4 月 29 日，张磊摄）

序

梅自强院士因病于2010年8月19日8时在北京逝世，享年81岁。他是我国著名纺织工程科技专家，高产梳棉理论和实践的创始人、学科带头人，第八届、第九届全国政协委员，中国工程院院士，中国纺织科学研究院教授级高级工程师、博士生导师。他的逝世，是中国纺织行业的一个不可弥补的重大损失。

梅自强于1929年4月26日生于江苏常州，1951年毕业于南通学院纺织工程系，1952年10月加入中国共产党。1954—1958年，赴苏联莫斯科纺织学院学习，获得科学技术副博士学位。1958—1969年，在纺织科学研究院工作，主要从事高产梳棉机的研究和开发。1969年，下放到位于湖北安陆的纺织工业部五七棉纺厂。1978年任纺织工业部纺织科学研究院副院长，1984年任院长。1987年10月任纺织工业部科学技术委员会常务副主任。1995年当选为中国工程院院士。

梅自强是我国高产梳棉理论和实践的创始人。1954—1958年，梅自强在苏联求学期间的研究结果多次在苏联和我国的刊物上发表，并编写出版了《苏联高产量梳棉机》一书。

1958年回国后，梅自强主持并开展了提高梳棉机产量的研究工作，历时八年的科技攻关，前后三次组织设计制造新样机，研制成功四种新型梳棉机，其中 A186 型达到当时国际先进水平，是 20 多年来国产梳棉机的主要机型之一，取得了巨大的社会效益和经济效益。

20 世纪 60 至 80 年代，梅自强为推广应用国产第二代棉纺新型设备作出重要贡献。自 1978 年至 1980 年，重点帮助约占当时全国 1/3 棉纺生产能力、合计 556 万纱锭的 122 个棉纺厂提高了生产技术管理水平，增产的棉纱相当于新建 50 万锭生产能力。

80 年代，梅自强领导纺科院与长岭机器厂合作，研制国产条干仪替代进口。经过三年努力，国产 YG131 型条干均匀度测试仪达到当时国际先进水平，于 1988 年获国家经委技术开发优秀成果奖，1990 年获国家科技进步奖二等奖。

梅自强是我国纺织科技的学术带头人，为促进我国纺织技术学术发展和对外交流发挥了重要作用。在 1988 年 5 月召开的中国纺织工程学会第十九届代表大会上，梅自强当选为常务理事兼学术委员会主任。他建立健全了学会所属各专业委员会的组织，发挥各专业委员会下属学组的作用，开展多层次、多形式的学术交流活动；发动广大工程技术人员总结交流生产技术经验，推动纺织工业技术进步。

梅自强还多次率团出访和组织来访学术交流活动，提升了我国纺织工业在世界的影响力。1989 年 10 月，梅自强首次和台湾纺织工程学会取得联系，并促成 1990 年 2 月台湾纺织教授访问团首次来大陆介绍台湾纺织工业情况。改革开放以来，梅自强先后率团去欧洲，去澳大利亚、新西兰、朝鲜等国家及香港地区访问，介绍中国纺织工业的发展，促进科技交流与合作。

1987 年，纺织工业部成立科学技术委员会，梅自强任常务副主任，主持日常工作。其间，他认真调查研究，为纺织工业建言献策。

1990 年，梅自强赴新疆考察，建议从政策上、资金上大力支持新疆加快发展棉花生产，把新疆建设成为我国稳定的棉花生产和供应基地。

20 世纪 90 年代初，他参与引进技术国产化“重中之重”专项调研评估论证工作，对加快纺织装备现代化起了重要作用。

90 年代末，我国纺织工业经过压锭重组，进入了调整结构、推进产业升级的新时期。梅自强又及时提出了“关于用高新技术改造传统棉纺织工业的建议”和“关于全面考核国产棉纺新设备技术经济性能和总结使用管理经验的建议”，以适应棉纺织行业大面积技术改造，帮助企业用好新一代国产棉纺新设备。

在担任第八届和第九届全国政协委员期间，梅自强共提出有关纺织工业发展的提案10余件，其中第九届第二次会议上关于“建议进一步采取措施拯救丝绸行业”的提案被评选为第九届政协优秀提案。

古稀之后的梅自强还是把自己的全部智慧和力量贡献给我国的纺织学术建设。他担任中国纺织工程学会的领导职务，并兼任陈维稷优秀论文奖评委会主任、《中国科学技术专家传略·工程技术编·纺织卷》编委会主任、《纺织词海》编委会主任、《中国大百科全书（第二版）》纺织科学学科主编、中国现代纺织科学与工程全书编委会主任以及桑麻纺织科技奖评委等社会职务，为我国纺织工业的发展与振兴殚精竭虑，奉献了毕生精力。

梅自强的一生都在为我国纺织工业的振兴奔走疾呼，建言献策。即使80高龄，他一年中的一半时间都奔走在全国各地的科研一线。如果不出差，每天早晨7点钟，他一定会准时出现在自己的办公室里。直至病危的前一天，他仍然在办公室伏案工作。

我跟梅自强院士交往最多、最密切的共同经历，就是香港桑麻基金纺织科技奖的创建与评审过程。

桑麻奖是香港实业家查济民在1992年提出并设立的，其宗旨是表彰内地从事纺织、热爱纺织的青年科技人员。那时纺织业正在经历相对困难的时期，大家都觉得纺织是夕阳产业，社会上对此也颇多评论。查济民先生一生从事纺织，出于对事业的热爱，决定斥巨资设立奖项。查先生认为，中国有这么多人口，要解决人民的穿衣问题，还要靠自己，纺织不是夕阳产业，是个永恒的产业。全球金融危机后，国务院给我们纺织的定位是：传统的支柱产业，重要的民生产业和具有国际竞争比较优势的产业，这个定位在今天同样得到了证实。

桑麻科技奖1992年设立，那时我刚到纺织工业部科技司当司长，主管科技工作的副部长季国标找到我，说要把这个基金建立起来同时要运转好。当时的内地受托人是季国标、杜燕生和我三个人。这个奖项怎么运作，起步时候确有一定的难度。我具体负责来管理这件事情，那么一个奖项的评估，这么大一个行业的评审，怎么申报，怎么筛选，怎么评审，怎么奖励，都是要设计和实际做工作去落实的。

当时，面上是我负责，而具体工作就由梅自强和年事已高的老科技工作者李鸾贤来做，从评审、申报，到整个程序设计，梅自强都做了大量具体而细致的工作。从 1997 年开始，桑麻基金会又从内地增补了梅自强和梁善两位同志为受托人，梅自强负责科技奖项，梁善负责教育。

当时地方很多机构变动了，省市的纺织厅局也没有了，后来纺织部也撤销了。梅自强以地方纺织工程学会、纺织高等院校和科研院所作为奖励项目申报的基本来源，这个方法和渠道沿用至今，说明它具有代表性、合理性。

评审共分五个组，有纺织、印染、化纤、装备和新技术。每个组随机抽调有代表性的专家，少则三四人，多则七八人。申报的项目要经过五个组的初评，然后进入终评，终评的评审工作我来组织，行业中的工程院士、受托人，还有部分香港地区的学者、专家来评审。

程序讲起来非常简短，但实际评审工作非常烦琐。每年全国大量的科技评审项目的筛选工作尤为复杂，这个工作主要就是梅自强在做。在评审过程中，我深感梅自强对所有项目都非常清楚，哪些项目上来是什么原因，哪些项目没有评审又是什么原因，哪些项目建议进入一等奖，这个项目因为什么原因建议特等奖，评审当中大家关注的一些问题和疑问，他都了如指掌。

在评审过程中，我看到有相当多的项目都得到过梅自强的支持和帮助。他对项目的整个成长过程如数家珍，因为中间也有他的心血。经常看到有些项目是他前期辅导过的，后来又给过一些什么指导。特别是他当选院士之后，去了那么多地区，深入那么多企业，给那么多项目做指导。可以这么讲，梅自强献身于行业的科技工作，付出了毕生的精力。

梅自强的工作方法也很有特点，你看不到他有急躁的时候，总是温文尔雅；也看不到他以学者自居，对别人的意见不屑一顾；从来不摆架子，总是保持和蔼亲切的学者风度；还有，在他身上表现出来的是做学问非常公正，没有门第派别的偏见，对所有项目的来龙去脉都实事求是，这也是他在学术界享有较高声誉的原因之一。

从1992年到今天，已经20多年了，我与梅自强一起工作的时间有18年，1995年以后，他成为中国工程院院士，又是全国政协委员，在地位和成就都不如梅自强的一些人眼中，这些事都是繁杂琐事，是小年轻干的跑腿的事情，但他没有一次跟我反映过工作太琐碎，太烦琐，或者说我没有时间来做。作为科学家，用埋头苦干的态度来推进一项对行业科技发展有重要作用的事业，我们看在眼里，敬佩在心上。

如果要我总结他留给我的印象，那么首先是一种态度，对工作认真负责的态度；是一种作风，对科学谦虚谨慎的作风；是一种胸怀，对学术精益求精，包容各派的胸怀；还有一种精神，就是献身行业的技术进步，忘我工作，不计报酬，勇于付出的精神。

梅自强在20世纪50年代和60年代研制成功的高产梳棉机是一个里程碑式的事件，对他自己的科研生涯和中国纺织业的发展都是如此。在计划经济年代，中国人民是靠每年15尺布票去穿衣的，1983年全国取消了布票，梅自强是做出了重要贡献的。在这之前，毫无疑问，不要说是纺织部领导了，就是中央领导，也极为重视纺织品的生产规模和数量，他的研究成果从哪个方面来讲都是非常重要的，就像袁隆平研究水稻一样，通过高产量能填饱肚子，满足人民的需要。

中国的科技水平跟三五十年前相比，是不可同日而语了。改革开放以后，在80年代中后期，中国纺织行业进入了一个大规模的引进技术、消化吸收阶段。国际上大量的先进装备技术，包括气流纺、无梭织机、自动络筒机等现代纺织设备和技术落户国内，一方面纺织工业经过压锭调整，淘汰落后产能，同时开发国产关键装备，自动络筒机、无梭织机，还有一些化纤成套设备纷纷上马，在化纤、纺织、印染、服装等重要的产业链上，中国全面赶超国际先进水平。先进的工艺和先进的技术，为新世纪中国纺织工业的快速发展打下了坚实基础。2000年，我国纤维加工总量是1360万吨左右，2010年。达4130万吨，2013年达4850万吨。在十多年里，中国纺织生产能力增加了四倍。中国纺织品出口占世界纺织品贸易总额，在2000年是15%，2010年达到35%，现在是37%，也就是全球1/3的纺织品出口贸易额都是中国出口的产品。

现在，中国成为最大的纺织品生产国，消费国，贸易国。中国的纤维加工总量要占到世界的50%以上，在快速发展中，我们要想靠引进技术、引进设备来解决问题是不可能的，必须由引进技术向加大自主研发、自主创新转变。在“十二五”期间，我们提出了“50+110”规划，即50项关键技术，110项实用技术，用自己发明的成果来解决中国纺织快速发展中的关键技术问题。

今天，中国纺织进入从高速增长到中高速增长的阶段，环境资源压力加大，综合成本不断上涨，行业转型升级的压力也在加大。所以对纺织科技工作来讲，要解决行业最为关键的一些问题。

一是加强纺织纤维材料的研发与创新，进一步研发纤维材料领域高性能化、差别化、功能化、低成本、高品质等先进加工技术，为行业可持续发展提供原材料保障与技术支撑。要加快碳纤维、高强高模对位芳纶等高性能纤维的研发与应用，突破生物基原料高效合成制备技术。

二是要开发具有国际领先水平的新型纱线制备技术和织造技术，实现纱线和织物的高档化、绿色化，突破先进纺织结构的复合材料技术等。

三是加快节能环保、清洁染整生产技术的推广应用，开发新型前处理、染色、印花、整理技术以及资源循环利用技术，进一步提高染整加工过程的节能减排水平。

四是提升产业用纺织品加工及应用技术，开展非织造材料及产业用纺织品工程化、产业化关键技术研究。

五是高端纺织装备方面，要创新纺织装备及其高速化、可靠性、稳定性的理论基础，研发高端纺织装备复杂系统技术，发展纺织机械关键零部件和专件制造，实现装备的智能化、生态化和产业化。

六是深入应用两化融合技术，进一步开发完善纺织在线生产监控、质量检测和管理、服装大规模定制等技术，探索工业机器人在纺织企业的应用。

那么，我们今天强调要向梅自强等老科技工作者学习，继承并发扬光大他们的宝贵遗产，就是要学习他们的方法和精神。梅自强在担纲高产梳棉机研究工作时，经常到企业中去，那时还没有什么数字化，但是不管在哪一个年代，科技人员不深入到企业实际，就接触不到市场需要，企业是面对市场需要最直接的地方，关起门是研究不出好东西来的。梅自强在 80 岁以后还在一线工作，还在深入基层，深入企业，不断地磨炼，不断地在工作中提出问题，解决问题。

我想强调的是，要像梅自强等老一辈科学家一样，把用技术成果、知识和本领来为国家、为人民解决问题作为实现自身价值的最大追求，有了这样的思想高度，其他就可以忽略不计。当年，老一辈科技人员在钻研项目的时候，条件之艰苦，困难和挫折之多，令我们难以想象，这需要有一种强大的精神在里面。无论是研究“两弹一星”的专家，还是像梅自强这样研究民生技术的学者，有多少人拿过多少报酬？多少奖励？没有。这些老一辈科学家的科学精神、忘我精神和以天下为己任的情怀，值得我们永远缅怀，而且要一代又一代地传承下去。

梅自强一生为人正直，待人诚恳，他惜才重教，注重培养年轻人，他坚持实事求是、是非分明，把严谨放在第一位，因此受到大家的爱戴和尊敬。年逾古稀之后，他面对各种各样的活动邀请以及来自企业的新产品、新技术鉴定会的邀请，始终坚持非科技学术活动不去，技术条件不成熟的不去，推广时机不成熟的不去。而对于大专院校、科研单位和企业在科研技术、项目攻关方面的求助，他是有求必应，还充分利用一切资源为他们的技术创新铺路搭桥。

进入耄耋之年，在追名逐利日益浮躁的社会环境下，他深感纺织科学技术的发展需要具有奉献精神的年轻科研人员来专注科研和潜心治学。他用自己近 60 年如一日兢兢业业的工作，为纺织科技进步默默耕耘，身体力行为年轻人做出表率，充分展示了一位令人尊敬的长者的克己敬业和锲而不舍的精神，成为激励年轻科研人员的学术楷模与精神导师。

梅自强同志的一生是忠于党和人民、忠于纺织事业的一生，他的一生与我国纺织行业波澜壮阔的发展史紧密联系，为我国纺织工业的发展与繁荣做出了卓越贡献。他的高尚品格和无私奉献的精神永远值得我们崇敬与怀念。

王天凯

中国纺织工业联合会会长

目 录

图片目录

导言

梅自强是我国著名的纺织工程专家，高产梳棉理论和实践的创始人。1929年4月26日，他出生于江苏常州一个普通的中学教员家庭，1951年毕业于南通学院纺织工程系，1952年10月加入中国共产党。1954—1958年，赴苏联莫斯科纺织学院学习，获得科学技术副博士学位。1958—1966年，在中国纺织科学研究院从事高产梳棉机的研究和开发。1969年，下放到湖北安陆五七棉纺厂。1978年任中国纺织科学研究院副院长，1984年任院长。1987年10月任纺织工业部科学技术委员会常务副主任。1995年当选为中国工程院院士，2010年8月19日8时因病在北京逝世，享年81岁。

梅自强学术成就及主要贡献

梅自强在苏联求学期间的研究结果多次在苏联和国内刊物上发表，并编写出版了《苏联高产量梳棉机》一书。1958年他回国后，历时八年进行科技攻关，前后三次组织设计制造新样机，研制成功四种新型梳棉机，其中A186型达到当时国际先进水平，成为20多年来国产梳棉机的主要机型，取得了巨大的社会效益和经济效益。

“文化大革命”时期，梅自强因为援外工程需要，坚守技术岗位，一心一意地钻研科研工作。后来被下放到农场，之后在“五七干校”的工厂里，他又重新找到了自己的位置，在广大知识分子称为“蹉跎岁月”的10年间，梅自强在位于湖北安陆的纺织工业部五七棉纺织厂，继续收获着专业技术上的研究成果，并显示出自己的才干。

20世纪70至80年代，梅自强为推广应用国产第二代棉纺新型设备做出了重要贡献。从1978年到1980年，他重点帮助约占当时全国棉纺生产能力1/3、合计556万纱锭的122个棉纺厂提高了生产技术管理水平，增产的棉纱相当于新建50万锭的生产能力。

80年代，梅自强任中国纺织科学研究院院长期间，领导研制国产条干仪替代进口。经过三年努力，国产YG131型条干均匀度测试仪达到当时国际先进水平，于1988年获国家经委技术开发优秀成果奖，1990年获国家科技进步二等奖。

梅自强是我国纺织科技的学术带头人，为促进我国纺织技术学术发展和对外交流发挥了重要作用。1988年他当选为中国纺织工程学会常务理事兼学术委员会主任。他建立健全了学会所属各专业委员会组织，发挥各专业委员会下属学组的作用，开展多层次、多形式的学术交流活动，推动纺织工业技术进步。1992年11月，他当选为中国纺织工程学会副理事长、学术委员会主任。

梅自强多次率团出访和组织来访学术交流活动，1989年10月，他在日本和中国台湾纺织工程学会取得了联系，并促成1990年2月台湾纺织教授访问团首次来大陆介绍台湾纺织工业情况。改革开放后，他先后率团去欧洲，去澳大利亚、新西兰、朝鲜等国家及中国香港地区访问，介绍中国纺织工业的发展，促进科技交流与合作。

1987年，纺织工业部成立科学技术委员会，梅自强任常务副主任，主持日常工作。期间，他认真调查研究，为纺织工业建言献策。1990年，梅自强考察新疆，建议从政策上、资金上大力支持新疆加快发展棉花生产，把新疆建设成为我国稳定的棉花生产和供应基地。90年代初，他参与引进技术国产化“重中之重”专项调研评估论证工作，对加快纺织装备现代化起了重要作用。

在担任第八届和第九届全国政协委员期间，梅自强共提出有关纺织工业发展的提案10余件，其中第九届第二次会议上关于“建议进一步采取措施拯救丝绸行业”的提案被评选为第九届政协优秀提案。

年逾古稀之后的梅自强担任了中国纺织工程学会的领导职务，并兼任陈维稷优秀论文奖评委会主任、《中国科学技术专家传略·工程技术编·纺织卷》编委会主任、《纺织词海》编委会主任、《中国大百科全书（第二版）》纺织科学学科主编、中国现代纺织科学与工程全书编委会主任、香港桑麻基金纺织科技奖评委和中国纺织工业协会科技奖评委会副主任等社会职务，把自己的全部智慧贡献给我国的纺织学术建设。

据统计，梅自强在长达近60年的专业生涯中，先后与东华大学、南通大学、天津工业大学、浙江理工大学、西安工程大学、武汉纺织大学、苏州大学、青岛大学、中原工学院等大专院校建立了密切的工作关系。特别是他当选中国工程院院士后，通过担任客座教授、博士生导师，担任学术委员会主任、科研顾问，通过定期讲学、作主题报告和专题讲座等形式，加强对纺织专业师资的培训；通过参与学科建设、制定大学发展规划，通过指导大学科研项目等形式，致力于国内纺织专业大专院校的学科建设和人才培养。他深知在追逐名利日益浮躁的社会环境下，纺织科学技术的发展需要具有奉献精神的年轻科研人员来专注科研潜心治学。他用自己六十年如一日兢兢业业的工作，为纺织科技进步默默耕耘，身体力行为年轻人做出表率，充分展示了一位令人尊敬的长者的克己敬业和锲而不舍的精神，成为激励年轻科研人员的学术楷模与精神导师。

采集工作概述

梅自强院士学术成长资料采集工作的承担单位是中国纺织科学研究院。中国纺织工业联合会发出《关于支持实施梅自强院士学术成长资料采集工程的函》，大力支持采集工作。中国纺织工业联合会会长王天凯担任梅自强院士学术成长资料采集工作课题组组长，中国纺织科学研究院院长赵强、梅自强院士夫人李椿和担任课题组副组长，后又邀请原《中国纺织报》高级编辑陆慕寒加入课题组，承担采集工程的后续采访及梅自强学术传记的撰写工作。

承担单位中国纺织科学研究院为完成采集工作投入大量人力、物力、财力资源。除了任务书上报的人员外，院办公室的大部分人员都参与到课题中，参与总人数达 25 人。在资金方面，除国家拨付的 20 万元，还自筹 20 万元作为梅自强院士学术成长采集工作项目的经费。

课题组先后对 34 个单位的 110 人次进行了 50 次采访，完成 3119 分钟的音频采集材料和 2805 分钟的视频采集资料。

课题组设计了采访提纲，分别从梅自强院士的科研经历、学术水平、推进行业科技进步、为人师表、自身修养品德等方面采集资料。课题组根据项目的要求，对采集到的资料及时进行分类归纳，筛选整理，在梅自强生平中各个重大节点上，都获取了相应的学术成长情况。

课题组实行内部会议制度，集体商议确定课题组工作内容和分工，定期召开工作例会，进行总结，查找问题，解决问题，并根据各个阶段的反馈。不断调整，确保采集工作顺利进行。

采集工作主要成果

根据采集工作内容的要求，对需要采集的 15 类资料，包括文字、口述资料、音频、视频、传记、手稿、信件、档案、照片、著作、论文、同行学术评价、证书证件、新闻报道、图纸等，对被采集单位和被采访人员所保存的资料进行了最大程度的采集。

对实物进行拍摄，原件进行复印，全面取得相关资料，在文字采集方面，课题组着重从学术方面进行挖掘；视音频采集方面，对每位被采访人员都进行了视音频采集；图像采集方面，采集了现场照片、实物照片、空镜头照片等。现场收集被采访对象提供的资料，数字化资料进行拷贝，纸质原件资料进行复印，记录每位采集对象的详细信息，填写访谈表，进行采集工作记录，尽可能留下齐备的相关资料。

采集小组收集到的 1958 年梅自强在莫斯科纺织学院攻读副博士学位的论文（油印本，共 237 页），1960—1961 年梅自强重点参与研究的技术档案资料，包括生产试验总结报告、鉴定报告等（共 11 册），20 世纪 70 年代，梅自强在下放劳动时的日记（共 40 页），梅自强自己所整理的论文、证书等汇编资料（4本，约2600页），2010年梅自强去世前亲笔书写的8—9月份出差安排和工作计划等，均系首次发现的重要资料。还有从亲属、同事、工作单位、协作单位等发现和收集的大量梅自强在不同时期的工作照片，均属首次公开。

值得一提的是，在梅自强夫人李椿和的帮助下，采集组从梅自强工作使用的电脑中完整地获得了他生前亲自录入和校验过的《记事》文本。梅自强在生前每年要把自己所做过的工作简要地记录下来，形成了反映他多年来每年主要工作内容的《记事》。《记事》中记载了梅自强日常工作的内容，包括因公出差的地点、目的和出席会议的内容等。这份他亲手整理的《记事》，无疑为采集工作提供了丰富的线索。

采集工作完成情况

在掌握了大量资料之后，课题组完成了梅自强学术成长的资料长编编制工作、年表编制工作和学术传记撰写工作。

梅自强资料长编是在采集整理的基础上，多番查阅资料，将查阅搜集的所有资料进行了全面汇编，资料长编记录的内容从梅自强院士出生一直到去世，比较清晰、完整地反映了梅自强的家庭背景、求学经历、科研活动等，把握住了关键节点，反映了梅自强的学术成长脉络，对他人生各阶段都有了更为直观、立体的反映，具有重要的参考价值，为研究报告的撰写奠定了坚实基础。

在编制梅自强资料长编的过程中，各方面整理出的文字资料达45万字，经过精心挑选，最后形成的资料长编的总字数为18万字，内容翔实丰富。

梅自强年表的编制遵循了学术性、完整性、客观性的原则，年表框架齐全，基本内容完备。年表是在资料长编的基础上加以精练而成，与资料长编相互印证，相辅相成。在年表编制过程中，把握住重大关节点，理清学术成长主线，我们多方咨询考证，反复修改后成稿约有1万字，简洁、清晰、完整地反映了梅自强的学术成长过程。

学术传记撰写概述

梅自强生前没有单独的传记，已有传记类资料有三种。一是《中国科学技术专家传略·工程技术编·纺织卷·梅自强》第412—425页（合集）；二是《中国工程院院士自述·农业、轻纺与环境工程学部·梅自强》第756—757页（合集）；三是《20世纪中国知名科学家学术成就概览·环境与轻纺工程卷·第二分册》第295页（合集）。

传记初始构思始于2014年2月，当时是为了采集工作能通过原定于4月举行的中期评审。后来经过对前期采访资料的整理，发现梅自强传记中一些历史关键节点上的资料缺乏，经采集小组开会研究，制定了2014年上半年的补充采访计划。

由于“文化大革命”中中国纺织科学研究院被解散，梅自强留学归国至“文化大革命”前最重要的研究成果等技术档案被付之一炬，采访当年和梅自强一起工作的老专家成为当务之急；梅自强在“文化大革命”中坚持学术研究的事迹及证据需收集和整理；梅自强晚年致力于人才培养，在多所高校任职中的学术成就还需要进一步采集；还有，梅自强担任中国纺织科学研究院院长、纺织部科技委副主任，当选中国工程院院士，当选全国政协委员，参与国家两个五年规划的制定，中国加入世贸组织后成为世界纺织大国的过程中他所发挥的作用等，这些人生轨迹中的关键点的证据、资料也需要收集。这些基本上是在2014年上半年作者重点工作完成的。

经过2014年上半年紧张的采访，大大充实了原始资料，6月份根据采集成果修改了传记提纲。梅自强传记真正动笔是在8月初，执笔者夜以继日，11月完成草稿，后几经删勘增减，于12月上旬完成初稿。初稿共14章，约20万字。

2015年1月10日，采集小组通过了中国科协组织的项目评审验收。专家委员会的各位专家在充分肯定采集小组工作成绩的基础上，对采集资料的分类、梅自强年表、资料长编，以及梅自强传记都提出了修改和完善的具体意见。采集小组根据专家意见，对采集成果进行了全面梳理、更正和修改。梅自强传记由 14 章改为 10 章，在内容上按照专家们的意见也进行了删改和补充。

撰写学术传记的几点体会

“老科学家学术成长资料采集工程”对传记的撰写有明确的要求。撰稿人虽然长期从事文字工作，但囿于新闻领域，没有从事历史研究的经历，要以史实来还原梅自强的学术成长过程是一种艰难的尝试。

在成书过程中，面对超过 2800 小时的录像录音，超过 50 万字的口述访谈资料，我们极力在精彩纷呈的素材中选择那些可以表现梅自强学术精神的材料，用这些素材对其学术风格、科学成就产生深刻影响的关键人物、重大事件和重要节点，试图勾勒出梅自强学术思想、观点和理念产生、形成、发展的过程。

这就决定了本传记的特点是，借助采集工程获得的大量访谈记录，结合与梅自强有关的档案史料，特别是通过当事人回忆的鲜为人知的史料记录，呈现和还原一些历史细节，如实加以记述。由于撰写时间短，撰写人水平有限，本传记一定存有不少错误，希望熟悉梅自强，与他有工作往来、学术交流的各位不吝赐教。对于希望从学术研究角度深入研究梅自强的学者来说，本传记及梅自强年表、梅自强资料长编仅是一个索引，大量翔实的历史资料可从“老科学家学术成长资料采集工程”资料库中获得。

第一章
寒门学子

1929 年 4 月 26 日，梅自强出生于江苏省常州市一个普通中学教员家庭，父亲梅国芳给长子取名自强，寄托了自己和家庭的无限希望。

梅国芳自幼家境贫寒，13 岁时就被迫辍学谋生。虽然没有受过正规教育，但凭借自己的不懈努力，从小学、中学的“劳作”课教员起步，发展到在名牌中学长期教体育。在担任中学体育主任时，他为学校培养了两支在常州很有名的田径队和篮球队。新中国成立后，由于身体有伤，改行当了中学的总务主任。他以天命之年，从头学习基本建设，从设计到施工，成为行家里手，用有限的经费为学校盖起了两幢三层的教学大楼，为后人所称道。自身经历使梅国芳深知没有知识、没有学历的艰难，因此他一生都要求子女勤奋读书学习。他曾经靠在多个学校兼职来养家糊口，并把自己的五个子女都培养到大学毕业，这在当时是一件很不容易的事。

图 1-1　1988 年 9 月，梅自强和父亲梅国芳、母亲李芬在常州（梅自省提供）

梅自强的母亲李芬，没有文化，新中国成立后在居民区上了识字班，能够看报看信。她支持丈夫的主张，并在极为艰苦的生活条件下勤俭持家，支持子女求学，为家庭和子女操劳了一生。

历史名城

从人才成长的条件来考虑，在父亲只有小学文化、母亲是文盲的家庭产生中国工程院院士，应该是一个值得探究的小概率事件。况且，在梅自强的家乡常州一共产生了中华人民共和国的 50 多名院士，这本身就是一种值得研究的历史现象。

资料显示，从隋唐开科取士，直到清末，常州共产生进士 1546 名，位列中国城市中的前三甲（另一种说法是位列第四）。其中状元 9 名，榜眼 8 名，探花 11 名，以上数字还不包括常州的属县。紧邻常州的苏州市，是中国科举考试当之无愧的状元之乡，近邻无锡市也位列前茅。在中华大地，长江三角洲始终是我们民族和国家高级人才密集产生的高地。

常州位于长江三角洲的中心地带，北倚长江，东临太湖，与上海、南京等距相望，和苏州、无锡联袂成片，自古就是著名的富庶之地、鱼米之乡，是文化底蕴非常深厚的历史名城。

常州是一座内涵丰富的历史文化名城。西周以来，常州作为吴国的领地已有 3200 多年的文字记载史。常州武进区的淹城遗址，是中国目前从西周到春秋时期保存下来的最古老的城市区，也是世界上仅有的三城三河形制的古城，迄今已有 3000 多年的历史。春秋末期（前 547 年），吴王寿梦第四子季札封邑延陵，开始了长达 2500 多年有准确纪年和确切地名的历史。自西晋起至今的 1700 余年间，常州始终是郡治或府治所在地，向有“三吴重镇、八邑名都”之誉。

常州作为人类居住地的历史可以上溯到远古时代。常州戚墅堰区的圩墩新石器遗址是新石器时代村落遗址，距今已有 6000 余年；天宁区青龙镇潘家塘、奚蒋塘、刘家村一带的潘家塘聚落遗址距今5500多年；戚墅堰区丁堰乡排姆村附近的常州果园遗址距今5000多年，属马家浜文化后期；武进区郑陆镇三皇庙村寺墩遗址距今约4500年，属良渚文化时期。这些近年来的考古发现，从时间坐标上证明了以常州为中心的苏南地区在中华文明进程中的同步进程，也证明常州人文荟萃、英才辈出是一种从未间断的文化积淀的必然结果。

近现代以来，革命家“常州三杰”瞿秋白、张太雷、恽代英，爱国七君子中的李公朴、史良，语言学家赵元任，戏剧家洪琛，书画大师刘海粟、艺术家谢稚柳等，以及以数学家华罗庚、医学家吴阶平为代表的37位中科院院士和20位工程院院士，在新中国的史册上留下了恢宏的篇章。

“天下名士有部落，东南无与常匹俦。”清代大诗人龚自珍的这一句吟咏，是对常州这座历史文化名城的绝佳赞叹。

寒门窘境

1906年，梅自强的父亲梅国芳出生在常州一个小地主家庭，但因幼年丧父，家道中落，少年时已家境贫寒，只读到初中一年级就被迫辍学谋生。因为没有学历，找不到工作。梅自强的祖母因为家里有亲戚学中医，便让梅国芳在中药铺学徒，指望他学徒出师后能自己开一个中药铺。但梅国芳对中草药不感兴趣，当学徒时感到自己不受待见，没有成就感。

1924年9月，时任中华民国江苏督军的齐燮元与浙江督军卢永祥之间爆发了军阀战争，战祸殃及江浙，战区内人民深受战乱之苦。其时江苏省农会在致国务院的电文中说：“江浙战事，军队所过，村镇为墟，人民奔走迁移，颠连失业，富而贫、贫而死者，不知凡几，而江南战区如宜兴、昆山、嘉定、太仓、松江、青浦等县则尤甚。”[①] 嘉定、青浦、松江、太仓同

① 《中国近百年政治史：1840-1926年》。上海：复旦大学出版社，2002年，第221页。

乡会在致国务院的电文中说："江浙发生战祸，两省受创弥深，……总之工商辍业，农夫逃亡，六十年来，元气销亡尽矣。"[①] 当时梅国芳随其外祖母、姨妈等人去上海避难。在避难期间，他从五姨父之弟韩兰生处学会了制作干电池的技术。战乱平息回到常州后，他与舅父集资在自己家中制作电池，由其舅父负责经销。不料，舅父在两年多的时间里把集资的本金、利息及销售所得挥霍一空。

1927 年下半年，梅国芳自己找到了一份工作，在常州三河口初级小学当教员，半年的薪水是 50 元。1928 年，经朋友介绍，在常州私立女子艺中当刻钢板的小职员，还兼小学部低年级教员。1929 年，长子梅自强出生。这一年，梅国芳被任命为小学部四年级的班主任。1930 年，经朋友介绍，他到武进县县立初级中学当图书管理员兼手工劳作课的教员。当时中学教员要有大学或师范学校毕业的文凭，而梅国芳却没有。中华民国的教育部门按西方教育课程安排课程，"手工劳作"这门功课虽然设立了，但在中学里是最不受重视的。学而优则仕，"劳作"被普遍看成是"下等人"谋生的手段，不仅学校不重视，学生们也不喜欢。

梅国芳特别珍惜可以当中学教员的机会。他刻苦钻研，向手工业界的师傅们学习，心灵手巧的他逐渐掌握了许多技能。他的劳作课，不像从艺术学校毕业的先生那样枯燥无味，他总是把自己亲手制作的工艺品给学生们展示，然后详细介绍制作过程及一些关键的工艺。课程内容也不是简单的折纸、编结，而是广泛涉及生活需要的技能，例如文具、竹木器具的制作和修理，金属零件的制作，金属的拼装焊接、石膏像的翻模与灌制、玻璃刻花、金属腐蚀雕刻等。梅先生的劳作课大受学生们的欢迎，也得到了校方的肯定，每个学期终结时，劳作课成绩在学校教学成绩展览中总是可以占据一席之地。梅国芳利用业余时间制作的蜡笔、蜡质水果、镀银徽章等作品深受师生们欢迎，他也用比较便宜的价格出售，以补贴家用。

梅国芳在担任劳作教员期间，为武进县县立初中制作了一个班建制的美术写生用具，铁木结构的写生架和写生凳可以折叠，使用方便。他还利

---

① 《中国近百年政治史：1840–1926 年》。上海：复旦大学出版社，2002 年，第 222–223 页。

用一些废旧物品，如煤油灯罩、电灯泡玻璃壳、玻璃管、马口铁皮、铁丝等，制作了许多小学和初中的物理、化学课教学仪器和实验仪器，涉及力学、光学、电学、声学、热力学等共计 18 种，得到学校领导和其他教员的好评，为此受到有关方面的嘉奖，他也因为这些被破格提拔，经学校推荐，获得了担任中学教员的资格。

图 1-2　梅国芳亲手制作的火车模型（杨立军摄）

采集组在采访梅自强的弟弟时，看见了梅国芳亲手制作的火车模型。那是一个蒸汽机教学模型，纯手工制作，用水和酒精灯可以展示蒸汽机的工作原理，铁皮零件全部是手工敲出来的。

梅国芳不仅心灵手巧，还善于总结。他利用自己的教案编写了一本《初中劳作讲义》，自己掏钱出版发行。此书刊发后，常州一些学校纷纷邀请他去兼课，当时中学教员的薪酬是课时制，课时越多收入越高，这对改善家庭的经济状况大有帮助。

梅国芳到处兼课的事情还是引起了校方的不满，但是考虑到他家庭人口多，经济困难的情况，武进县县立初中的校长明确了不许他在外兼课，同时答应在本校安排更多的课时，于是，梅国芳除了劳作课，开始担任体育教员。

担任体育教员的梅国芳又以他的“勤”和“专”的精神投身工作。除了上课，他还把大量的业余时间用于对学生的训练，一年之后，武进县中在省市各级中学的体育比赛中总是名列前茅，他这个没有经过任何正规训练的体育爱好者，在常州中学里被看成是体育教育的行家里手。

1934 年，时任常州私立武进正衡初级中学校长的陈牧丞找到县中校长，要求让梅国芳去正衡中学教体育。县中校长碍于情面不好回绝，之后专门找来梅国芳并将正衡中学的聘书交给他，于是，除了在县中任职，梅国芳开始名正言顺地在正衡中学兼职[①]。

正衡中学

说起常州正衡中学（现常州市第一中学），又与1925年的江浙军阀战争有关。当时因新学制（小学六年制）逐步得到贯彻，旧学制（小学七年制）结束，同时江浙战起，省立中学停止招生，常州冠英小学（现常州市觅渡桥小学）校长张应曾和该校语文教师卢鹤偕分析现状，为适应当时形势需要，建议校董会在小学内设立初中。这一建议得到庄仲希等校董们的同意，不久就从冠英小学的校舍中划出三贤祠一角，成立了私立武进冠英初级中学。庄仲希任校长，实际负责人是卢鹤偕老师。当年招生40余人，开设一个班级。

冠英初中办了三年，终因经费难筹，校舍十分拥挤，中小学同在一处办学有诸多困难等原因，只得酝酿另建新校。适逢常州工商界著名人士卢正衡先生有独资办学的意向，经其族叔卢鹤偕老师的动员、协调，并征得冠英初中校董们的同意，卢正衡先生出资3万元在东下塘乌衣桥南荆溪村（现常州市田家炳实验中学处）购地9.86亩建立校舍，创办了私立武进正衡初级中学。原冠英初中的学生、校具、图书，悉数移交给正衡初中。

1929年2月，私立武进正衡初级中学正式开学。当年农历正月二十一日举行成立典礼。学校设有初中一、二、三年级各一个班级，学生百余人。同年暑假，已有第一届初中毕业生（原冠英初中三年级学生）计27人。

卢正衡先生是私立武进正衡初级中学的创办人，是校主。先后担任校长的有卢鹤偕、陈牧丞、夏钱粟、卢祖怡、翁以观等人。

梅国芳到正衡中学任教后，学校的体育成绩大幅提高，他也因此赢得了尊重。

---

① DA-009-049，我（梅国芳）的生平概述。资料存于采集工程数据库。

1937 年 10 月 13 日，因日寇入侵，正衡中学被迫先后停课、停办，校舍大部分损坏，校具设备损失殆尽。梅国芳举家逃难到长江以北，半年后回到常州，与人合资购进手摇袜机，成立了一个袜厂，全家人都参与制作棉袜，以此维持生计。

1939 年夏，钱粟孟先生目睹常州城区已复校的少数几所中学不能容纳社会上失学青年的现状而倡议复校。他致信校主卢心培先生和当时在上海的原校长陈牧丞，均得到同意。后又与部分校董和教师商议，决定复校，定名"武进私立正行补习学社"。用"学社"以区别于日伪统治下的正规学校，因日本人禁用原校名，改用"行"而不用"衡"，以音相近不忘其本，并顾名思义明确办学志向。在这个过程中，钱粟孟邀请了梅国芳参加筹备工作。

1939 年 5 月 16 日是正行补习学社成立纪念日。当年招收男女学生 346 人，分为五个班级，于 8 月开学，梅国芳任体育教员。

梅国芳在《我的生平概述》一文中这样总结了参加筹备和建设武进私立正行补习学社的体会：

> 我担任体育课（教员），早上有早操，课后有课外训练。看到各校体育教员仅是在课内敷衍，而不顾早上和课后，但他们都是体校出身的内行专家，而我仅是个体育爱好者，要在和各校的体育运动比赛中胜过他们，我只有在"勤"和"专"两个方面着手。所以，我在钻研田径和球类训练上做起。对各类田径球类的规则和训练方面认真钻研，坚持每天课外训练，雨天就在教室里讲解规则，我是以认真的态度而胜于别校，一分功夫一分收获，这样每次和别校比赛就占了上风。自己虽吃苦些，但在苦中也尝到了甜头。在历次全县运动会和球类比赛中，我们总是男女生总分第一，球类比赛也总是冠军。所以，钱粟孟校长对我说，我校参加体育比赛的结果，比在报纸上登招生广告要好许多倍呢。①

① DA-009-049，我（梅国芳）的生平概述。资料存于采集工程数据库。

1940 年夏，学社更名为“私立武进正行初级中学”，钱粟孟先生任校长。1942 年 5 月，办理立案核准手续。同年 7 月，学校受延陵教育基金社的委托，增办高中。至此，学校成为一所完全中学，校名“私立武进正行中学”。当年学校教职工达 30 多人，梅国芳任体育主任。

在沦陷区，正行中学在艰难的条件下办学六年（1939 年 8 月—1945 年 8 月），学校已初具规模。抗战胜利后，学校恢复“正衡”原名。

苦难少年

梅国芳与李芬夫妇共育有五个子女，长子梅自强，次子梅自力，长女梅自英，幼子梅自省，幼女梅自珍。

梅自强的童年和少年时代是在军阀混战、内乱不断，日本军国主义侵略中国、奴役中国人民，人民饱受亡国屈辱中度过的。据梅自强生前整理的《记事》，他对日寇入侵时全家逃难的情况记忆犹新。1937 年秋，梅自强小学三年级时，日军发动侵华战争，对常州进行狂轰滥炸，全家人逃难到泰州、泰兴，11 月 30 日，常州沦陷。直到 1938 年春梅自强一家才返回长江以南，在常州附近的利港暂住，当年夏天回到常州，在东下塘暂住了约半年，1938 年秋回到原住址关帝庙弄 12 号。梅自强在慈云里私塾借读了半年，直到 1939 年才入常州新坊街小学续读四年级。

日寇入侵，家乡沦陷，让梅自强一家陷入经济来源断绝的境地。梅国芳任职的学校关闭，1938 年秋他回到常州原住址后，与朋友集资买了手摇织袜机，一家人都从事制作棉袜的工作。作为长子的梅自强自然身体力行，每天参加体力劳动，尽量减轻父母的负担。

据梅自强的弟弟梅自省回忆，那时候家中的生活很艰苦，没有钱，一家八口人只有一碗菜，冬天最多的是青菜，夏天最多的是豆腐，为了省油，菜在饭锅里蒸着吃，不吃炒菜。他上高三的时候还穿姐姐的衣服，上大学时穿的是二哥的旧衣服。

梅国芳与朋友合作，办了个袜厂，想赚点钱补贴家用。有一些卖不出去的次品就给家人穿。为了耐穿，母亲李芬把袜头袜底缝上布料加固，细针密线地缝了很多针。梅家子女多，穿破的袜子都是靠母亲一个人缝补。因此，在梅家五个子女的印象里，母亲整个夏天的事情就是补袜子，冬天就是纳鞋底、做鞋子。

梅自强在北京的家里珍藏着一双妈妈亲手做的鞋，布鞋是将旧衣服的布料用面粉糊在一起，手工缝制的。

弟弟梅自省不仅珍藏着一双妈妈亲手做的鞋，还保存着 1956 年上大学时的一双袜子，因为是妈妈亲手做的，一直没有舍得穿。

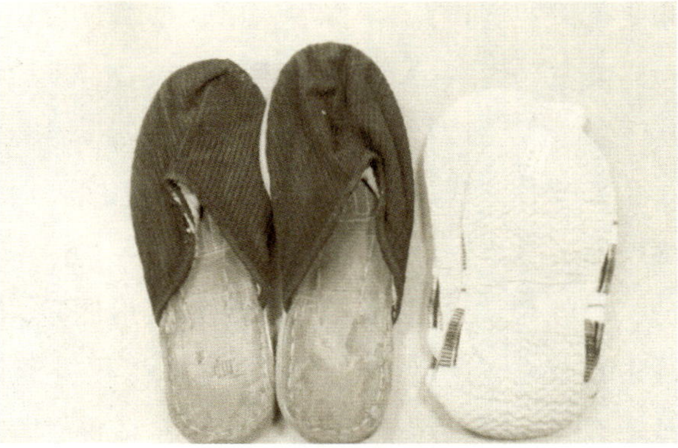
图 1–3　梅自强母亲做的鞋袜（杨立军摄）

梅自省说："从我记事到上大学，没有穿过皮鞋，高三体育课才穿上球鞋，一年四季都是穿母亲手工做的鞋。无论是冬天的棉鞋，还是夏天的单鞋，都是妈妈做的。妈妈亲手做的鞋有一双在大哥那里，大哥也舍不得穿。我去北京时在大哥那里见过，看到那双鞋子的鞋底已经老化了，但是大哥仍然珍藏着。"①

经济上的拮据和生活的艰难，并不能影响父亲梅国芳对子女求学的严格要求。由于房租上涨而被迫搬家，成了少年时期梅自强很深的记忆。在《记事》中，梅自强写道："1940 年春夏之交，由关帝庙弄 12 号搬到马园巷，约住半年多。1940 年 9 月，入茭蒲巷小学（现常州市实验小学）六年级。1940 年冬，由马园巷搬到青果巷。1941 年 7 月，茭蒲巷小学毕业。"

① 梅自省访谈，2013 年 9 月 23 日，常州。资料存于采集工程数据库。

茭蒲巷小学

梅自强完成小学教育的常州茭蒲巷小学是一所百年老校，创建于1906年。当时正是清廷腐败，国势日衰，新型学校教育刚刚兴起之时。为抗衡封建旧制，谋求女子独立生存，地方贤达庄蕴宽等热心家乡教育，于1906年创办了实验小学的前身“粹化女学”。女学初为私立，1912年归县立，为“武进县立女子师范学校”，设师范部、小学部，学制一贯，限招女生。小学部以“启其人生应有之知识，立其明理论爱国家之根基，并保护儿童全其发育”为宗旨，教会学生以新知识充实自己，谋求生存，发扬“立己达人”“木兰卫国，班昭能文”的传统，“开来继往，共矢精勤”。1914年，小学部改称“武进县立女子师范学校附属小学”，并奉江苏省都督令，誉为模范小学。

1919年“五四”运动及“五卅”事件后，以史良[①]为代表的女教师和武进县立女子师范学校附属小学师生积极走上街头，宣传演讲，示威游行，抵制日货，罢课声援北平学生，义演募捐支援上海民众的反帝斗争。

1922年，附小改为完全小学，自成一系，开始招收男生，担负起指导师范生实习及指导一般小学教师业务的重大使命，并遵循“以科学方法，增进教育实施之效率；抱实验态度，力求教育问题之解决；本革命精神，实行教育事业之革新”这一“行政方针”，进行教学研究，形成了改革实验、“切磋问难”的优良传统，给莘莘学子以良好的熏陶。

抗战时期，女师停办，附小惨遭破坏，日寇侵华暴行激起我华夏儿女同仇敌忾奋起反抗。美术教师沈菊坤投笔从戎，出没敌人后方心脏地区，

---

① 史良（1900–1985），字存初，女，出生于江苏常州的一个清贫知识分子家庭，1915年考入常州女师；1919年参加“五四”运动，曾任常州市学生会副会长；1923年考入上海法政大学，1927年毕业后任南京政工人员养成所指导员；九一八事变后，发起组织上海妇女界救国会，担任理事；1936年任全国各界救国联合会常务委员。因参加与领导抗日救亡运动被国民党政府逮捕入狱，为历史上著名的“七君子”之一；中国著名法学家、政治家，中华人民共和国首任司法部部长；曾担任全国政协副主席、全国人大常委会副委员长、民盟中央主席。

最后英勇捐躯抗日疆场，在常州一带为世人敬仰。学校相继更名为芰蒲巷小学、模范小学、实验小学等，直至抗战胜利，才恢复附小性质。1946 年，改名“武进县立师范附属小学”。

1949年常州解放，三十年代的校友、共产党员张西蕾①被任命为校长。学校借鉴老解放区的办学经验和国外先进教学经验，结合自身优势，在学校管理、教学内容、教学方法等方面进行了一系列改革。1953 年，改名“江苏省常州师范附属小学”。1962 年，改名“常州市实验小学”，次年被定为市重点小学和江苏省试行《全日制中小学暂行条例（草案）》学校。此时，学校的教育教学处于健康稳定的发展阶段。

“文化大革命”中，学校教学秩序一度陷入混乱状态。党的十三届三中全会后，学校恢复生机，不断得到发展，成绩卓然，在社会上产生了良好影响，1979 年被定为江苏省和常州市重点小学，1981 年被定为江苏省首批实验小学。

中学时光

1941 年 9 月，梅自强入私立武进正行初级中学初一年级上学。

正行中学就是原来的武进正衡中学。在抗战时期，正衡中学因日寇入侵一度停办，日本占据常州后，1939 年夏，钱粟孟先生目睹常州城区已复校的少数几所中学不能容纳社会上失学青年的现状而倡议复校。由于日本人不允许沿用“正衡中学”名称，校方改用“行”而不用“衡”，以音相近表示不忘其本，顾名思义明确办学志向，并有区别于日伪统治下的正规学校的含义。

梅家兄弟姐妹五人读中学都是在正衡中学。因为父亲梅国芳是该校资深体育教员，学校教职员工的子女上学不用交学费，只要交书本费即可，

① 张西蕾（1922－　），中共“常州三杰”之一张太雷烈士之女。

开销比较少。

正衡中学在当年已是常州、武进地区教师多、教学质量好的名校之一。

学校课程设置有国文、数理化、史地、动植物、图画、音乐、体育、劳作等课。沦陷时期外语课只开设日语课，但学校却暗中开设英语课，抗战胜利后才全开英语课。初三年级开设商业簿记课，高三年级增设簿记课、矿物课，形成了重视生产技能技术教育和职业教育的特色。

该校体育文娱活动也开展得相当活跃，在梅国芳的教育指导下，常州中学生田径各项目的纪录均是由该校学生创造的，历年囊括中学生运动会男女总分第一及篮球、排球比赛冠军。

该校在教材选择上也比较严格，有别于其他学校。如初三年级的数学课，按学生的学习成绩分成 A、B、C 三个班上课，选用教材各不相同。上数学课的教材都是数学老师金品本人编写的。

当时学校的校长、教导主任、总务主任、体育主任都亲自上课，学校的师资力量相当强。陈牧丞校长充满爱国热情，治学严谨；曹叔杰老师知识渊博，讲课声情并茂；金品老师有数学专著，授课出色；丁浩霖老师博学多才，讲课妙趣横生；吕叔元老师古文造诣很深，授课深受学生欢迎；翁以观校长文学史娴熟，讲课生动……学校形成了良好的校风、教风和学风，该校校友中一共产生了 5 名两院院士。

梅家老宅

梅自强的父亲梅国芳结婚后，多年中一直租住别人的房子，所以经常搬家成为梅自强少年最深的印象。

晚年时的梅自强有一次与随行的记者很幽默地谈起，别人都说我是出身寒门的子弟，其实我小时候家里连寒门都没有。

1938 年，梅国芳应钱粟孟邀请，参加武进私立正行补习学社的筹备工作。同年 8 月，补习学社正式开学，梅国芳任体育教员，并成为学校股东。

作为股东，梅国芳每月没有固定收入，而是以年终分红（即学校收入结余的十分之一）为主要经济来源。这样就产生了两个问题：一是每月没有固定收入，日常开销难以为继；二是年终分红虽然年年增长，但日本人占领中国的汪伪统治时期，物价飞涨，以实物计算，增长的收入抵不过物价的疯涨。

这就是梅国芳在有了稳定工作并成为学校股东后，还要继续与朋友合资办袜厂的原因。从 1938 年到 1941 年四年间，他除了白天的时间全部用于教学，每天都是早起晚睡以兼顾家中的袜厂生意。每天早上四、五点起来配货发货，晚上要干到 11 点以后才睡，还要动员全家老小一起劳作。每到冬季，滴水成冰，早上出门采购、发货，倍感辛苦。1940 年夏，武进私立正行补习学社更名为“私立武进正行初级中学”，1942 年 5 月办理立案核准手续，同年 7 月学校受延陵教育基金社的委托，增办告终。至此，学校成为一所完全中学，校名“私立武进正行中学”，梅国芳任体育主任。到 1941 年，梅国芳终于积劳成疾，为了保住中学教员的职位，不得不退出袜厂的经营而专任正行中学的教职。

为了应付通胀，每年开学后第一次发薪水，梅国芳总是把钱悉数买成生活物资囤积起来，以极为节俭的方式度日。

1943 年，日寇在常州开展反囤积，挨家挨户查抄囤积物资以充军用。梅国芳不敢再将收入购买生活物资了，这年 8 月，他把历年的积蓄都拿出来，先在常州麻巷买了一座旧平房，拆了之后，基本由自己家里人动手翻建成楼房，这所房子成为了梅家真正意义上的住宅。

这是梅自强生前最喜欢的一张照片。一次他出差经过常州，临时决定回家看看，在自家老宅门口见到出门买菜的母亲。

图 1-4　梅自强与母亲在自家老宅门口（李椿和提供）

梅自省说，当时是日本人占领中国的汪伪统治时期，物价飞涨，民不聊生。老房子楼上有几间屋子，楼下有几间屋子，后面房门破了，就把两扇木门合并成了一扇门，改小了四分之一。这房子是父母亲辛苦几十年的积蓄，翻建的时候，为了节约成本，用的全是旧砖旧瓦。

梅国芳对老宅的翻修、改建竭尽了全力。他对子女们说，为了避免“千日挑荠菜，被老母猪一口吃光”（梅国芳引用的常州地方话，指日寇挨家挨户查抄囤积物资以充军用，形容长期辛苦的成果毁于一旦），用多年的一点点积蓄购进和翻建住房，我们抗战前的积蓄和历年来的辛苦钱，全部都用在这房子上了。先有个地方住，内部的装修。还得花几年的时间，根据收入一点点地补充吧①。

梅自省回忆，1943 年，梅家最小的孩子梅自珍就是在老家的房子里出生的，梅自省也是在这座房子里长大，和二哥梅自力共住一间。印象中大哥梅自强每次放学回家，还要到院子里把木板中的旧钉子拆下来，敲直了再次使用。扩建住房的一部分砖瓦，是父亲和大哥他们从外面捡回来的。

80 年代梅自省调回常州以后，曾经多次对房子进行修补，在修补时发现，当年盖房子时为了省砖石，墙里面基本上都是空的，整体就是一个木头框架，房子的柱子也都是对接起来的。

梅自省说：父亲原来规划居住 20 年，这样小孩就都能长大成人了。最后，这个老房子一直从 1943 住到 1994 年，整整 50 年的时间。父亲曾经感叹道：住了这么长时间，真是很不容易的②。

长子的责任

作为长子，梅自强从小得到父亲较多的言传身教。也许是梅国芳对长子所寄希望很大，平时要求过于严苛，因此造成梅自强从小比较沉默寡

① DA-009-049，我（梅国芳）的生平概述。资料存于采集工程数据库。

② 梅自省访谈，2013 年 9 月 23 日，常州。存地同①。

言，做事认真且刻苦的性格。

在梅国芳的眼中，长子梅自强应该成为弟妹们的榜样，无论在学业还是在为人处事上，必须表现出色。

在弟弟妹妹眼中，“大哥他这个人不会诉苦，比较内向，属于外和内刚的个性，话很少，有事情就几句话。大哥很严肃，平时不苟言笑，大家都比较了解大哥。”“大哥性格比较内向，在兄弟姐妹中威信很高。在单位里与大哥接触的同事可能感觉他对人很和蔼、和气，但在家中几乎没有几句话，说话很少，不愿意讲话，对弟妹的要求都很严格。”“大哥是一个外和内刚的人，不会嘻嘻哈哈、打打闹闹，跟人谈问题就认认真真地谈问题，比较认真，也比较严肃。”

在梅自强初中毕业时，班上同学有一篇文章这样描述他：“梅君自强，原籍江阴，为人刚直，有智略，能耐苦。对于学业，悉心研究，是以成绩优良。君更擅长运动，体格健壮。上课之时，挺坐静听，自始至终，毫无倦容焉。”①

由于父亲是本校的体育主任，梅自强在体育科目的训练上下过苦功夫，他的田径成绩很好，擅长长跑和篮球。在同学的印象中，梅自强平时少言寡语，到了运动场上却活龙生虎，判若两人。别看他个子不高，但是打起篮球来鲜有对手，凭着自己的速度、灵活性和投篮准确，他成为当时常州中学生篮球冠军队的主力队员。

从常州市第一中学保存完好的20世纪40年代的学生学籍档案来看，梅自强并不是那种天资聪颖的孩子，但他是一个以勤补拙、勤奋刻苦的好学生。他在读初中时，各门功课成绩平平，到了高中后，经过努力，在数学、物理等科目上才逐渐显示出一定的优势。

当年的常州正衡中学的老师对学生的评价公正客观，直书学生的不足，针对性很强，老师盼望学生进步的意愿一目了然。老师对梅自强在初一时的评语是“学行均可，行动稍欠活泼，书法宜多练习。”初二时的评语显然多了批评的口气：“品性纯良，主科成绩平庸，英语尤望从速进修以

---

① DA-009-031，梅自强常州一中（前身武进私立正行中学）学籍、成绩单等资料。资料存于采集工程数据库。

资补救。”初三时的评语是：“为学尚努力，更当切实求进。”进入高中后，梅自强的学习成绩从“平庸”上升到“优良”，开始得到老师的青睐。高一学年的评语是：“学业优良，品性亦佳，体格健全，惟稍欠活泼宜加注意。”高二时的评语是：“学业良好，品性亦佳，体格健全，可造材也。”

1959 年，在梅国芳入党时，学校党组织对其家庭情况进行调查了解，关于长子梅自强的评语是：“梅自强品性端正，性格温良，喜静少动。在初中时，成绩一般，到高中体格健全，学业进步，被认为是可造之材。”

梅国芳认为，自己坚持的让梅自强认识自己长子身份所应承担责任的教育是非常成功的。从小到大，梅国芳为此倾注了不少心血，到梅自强成年以后，梅国芳每每为他取得的成绩自豪，并成为自己家庭教育的一个榜样。

家庭的希望

由于家庭负担重，在常州时，梅国芳常靠兼职来养家糊口。梅自强读高三那年，为了给他创造更好的学习条件，用心良苦的父亲托朋友介绍，进入上海的一家比较有名的中学任教，条件就是把梅自强也安排到那所学校就读。从此，梅自强离开了常州老家，除了寒暑假，回家的时候不多。

据梅国芳亲笔书写的材料，在朋友丁浩霖介绍下，他在 1946 年夏到上海复兴中学任教。他将长子梅自强带到上海，进入上海复兴中学读高三。

上海市复兴中学的前身是“麦瑟尼克”学校，始建于 1886 年。抗日战争中，校舍一度成为英美侨民集中营。

1946 年春，学校重建，定名为“上海市复兴中学”，取“复兮旦兮，兴我中华”之意。首任校长赵鼎新延聘一批知名教师和大学教授来校任教，不久学校就蜚声遐迩。

在抗美援朝时期，复兴中学学生踊跃参军，上海市副市长潘汉年授予学校“复兴光荣”的锦旗。1954 年起学校被定为市属重点中学。1998 年 9 月，学校将高中部移址江湾，建成上海市复兴高级中学，原址则转制成为上海市复兴初级中学。2005 年 3 月，学校首批被命名为上海市实验性示范性中学。

白手起家的梅国芳希望自己的子女能够学业有成，能够出人头地。作为中学教员，他深知教育质量对孩子成长的重要性，同时。他也认为，除了学校的正规教育，平日里家庭中的耳闻目睹也同样至关重要。他把自己几十年的生活经验总结成《治家格言》八篇，刻成蜡板油墨印刷出来，让子女熟记并实践，自己也严格执行，所谓言传身教。

梅国芳撰写的《治家格言》开篇是一首藏头诗：勤能补拙，俭以养廉。家庭美德，风光高尚。每句第一个字连起来就是“勤俭家风”。

《治家格言》内容虽然庞杂，但主要还是集中在学习和做人处事的修养方面。例如在学习方面：

读书不用功，永世糊涂虫。

字练百日功。

早晨读，容易熟。晚上早睡，精神百倍。

苦干实干才能出成果，切勿存侥幸之心。

家有千万，不如一技在身。

听课要专心，做作业要定心，考试要细心。

在为人处事方面：

处世要“三多一少”，即多听、多看、多想、少说话。

“三要三不要”——不高声大气，要低声和气；不板着面孔，要和颜悦色；不粗言俗语，要礼貌待人。

食不言，寝不语。

莫道人之短，毋说己之长。

做好工作的诀窍是认真，聪明才智的发挥靠细心。

身正不令而行，身不正虽令不从。

三年余一，十年余三，饥馑可免。

勤能补拙，俭以养廉，穷勿失志，富毋癫狂。

多年来，梅国芳严格按照自己制定的治家格言行事为人，以身作则地教育子女，特别是对长子梅自强格外要求严格，梅国芳平时不善言谈，但对梅自强却经常耳提面命地谆谆教诲。

梅自强成为院士后，在中国工程院出版的《中国工程院院士自述·农业、轻纺与环境工程学部·梅自强》中，用了超过 50% 的篇幅来深情缅怀父亲对他一生的影响。

我最难忘的人是我的父亲，他不仅抚育我成长，还教我怎样做人，他言传身教影响了我的一生。

我 1929 年出生在江南古城常州，父亲梅国芳读了一年初中就辍学谋生了。抗日战争以前，他在常州县立初级中学教“劳作”，凭着勤劳的双手和善于开动脑筋，他把劳作课教得有声有色，还编了一本厚厚的《初中劳作讲义》。抗日战争时期，他和几位同事筹办了私立正行中学，先办初中，后来又续办了高中。他那时年轻好学，当了体育主任，整天和学生们在操场上跑跑跳跳，学校的田径队和篮球队在常州是出了名的，有几位同学后来进了体院，成了我国体育界的知名教练。学校搬迁，他由于多年劳累身体有伤，改行当了总务主任，负责新校舍建设。他以接近天命之年，从头学起了基本建设，从设计到施工，为学校盖起了两幢三层教学大楼，至今屹立在常州市一中校园里，为后人所称道。父亲的一生是艰苦奋斗的一生。他在家里挂的一幅字“少壮不努力，老大徒伤悲”，从小就深深地印在我的脑子里。父亲从教 43 年，他勤劳一生的身影，鞭策我努力进取。

父亲俭朴的生活作风也给我很大影响。教员生活本来就很清苦，家里上有老，下有小，一家八口，在那动荡的年代果腹已是不易，但他节衣缩食，让我们兄妹五人全都读完了大学。那时每当新学年开始，我都是鼓起了很大勇气才伸手接过他递给我的学费和伙食费。我知道他筹措这些钱是多么不容易。我母亲没有文化，但全力支持父亲让我们读书的主张。母亲持家也很不易，为一家老小吃饭穿衣日夜操劳。无论春夏秋冬，她经常要为我们洗一大堆衣服，为了节省一点肥皂，她总是用灶肚里做饭的草木灰泡了水，滤清以后用来洗衣。全家的鞋子都是她一针一线做起来的，直到现在我还保留着母亲为我做的布鞋。现在生活好了，但我从不忘记过去的艰难岁月。

父亲含辛茹苦培养我们成人。1951 年我大学毕业了，国家号召我们无条件服从统一分配，要我去东北工作。我思想上十分矛盾，我知道父亲多么希望我离家近一点，经济上帮他一把。但当他知道了组织上的考虑以后，毫不犹豫地支持我服从国家分配让我去了沈阳。在以后的 10 多年里他又先后把我两个弟弟和两个妹妹送出了远门，到了国家分配的工作岗位。家里仅留下他们两老。对饱经生活沧桑的两位老人，这种无私奉献精神是多么不容易啊。

“文化大革命”初期，父亲被隔离审查，受到极不公正的对待，母亲一人在家提心吊胆，度日如年，我们在外地不通音讯，直到父亲被释放，恢复了组织生活，我们才断断续续地知道了一些两位老人所受的煎熬。如果不是父亲襟怀坦白，问心无愧，他们是很难捱过来的。想起这些我心里就很不平静，在他们最需要儿女照顾的时候，我们没有能给他们一点安慰。

父亲一生留给我的精神财富使我终身不忘。他教我自尊、自爱、自信，堂堂正正做人。①

初到上海

1946 年 7 月，梅自强刚到上海，就发生了震惊全国的李公朴和闻一多两位民主人士惨遭暗杀的事件，上海不比常州，从家乡的小城市来到上海这个中国最大的都市，使梅自强强烈地感受到时代进步的气息，这个沉默寡言的少年通过观察，开始思考除了读书学习之外的一些问题。

---

① 《中国工程院院士自述 · 农业、轻纺与环境工程学部》。上海：上海教育出版社，1998 年，第 756–757 页。

虽然梅国芳在上海任教的工资要高于在常州当主任时的工资水平，但梅自强在上海上学的费用及两个人的生活开销比在常州要高出许多。梅国芳的另一个朋友张钦奇在上海一家私立中学任教务，知道这种情况后，邀请他到自己所在的学校里兼职。那一年，梅国芳为了长子的学业，每周担负的课时超过 30 小时，虽然倍感艰辛，但他却认为，让梅自强到上海读书，对于开拓孩子的视野，培养自立自强的能力大有益处。

在上海，梅自强寄宿在他小舅李艺安家中。梅自强的外公外婆去世很早，当时梅自强的母亲李芬才 17 岁，母亲的三个弟弟李艺宣、李艺宏、李艺安分别是 13 岁、11 岁和 9 岁。三个弟弟都是由姐姐一手带大，所以梅自强的母亲结婚比较晚。长姊如母，因而三个舅舅对梅自强的母亲极为尊敬，几乎是像对妈妈一样的感情。因为这层关系，小舅对梅自强这个外甥极为关心爱护，甚至比对自己的孩子还要好，在生活、学业上都给予了很多照顾。

梅自强的小舅在常州著名的爱国实业家刘国钧先生①开办的大成一厂当工人，因聪明好学，又肯干，后来升职为职员，梅自强到上海时，李艺安是上海安达纺织厂的职员。小舅对纺织技术的热爱，以及当时在职员阶层相对不菲的收入，对梅自强影响很大，这也是梅自强在高中毕业后报考南通学院纺织科纺织工程系的原因。

大成公司是当时常州最大的企业，总经理、董事长为刘国钧。大成一厂，原名“大纶纱厂”，1921 年投产，是当时常州最大的纱厂；1925 年创办发起人蒋盘发破产，被债权人上海保大、久大两银号接收，更名“大纶久记纱厂”；1930 年常州广益染织厂老板刘国钧接收该厂，定名“大成纺织股份有限公司”；1932 年刘国钧成立大成纺织染公司，改名“大成一厂”。抗日战争时期工厂遭日军飞机轰炸，损失惨重，1941 年后陆续恢复生产。1954 年公私合营，1966 年改名为“国营常州第一棉纺织厂”。

---

① 刘国钧（1887–1978），原名金生，江苏靖江人，著名企业家，于 1949 年底回到大陆，出任大成公司董事长兼总经理、安达公司副董事长兼副总经理。1951 年，在黄炎培介绍下加入中国民主建国会。其后曾任江苏省人民政府委员、全国工商联执行委员、全国人大代表、民建中央委员等职。1956 年出任江苏省副省长。1959 年任江苏省工商联主任委员，同年又任民建江苏省主任委员。次年，出任民建中央常务委员、全国工商联副主任委员。1977 年任江苏省政协副主席、江苏省人大常委。

在刘国钧的倡导下，大成公司办有业余夜校，隔天上课。职员、艺徒、练习生、女工都要参加，学习生产管理、文化、技术知识，几年之内培养了不少自己的技工。大成公司工人的工资比同行要高一些，福利要好一些，年奖要多一些，高级职员每年春节时还有一份“暗贴”。正因为当时纺织厂技术人员的薪酬要高于中学教师甚多，所以在梅自强看来，小舅的工作是非常理想的职业。

就在梅自强面临高中毕业和报考大学的时候，1947 年 5 月发生了“五二〇”学生运动。

1947 年 5 月 4 日，北京、上海各校普遍举行了“五四”纪念会，而后走上街头，宣传反内战。15 日，南京学生三千多人到国民党教育部请愿，要求增加伙食费等，把反内战和反饥饿结合起来。平津学生成立“华北学生反饥饿、反内战联合会”，准备迎接更大的斗争。20 日，宁、沪、苏、杭地区十六所学校的六千多名学生在南京举行联合示威游行，受到国民党特警的殴打，重伤十九人，轻伤九十多人，被捕二十多人，这就是震惊全国的“五二〇血案”。血案发生后，激起了更多学生的愤怒，全国六十多个城市的学生举行声援活动，社会各界广泛同情和支持，人民民主运动走向高潮。

对这一段经历，梅自强在干部档案的《自传》中写道：

我 1941 年在常州市实验小学毕业后进入正行中学读书，这是当时当地声誉较高的一个中学，读书气氛较浓，体育活动也较好。我在该校五年没有接触过政治活动，除了读书就是打球。进入高三那年转到上海复兴中学读书，希望在最后一年学得好一点，以便考上大学。从小城市到了上海以后，许多政治事件和社会活动就立刻在我的思想上引起了反响。那一年，重庆校场口事件，闻一多、李公朴遇害，学生们反饥饿反内战大游行，国民党军警深夜到同济大学抓人，把机关枪架在学校门口，暨南大学学生和军警对抗，枪杀上电工人王孝和等，都给我留下很深的印象，开始恨国民党不讲理，厌烦国民党的反动统治。但自己最关心的还是如何考大学。①

---

① DA-001-001，梅自强干部档案副本。资料存于采集工程数据库。

我学纺织是受舅舅的影响，他在刘国钧先生开办的大成一厂从学徒做起，后来搞了管理。上世纪40年代大学毕业不好找工作，就考了当时全国独此一家的南通学院纺织工程系。

1947年，梅自强从上海复兴中学高中毕业后，被南通学院纺织科纺织工程系录取，9月入校学习。

南通学院

南通学院即今天的南通大学，是江苏省人民政府与国家交通运输部共建重点综合性大学，2004年5月经教育部批准，由南通医学院、南通工学院、南通师范学院三所公办本科大学合并组建而成。学校的办学历史最早可追溯到近代著名实业家、教育家张謇①于1912年创办的私立南通医学专门学校和南通纺织专门学校。

南通工学院的前身是南通纺织染传习所，创建于1912年4月。1913年9月更名为南通私立纺织专门学校，是我国第一所纺织高等院校。1927年改为南通纺织大学，1928年与医科、农科合并为私立南通大学，1930年为南通学院纺织科，1952年全国高等院校院系调整时，南通学院纺织科迁至上海并入华东纺织工学院。1977年12月经省人民政府同意，成立南京工学院南通分院，1979年1月经国务院批准改称“南通工业专科学校”，1980年7月江苏省政府报经教育部批准，改名为“南通纺织专科学校”，1985年1月江苏省人民政府报经国务院批准升格为南通纺织工学院，1995

① 张謇（1853–1926），字季直，号啬庵，汉族，祖籍江苏常熟，生于江苏省海门市长乐镇（今海门市常乐镇）。清末状元，中国近代实业家、政治家、教育家，主张“实业救国”。中国棉纺织领域早期开拓者。张謇创办中国第一所纺织专业学校，开中国纺织高等教育之先河；首次建立棉纺织原料供应基地，进行棉花改良和推广种植工作；以家乡为基地，努力进行发展近代纺织工业的实践，为中国民族纺织业的发展壮大作出了重要贡献。他一生创办了20多个企业，370多所学校，为中国近代民族工业的兴起和教育事业的发展作出了宝贵贡献，被称为“状元实业家”。

年 9 月经国家教委批准，更名为“南通工学院”。

梅自强进入的南通学院是当时国内著名的纺织专业学院，自创办人张謇之后，又有中国纺织界的许多知名学者曾经在校担任教授，如雷炳林①、任理卿②、黄云騤③、诸楚卿④、陈维稷⑤、杜燕孙⑥、方柏容⑦、边澄⑧等人。这

---

① 雷炳林（1882–1968），广东省台山县人。纺织工程专家，纺织科研的开拓者。长期从事纺织高等教育、纺织企业技术管理和纺纱牵伸机构的研究和改进。执教以学用并举为重。在工厂推行技术管理，创立名牌。在纺纱牵伸工艺中提出新颖的理论观点，发明了双孔喇叭喂入装置和弹簧销皮圈式大牵伸机构。

② 任理卿（1895–1992），湖南省湘阴县人，纺织专家和纺织教育家。毕生致力于纺织教育和纺织科技事业，曾执教于南通学院、东北大学和西北工学院纺织系，培养出我国早期的一大批纺织高等专业人才，负责筹建原国立中央研究院棉纺织染实验馆和新中国成立后纺织工业部纺织科学研究院，为我国纺织科研基地建设作出了贡献。

③ 黄云騤（1986–1985），棉纺织专家，国内棉纺高支纱的开拓者之一。长期从事棉纺织生产技术、管理，形成一套科学化的管理方法，并屡次取得成效，为发展我国纺织工业作出了积极贡献。

④ 诸楚卿（1897–1992），江苏武进县人，染整专家、教育家。1952 年 8 月纺织院校调整后，调华东纺织工学院（1986 年改名为中国纺织大学），历任染化工程系教授、系副主任、系主任、院务委员会委员。1954 年评为二级教授。1984 年退休。早期致力于染整生产技术工作，后长期从事纺织品染整高等教育，为中国染整工业的开拓、发展和纺织染整专业人才的培养作出了很大成绩。撰写了《染织品整理学》《染色学》《整理机器专号》等专业著作和染整方面的论文 20 余篇。

⑤ 陈维稷（1902–1984），安徽省青阳县人，中国现代纺织科学技术奠基人、教育家和社会活动家。中华人民共和国建立后，任纺织工业部副部长达 33 年之久，在建立纺织工业完整教育体系，领导制定纺织科技发展规划，推进纺织科技进步，支持棉花良种培育，建立和健全纤维检验机构，发展纺织出版事业以及加强国际合作等方面作出了卓越贡献。他又是中国纺织工程学会的组织者和主要领导人，曾主编《中国大百科全书·纺织》卷和《中国纺织科学技术史（古代部分）》等重要著作，是中国纺织界与科技界一位深受尊敬的领导人和专家、学者。

⑥ 杜燕孙（1912–2011），染整工程技术专家。中华人民共和国建立后，他全面改进染整工艺技术，倡导练漂连续化，并积极推进染整工艺技术进步，是我国现代染整工艺技术的奠基人之一。他曾在高等院校担任兼职教授，培养了许多技术骨干，并长期从事学术活动和科学普及工作，著有《国产植物染料染色法》《棉练漂学》等书，主编《染化月刊》《纤维工业月刊》《纺织科普》等刊物，辛勤耕耘，数十年如一日，在我国纺织界有较高声誉。

⑦ 方柏容（1911–1995），纺织教育家、化学纤维和环境治理专家。毕生从事纺织教育和化纤、环境治理研究，为培养纺织科技人才作出了很大贡献。他是我国化纤专业学科的创始人之一，也是纺织系统环保专业的奠基人。

⑧ 边澄（1914– ），棉织技术专家，精于织物设计和浆纱工艺。曾设计制织新中国第一个外销棉布拳头产品“跳鲤细布”；首创聚乙烯醇和聚丙烯酸甲酯混合浆料；推动各种新浆料和浆纱新工艺的开发和应用；组织编写的《棉纺手册》《棉织手册》等已成为棉纺织工程技术领域颇具影响的工具书。

些老师，大多是海外留学归来的饱学之士，有的还是中国共产党的秘密党员，在新中国成立后成为了纺织工业部的领导及中国纺织科学研究院的领导，也是支持和指导梅自强进行纺织科技研究的长辈。

梅自强进入南通学院，正值解放战争。1948 年，因为苏中战役的影响，南通学院将师生撤至上海继续办学。

梅自强在大学二年级时，南通学院改在上海重庆北路上课，学生们住在南市区的大吉路宿舍。期间，受到进步同学影响，他开始阅读一些进步书籍，经常参加校内外活动。

从 1948 年 9 月到 1949 年 1 月，中国人民解放军先后打响了辽沈、淮海、平津三大战役，基本上消灭了国民党军队的主力，取得了解放战争的胜利。

后来，梅自强对这段经历回忆说“最难忘是在上海的那一年，大吉路、重庆北路一天来回几趟，爬三层铺，吃发芽豆和咸菜。开学了，赶快把家里带来的饭钱到马路边换几个袁大头。天亮前，特务闯进宿舍抓人的情景历历在目。有压迫就有反抗，同学们聚在一起，偷偷唱起了：你是灯塔，照耀着黎明前的海洋，你是舵手，掌握着前进的方向……”①

梅自强对当时物价飞涨，民不聊生，三青团带枪出入于教室宿舍等感到无法忍受，在进步同学的影响下，他积极参加了学生自治会、应变会等工作。那时学校里有一个地下党的外围组织，叫“通院团契”，领导和组织同学们参加各种活动，做好思想上和组织上的准备，去迎接解放。1949 年 4 月，经石汉铭介绍，梅自强加入了中共上海学委领导的地下党秘密外围组织“通院团契”，成为一名在党的领导下，为迎接人民解放事业而工作的进步青年学生。

据他的同学刘恒琦回忆，梅自强在学校里是比较进步的，平时他对同学都很好，彼此关系也很好。南通学院搬到上海借读期间，特别是上海临近解放的一段时间里，白色恐怖很厉害。国民党特务和军警半夜到学校宿舍来抓捕进步学生和教师。例如 1949 年 4 月 26 日，国民党特务在上海一

① 《红颜》通讯，内部资料。存于南通大学档案馆。

次逮捕中华工商专科学校师生35人，直到上海解放，师生们才获救。一次，国民党特务夜里闯入南通学院的学生宿舍搜捕学校的一位老师，当时梅自强非常紧张，因为身边有很多进步书籍，他赶快把那些书都搬到床铺下面藏好。后来特务到他们房间里搜查，虽然没有搜查到什么，最后还是把他们房间里的一个同学给抓了去讯问①。

这次大搜捕，藏有进步书籍的梅自强没有被特务发现，是一种幸运。事后，他不敢回宿舍住，到上海浦东的小舅李艺安家中躲避了几天。

关于南通学院的“通院团契”，可查证的资料很少。这是根据中共上海地下党组织1948年11月建立党的秘密外围组织的决定而建立的。新中国成立后，经中共上海市委组织部调查取证，中共中央组织部批准，当年交通大学的“新民主主义青年联合会”、同济大学的“干部小组”、复旦大学的“NDY”、暨南大学的“雷社”、南通学院的“通院团契”等被确认是中共的秘密外围组织，其成员从参加该组织之时计算参加革命工作时间②。

1949年5月28日，梅自强在上海迎来了解放。

1949年8月，南通学院迁返南通。

梅自强的学弟、中国工程院院士姚穆回忆③：

梅自强院士是我的学长，但在许多工作上，他是我的大哥。

梅自强同志1947年进入南通学院纺织科学习纺织工程专业，我是1948年进入南通学院纺织科学习纺织工程专业的。1947年至1949年夏季，梅自强同志在上海分校学习。1949年2月2日，南通解放。1949年8月，梅自强同志回到南通。在相处一年中，梅自强同志对我们这些学弟处处照顾，处处关照，真是亲切的大哥。当时南通经过八年抗日战争，被日军占领，1945年至1949年又在国民党“清乡”运

① 上海纺织工程学会访谈，2014年7月1日，上海。资料存于采集工程数据库。

② 中共上海市委组织部沪委组（89）字第21号和沪委组（88）字第30号文件，内部资料。

③ 姚穆：回忆中关于梅自强院士的几件事——供梅自强院士传记执笔同志参考用。2014年，未刊稿。资料存于采集工程数据库。

图 1–5　1950 年南通学院杼声篮球队合影。前排中为梅自强（李椿和提供）

动（国民党军队占领南通，对市镇区和农村的新四军部队和乡镇组织进行不断打击）不断进行中，极不安定，经济和生活十分困难。除了上课、阅读、作业外，极少活动。南通学院是大生棉纺织厂私营的大学，大生棉纺织厂在八年抗日战争中日军进驻厂区，三年半国民党统治期间，受政府胁迫，经济十分困难。课下活动很少。梅自强同志经过努力，向有关资助者动员购来两只篮球，在南通学院纺织科组织了篮球队。他带领大家打篮球，给学习生活添加了异样风采，受到广大同学的热烈欢迎和衷心感谢。

1949 年 11 月，南通学院成立了新民主主义青年团组织，因为梅自强是“通院团契”成员，所以第一批加入了新民主主义青年团。

入团后的梅自强满腔热情地学习政治，参加学生会工作。梅自强说：“家庭对我的影响主要是：勤奋读书，找个好工作，有饭吃。学校和社会对我的影响使我认识到：国家要独立，人民要幸福，只有靠共产党。”

图 1-6　1951 年梅自强南通学院毕业照（李椿和提供）

“新中国成立后大学生活的二年，是青年团培养教育我的二年，是我开始认识共产党的二年。这二年我参加了很多社会活动，搞学生会工作，搞学生伙食团工作，搞团支部工作，搞班级工作，还出席过地方人民代表大会，学校里放假时也主动留校工作。其间在政治觉悟、思想认识、工作能力等方面得到了一定的锻炼，但学习成绩并不好。”①

1951 年 5 月，梅自强被选为南通市唐闸镇第一区人民代表大会特邀青年代表。

7 月，梅自强在苏南北区高等学校毕业生暑期学习团中担任青年团南通学院支部组织委员、宣传委员。

1951 年 7 月，梅自强从南通学院纺织科纺织工程专业毕业。

① DA-008-019，梅自强档案副本。资料存于采集工程数据库。

第二章
告别江南

1951 年 8 月初，梅自强和同学们到江苏无锡社桥教育学院参加江苏省高校毕业生集中学习，当时新中国刚刚成立不久，急需医治战争创伤，恢复经济建设。党组织号召大学毕业生无条件服从统一分配，到祖国最需要的地方去。

许多年之后，在回母校参加校庆时，梅自强说："每一个人都有自己的人生观、价值观，也因此树立了不同的生活目标。有的人希望生活得安逸点、舒适点；有的人则希望生活得不平凡些，最大限度地实现自己的个人价值。所以他们对人生道路的选择也就不一样了。1949 年新中国成立，国家重点抓东北老解放区的建设，于是 1950 年东北人民政府到我们学校来招聘，比我高一届的 46 级毕业生张绪武[①]等 20 多人响应国家号召，远赴东北参加工作，这也深深影响了我。于是在我毕业的时候，我义无反顾地和班上其他八九个人无条件地服从国家分配，去了沈阳。"[②]

---

① 张绪武，1928 年 3 月生，江苏南通人，张謇之孙，张孝若次子。1950 年毕业于南通学院，分配到黑龙江省佳木斯市纺织厂任工程师，1979 年任江苏省南通纺织科研所工程师，1980 年任江苏省南通市副市长，1983 年任江苏省副省长。八届全国人大常委、财经委员会副主任，全国工商联常务副主席。

② 南通大学：梅自强回母校南通大学指导工作。2008 年，未刊稿。资料存于采集工程数据库。

梅自强知道自己是学生会干部，是团员，应该在毕业分配的去向上做表率。但当时常州家里生活比较困难，两个弟弟和两个妹妹都在念书，所以一定希望自己能留在家乡，生活上能有个照应，经济上也可帮一把。在他很纠结的时候，父亲梅国芳深明大义，写信支持鼓励他服从国家分配，使他没有了后顾之忧。

经过短期集中学习，8 月底，梅自强担任了“1951 年华东区大专院校毕业生赴东北工作总队”副总队长，率队奔赴东北①。

经受考验

1951 年 9 月，梅自强被分配到东北人民政府东北纺织管理局工作，9 月任生产处技术员。

1951 年 9 月 15 日，以美军为主的联合国军在仁川登陆，直接介入朝鲜战争，并将战火扩大至中国东北，美国军机轰炸了位于鸭绿江边的中国领土，包括安东（现丹东）等城市。为了保护刚刚成立的新中国免遭战火，在朝鲜战争开始四个月后即 10 月 25 日，中国人民志愿军应朝鲜党和政府的请求入朝作战，抗美援朝战争爆发。

抗美援朝战争的爆发，使新中国在经济建设中赖以生存和发展的东北工业基地一夜之间由后方变成了前线。刚刚大学毕业到东北工作的梅自强，在克服水土不服等困难的同时，勤奋地投入紧张的工作中，在完成本职工作的同时，经常额外加班加点，受到领导和同事们的好评。

1951 年 12 月，梅自强作为东北纺管局工作队成员去熊岳印染厂参加“三反五反”运动。

1951 年底到 1952 年 10 月，新中国在党政机关工作人员中开展了“反贪污、反浪费、反官僚主义”的“三反”运动，在私营工商业者中开展了

① DA-001-001，梅自强干部档案副本。资料存于采集工程数据库。

图 2-1　1952 年在东北工作时的梅自强（李椿和提供）

"反行贿、反偷税漏税、反盗骗国家财产、反偷工减料、反盗窃国家经济情报"的"五反"运动。

1952 年 3 月，梅自强参与了筹建东北纺织管理局局属实验工厂的工作。东北纺织管理局集中当时在东北的日籍技术人员，利用实验工厂办保全训练班，为东北各纺织厂培训技术人员。梅自强曾经作为东北纺织管理局工程师曾伯康的主要助手，筹办了棉纺织设备保全训练班①。

人民监察通讯员

1951 年 12 月，参加东北纺织管理局工作队到熊岳印染厂开展"三反五反"运动的梅自强，被选举为东北人民监察通讯员②。

新中国成立初期，中国共产党以过去革命根据地的人民监察实践为基础，逐步建立、发展和完善了人民监督的独特形式——人民监察通讯员制度。在巩固新生政权、发展国民经济中，人民监察通讯员担当了重要角色，他们积极配合政权建设、"三反""五反"等工作，对于监督党和政府工作发挥了十分重要的作用。

在解放战争时期，华北人民监察院于 1949 年 4 月初决定聘请通讯检查员，并拟定了聘请的办法。即凡各级职工会会员，农会会员，青年妇女团体团员，报社访员，企业、交通、财经机关中的技术人员及其他公正人士，热心公务、愿担任通讯检查员以帮助检查工作者，经团体机关介绍

① DA-008-019，梅自强档案副本。资料存于采集工程数据库。

② DA-001-001，梅自强干部档案副本。存地同上。

后，由华北人民监察院审慎选聘之。

1950 年 7 月，中央人民政府政务院人民监察委员会决定在中央直属机关、各国营企业部门及全国性的团体（工、青、妇）内聘请工作人员，担任该委监察通讯员。其工作是：经常了解公务人员违反政策、法令，贪污浪费等损害国家或人民利益以及官僚主义和命令主义等情况，并搜集此项材料，向监察委员会报告或协助其工作，以便及时纠正此种缺点与错误。聘任办法是：须由各机关团体推荐，经监察委员会审查合格后聘任。监察通讯员为义务职，但因工作上所必需之办公费用，监察委员会当酌予补助；同时对于工作卓有成绩者，则给以适当的表扬和奖励。到 1950 年年底，中央各机关已聘请 200 余名监察通讯员，全国各地方也重视着手建立监察通讯员工作。

1951 年 7 月 6 日，中央人民政府政务院第九十二次会议通过了《各级人民政府人民监察委员会设置监察通讯员试行通则》。规定主要有：①聘任条件和办法。各级监委对辖境内的各级政府机关、企业部门、人民团体的人员或其他劳动人民，具备公正廉明、忠诚老实、实事求是、善于联系群众等条件，在自愿原则下，通过推荐或民主选举，并经监委审查合格。②组织形式。三人以上者，视具体情况划分小组，各推选小组长一人，负责与各该监委联系。③任务。调查政府机关、企业部门及其公务人员之违法失职、作风不良、损害国家或人民利益等情况。征集群众对政府政策、法令、设施之意见。宣传监察制度之意义及其作用。另外还规定了具体的工作纪律与管理办法。

1953 年 6 月 25 日，中央人民政府政务院第一百八十四次政务会议通过了《各级人民政府监察机关设置人民监察通讯员通则》，废止了原有的《各级人民政府人民监察委员会设置监察通讯员试行通则》。新的《通则》有了一些改进，一是增补了在城市街道和乡村中设置人民监察通讯员的规定。二是增补了监察通讯员的任务，即“管理并开检人民监察机关在该机关、部门、团体、街道、村庄设立之人民意见箱”。三是在工作纪律方面，增补了如下条文：“人民监察通讯员对于所发现的问题，经报所在机关、部门首长而本机关、部门无权处理或处理不当者，应报请上级人民监察机关处理。”四是对管理办法作了修正，规定“人民监察通讯员应每三个月至半年向其原推选单位的群众报告工作一次。如群众认为必要时，得改选之”。这有利于人民群众对监察通讯员的监督和促进，使这一制度不仅仅停留在形式上，同时规定“街道、村庄人民监察通讯员的工作费用，由其主管人民监察机关供给”，从一定程度上解除了监察通讯员在费用方面的后顾之忧。

各级人民监察委员会建立人民监察通讯员队伍都采取了重点发展、逐步试点的方针。多数单位经过了宣传酝酿、民主推荐、领导审查、监察机关任命等步骤，以保证通讯员的素质。

梅自强在参加工作后不久就被选举为东北人民监察通讯员，证明他在东北人民政府东北纺织管理局工作期间，对工作积极热情，对国家和人民的利益有高度的责任感，对各种不良倾向具有坚持真理、坚持斗争的革命精神，同时又有良好的群众关系和坚实的群众基础。

自从 1950 年《中苏友好同盟互助条约》签订之后，中国国内迅速掀起全面学习苏联的高潮。“以苏为首、以俄为师”成为新中国成立之初的奋斗目标，并提出了“苏联的今天就是我们的明天”的口号。在此背景下，中国希望借助苏联力量培养出我国自己的科学技术人才。于是，作为国家科学教育发展十年规划的一部分，中共中央决定大规模向苏联和东欧各社会主义国家派遣留学生。

1952 年 10 月 2 日，梅自强经组织批准，利用国庆节假期到北京，参加北京俄文专修学校留苏预备部的入学资格考试。

1952 年 10 月 10 日，由林光、郭淑梅介绍，梅自强加入中国共产党。

10 月底，梅自强入学资格考试成绩通过，到北京俄文专修学校留苏预备部学习。

1952 年 10 月，刚刚入党的梅自强离开沈阳东北纺织管理局实验工厂，到北京报到，进入北京俄文专修学校学习俄语。

新中国成立之后，中国共产党作为执政党，工作重点从长期从事武装斗争和农村工作转变到从事国家管理和经济建设方面。然而，缺乏掌握政权后管理国家的经验及各种人才的匮乏是当时最突出的矛盾。

据1950年中央组织部长陆定一接见苏联驻华代办谢巴耶夫时通报的材料，当时华北有150万党员，其中130万是文盲或半文盲。在区委以上领导人员中，近50%没有文化或文化不高。依靠这样一支干部队伍当然是无法对偌大的中国进行有效管理的[①]。

因此，中共中央一方面聘请大量苏联专家来华协助政府进行管理，一方面动员各部门选拔干部到苏联去学习。

北京俄文专修学校留苏预备部

梅自强前往培训的北京俄文专修学校，简称俄专，是由中共中央在新中国成立初期组建的一所重要的语言培训学校，隶属于中共中央编译局，并由毛泽东亲自题写校名。校长是中央编译局局长、著名翻译家、曾任毛泽东首席俄文翻译的师哲，副校长是中央编译局副局长张锡俦。校址最初设在北京西城区南宽街13号，1952年改隶属高教部。

在北京俄专内部，留学预备部是一个相对较为独立的教学机构。1951年，鉴于向苏联派遣的第一批留学生在苏学习生活存在诸多不适，周恩来指示外交部、教育部等在北京俄专内部筹办留苏预备学校，由俄专校长统一领导，俄专教务长杨化飞兼任主任，朱允一任第一副主任，主持日常工作。凡是国家派往苏联学习、进修的人员，先在这里集中学习一年俄语。

1952年3月31日，第一批留苏预备学生419名，暂借原辅仁大学部分校舍正式上课。6月，留苏预备学校搬迁到位于北京西城区西南角的鲍家街21号原清代醇亲王府旧址。当时，王府建筑基本保持着原有的格局，空闲的殿堂廊屋经过简单修缮，就成了留苏预备学校师生的课堂和宿舍。不久，留苏预备学校正式更名为北京俄专留苏预备部。

留苏预备部，不论是在硬件设施、师资力量，还是在教学方法上，在

---

① 沈志华：《苏联专家在中国》。北京：新华出版社出版，2009年。

北京乃至全国所有的高校中都是一流的。学校聘请了一部分教学经验丰富的苏联语言学专家任教。又从当时在北京工作的苏联技术专家的家属中聘请了一些人来讲课，如鲍米诺娃、马蒙诺夫、毕丽金斯卡娅等，都曾先后来校做过辅导。中方俄语教员则来自各大高校俄文系刚毕业的大学生[①]。

梅自强是北京俄专留苏预备部的第二批学员，与他一起被选拔的共有五百多名学生，一半以上为全国各高等院校的团总支和党支部委员以上干部，都是政治骨干、优秀青年，少数是研究生。梅自强当时是作为留苏攻读研究生来此进修的。留苏攻读研究生的选拔比一般留学生更为严格，除政治可靠、工作成绩优秀外，特别强调要具有一定的实际工作经验。

梅自强所在研究生班的同学主要来自以下两类人员：一类是机关干部，要求大学毕业，从事研究工作或相关业务工作一年以上，成绩优良，有培养前途者；另一类是高校人员，具有一定学术造诣的高校助教、讲师、副教授、教授，以及成绩优良的研究生。

当时有一种说法："够得上入党条件，不一定够得上留苏条件。"留学生的选拔工作事关国家的未来，是一项无比严肃的政治任务。因此，有关部门遵循一套严格得近乎苛刻的选拔标准和程序，以确保遴选出最可靠、最优秀的未来建设者。所有留苏人员必须要"过三关"：

首先是学习和考试成绩。被推荐的人员，在学习或工作期间成绩优秀，具备良好的学习能力和培养潜力。除应届高中毕业生以高考成绩为准、进修生仅考核俄语成绩外，其他类型的教育部派出留学人员，都需要参加国家统一组织的留学生考试。

其次是政治审查。要求被审查对象思想进步、道德品质优秀、政治上可靠，而且其家庭成员和主要社会关系在政治上也必须清白。在选拔进入留苏预备部前，各省市先要进行初审，通过后再送高教部终审；进入留苏预备部后，校方还要组织专门人员进行外调，进一步核实学员及其家庭关系的政治背景。

---

① 郝淑霞：二十世纪五十年代留苏热潮与中国俄语教育。《中国俄语教育》，2011 年。

最后还要过体检这一关。新中国建立初期，许多人还不知体检为何物。教育部协同卫生部，制定了至今看起来都非常周密的体检规范。大到呼吸系统、循环系统疾病，小到砂眼、扁平足，都纳入了体检范围。

在开学典礼上，杨化飞主任嘱咐大家：“你们肩负着经济建设的重担，你们是祖国建设的栋梁。你们每个人的费用要由25个农民来承担。希望你们不要辜负了党中央毛主席对你们的期望，不要辜负了全国人民对你们的期望。”

当时新中国刚刚成立，抗美援朝战争已经打响，国民经济面临诸多困难，而周恩来总理一再指示，要把留苏预备部的生活搞好，首先要把学生的伙食搞好。每个学生均享受科级干部待遇，每月津贴30元，其中吃饭要保证每月不少于20元，其余10元发给个人作为零用。

有回忆文章这样描述学生食堂：“几张饭桌中间，放着一个大甑子，里面是热气腾腾的雪白的大米饭，旁边是一个很大的竹蒸笼，里面是刚出笼的新鲜馒头。米饭馒头任你吃个够。……中晚两餐都有四个菜，至少一个是重荤，不是回锅肉，就是盐煎肉、白切肉、粉蒸肉或是其他。早上是六必居的腌咸菜，烧饼油条和棒子面粥，有时是小米粥。想吃香肠、卤蛋等自己掏钱买。”在那个物质贫乏的年代，留苏预备部的物质条件是相当优越的。

生活条件的优越掩盖不了学习的艰苦。学员们要在短短的几个月内掌握俄文的基本文法、单词词组，学好简单的会话，打好到苏联后可以跟班学习的基础，这就叫作“突击俄文”。因此大家的生活核心就是突击俄文。

当时学校按照学员俄语的不同水平分成小班教学，每班学员约有30人。每天早晨五点钟大家就起床了，操场上、屋角里、树荫下，学校的各个犄角旮旯，到处都是埋头苦读的身影。

为了营造语言环境，一些班级规定同学之间、师生之间必须说俄文，不能使用中文。如果谁说了一句中文，就算犯规，还要扣分。俄语中有一个发音近似于“德”的颤舌音，需要用口腔中的气流持续冲击卷起的舌尖；还有一个“德”的平舌音，有些词就是这一个字母的区别，发音不准确往往会造成词义的曲解。这对于中国人而言，是个不小的困难。有不少学生苦练了几个月，舌头都肿痛了，还是发不出来。有的同学推荐了一个方法：练发音的时候在口中含一口水。大家一试，还真灵。

梅自强以前没有学过俄语，要想在不到一年的时间里熟练掌握俄语语法，积累生活、学习所需的必要的单词量，除了死记硬背，也没有更好的办法了。他给自己布置了每天背诵50个单词的任务，想各种各样的方法帮助记忆。

1953年6月，由于专业课考试成绩不理想，达不到出国要求，组织上决定让梅自强在国内进修一年，他离开北京俄专留苏预备部到天津大学纺织系进修纺织专业课程。

天津大学

天津大学是中国近代第一所大学。创建于1895年10月2日，曾用名“北洋西学学堂”、“北洋大学堂”、“北洋大学”、“国立北洋大学”、“国立北洋工学院”，1951年北洋大学正式更名为“天津大学”。

学校创建初，由清末著名洋务派人士盛宣怀[①]亲自任督办兼名誉校长，他以“科教救国，实业兴邦”为宗旨，聘请美国教育家丁家立出任总教习。生于美国又在柏林大学获神学硕士学位的丁家立熟知西方大学，再加上他于1886年在天津英租界创办了一所不带宗教色彩的“中西书院”，在社会上获得一定声誉，盛宣怀对他倍加赏识。北洋大学堂以美国哈佛大学、耶鲁大学为蓝本进行专业设置、课程安排和学制规划，以培养高级人才为办学目标。

---

① 盛宣怀，江苏常州武进人，清末政治家，洋务运动的代表人物。北洋大学（今天津大学）和南洋公学（今上海交通大学）创始人，同时也是一位实业家和福利事业家。盛宣怀创造了11项“中国第一”：第一个民用股份制企业轮船招商局；第一个电报局；第一个内河小火轮公司；第一家银行；第一条铁路干线京汉铁路；第一个钢铁联合企业汉冶萍公司；第一所大学北洋大学堂（天津大学）；第一所高等师范学堂南洋公学（上海交大等）；第一个斟矿公司；第一座公共图书馆；创办了中国红十字会。

创建之初，学校设立头等学堂和二等学堂。头等学堂为大学本科，二等学堂为预科。这是中国近代教育分级设学之始。头等学堂即大学本科，学制4年，分基础课和专业课。基础课有20余门课程，专业课分五个专业：工程学、电学、矿务学、机器学、律例学，共30余门课程。二等学堂“是中国最早的新式公立中学堂”。该学堂招收13至15岁学生入学，修业年限为4年，主要课程有英文、数学、朗读、各国史鉴、地舆学、格物学、平面量地法等20余门课程。

其学生主要从天津、上海、香港等地招收，任课教师多为中外硕学鸿儒，尤以美、日、英、法、德、俄学者任主课，教材也多采用外文原版。此外，北洋大学堂建立了一套较为完善的教育教学管理制度，保证能够实现培养高层科学人才的目的。由于治学严谨，校风朴实，当时北洋大学与哈佛、耶鲁相伯仲，毕业生可免试进入美国一流大学攻读研究生，因而被誉为“东方的康奈尔”。

北洋大学从1885年至1911年共有毕业及肄业生518人，其中资送出国52人（不包括自费留学生）。该校为我国近现代科技教育事业培养了一大批奠基的专家学者，他们多为国家社会所倚重，对采矿、冶金、土木、水利、机械工程、铁路交通、财政金融、政法、外交等事业的发展做出了开创性的贡献。

至20世纪50年代初，北洋大学为中国培养了数千名高级专门人才，成为政治、经济、科技、教育等各界的栋梁，为我国采矿、冶金、石油工业的创建，为机械、水利、土木工程的开拓，为纺织、化工、航空、电机技术的发展做出了重大贡献。著名桥梁专家茅以升、法学家赵天麟、教育家张含英等曾任北洋大学校长。机械专家石志仁、化工专家侯德榜等曾在校任教，在校友中，有50多人成为中国科学院、中国工程院院士。

新中国成立后，自1949年11月起，北洋大学由中央教育部直接领导。此后，北洋大学师生积极配合新中国的高等教育改造，进行了增强教师阵容、课程改革、管理体制改革等一系列改革，初步完成了学校的新民主主义改造。改造后的北洋大学实行校、院、系三级管理。同时，北洋大学的科学研究和培养研究生工作也取得了长足的发展，设有冶金、土木、采矿、水利、化工等 5 个工程研究所，成为当时我国培养研究生的重要基地。

1951 年 9 月 22 日，北洋大学与河北工学院合并，定名为“天津大学”。

梅自强在 1953 年 6 月去天津大学进修时，正逢 1952 年开始的全国高校院系调整刚刚结束。在这次院系调整中，南开大学工学院，津沽大学工学院，清华大学、北京大学、燕京大学、唐山铁道学院的化学工程系，北京铁道学院的建筑工程系等院系并入天津大学；天津大学数学系、物理系并入南开大学。此后，从天津大学调出的科系还有：抽调地质组组建北京地质学院（今中国地质大学）；抽调冶金系、采矿系金属矿组组建北京钢铁学院（今北京科技大学）；抽调采矿系采石油组并入清华大学；抽调采矿系采煤组至北京矿业学院（今中国矿业大学）；抽调电信系至北京邮电学院（今北京邮电大学）；抽调水利系农田水利及土壤改良专业至武汉水利学院（现已并入武汉大学）；抽调土木工程系测量专业至武汉测绘学院（现已并入武汉大学）；矿冶工程系调唐山成立河北矿冶学院；纺织工程系调出部分人成立河北纺织工学院（今天津工业大学）；化学工程系造纸专业调往天津轻工业学院（今天津科技大学）。1958 年又从天津大学抽调力量重新组建河北工学院（今河北工业大学）。经过全国规模的院系大调整，一方面，天津大学集中了并入院系的优势，成为全国重点工科大学；另一方面，从天津大学调出的科系因历史悠久、优势突出，把北洋大学的优良传统带到了祖国各地，为新中国工业体制的建立与教育事业的发展做出了重要贡献。

1952 年全国高校院系调整之前，天津大学设土木、水利、采矿、纺织、冶金、机械、电机、化工、地质、数学、物理共 11 个系。调整后，天津大学迁入南开区七里台新校址，下设机械工程系、电力工程系、电信工程系、土木建筑工程系、化学工程系、纺织工程系、水利工程系 7 个工科系，20 个专业和 13 个专修科，另设化工研究所和石油工业学校。

纺织工程系

黄淑珍，原天津工业大学资深教授，天津大学纺织工程系56届毕业生，和梅自强的夫人李椿和是同班同学。她谈到梅自强来天津大学纺织工程系进修情况时说：

当时，梅自强为什么到天大纺织系来进修？因为天大纺织系在当时全国的纺织学院里是一流的。为什么呢？那个时候，上海的华东是纺织学院，其他的院校都是纺织学院，只有天津大学是综合大学的纺织工程系。另外，就是他为了什么来进修，就是因为"纺织材料学"这门课。这在当时是最新的一门学科，只有天大纺织系开设这门课。那时候学习苏联，纺织材料学的教材全部是从苏联翻译过来的。而翻译作者是我们学校的，纺织材料学后面的纺纱学、机织学的教材也都是我们学校翻译的。所以他就到这里来进修，是以纺织材料学为主，兼修棉纺工程学课程。

从师资情况来看，那时候我们学校的师资力量也很强。一些老教授，如院长张汉文，那个时候他还是纺织部的顾问，留法的，是他最早编写出全套中文的毛纺学高校教材，曾经给我们教授毛纺学和纺织厂设计课程。系主任是张朵山，是留美的，美国麻省理工的，他给我们讲建筑学概论。还有崔崑圃，也是留法的，给我们讲棉纺工程学。还有王若愚，是留日的，给我们讲棉纺织精梳。这些老师在纺织界都是赫赫有名的专家学者。基于这两个原因，组织上考虑让梅自强到我们学校来进修。因为当时虽然在华东地区纺织业比较发达，但是搞纺织材料的，例如华东纺织工学院的严灏景教授，还在英国没有回来。所以在当时的情况下，就师资力量来说，我们学校是最强的。

另外，在实验室设备上我们学校也是很好的。特别是纺织材料的实验。纺织材料学这门课，除了教材是我们学校翻译的以外，我们的实验室也是全国一流的，实验室的所有尖端设备都是从国外进口的。这个纺织材料实验室在天大也是重点实验室，当时党和国家领导人朱德，还有陈毅，都到这个实验室来参观过。①

"大师兄"

梅自强在天大纺织系进修的时候，在班里的同学中得到了"大师兄"的绰号。倒不是他年龄最大的缘故，而是他学习刻苦认真，又不苟言笑，上课正襟危坐，平时待人彬彬有礼。这个绰号在这群同学中流传了几十年。

天津大学纺织工程系 56 届学生人数较多，开始的时候有 160 多人。这一届是 1952 年招的生，除了通过考试招收的应届高中毕业生外，还有不少调干生。有的是从部队上下来的，有的是行政部门送来的，当时新中国建设急需大批人才，从部队和机关部门选送骨干到大学深造比较普遍。所以，这个班学生的年龄相差很大，应届生都是二十岁左右的，调干生中年纪大的有四十多岁。而且，文化程度相差也大，所以不断有人跟不上学习进度而被淘汰，最后毕业时是 140 多人。

对天津大学纺织工程系 56 届本科生来说，梅自强更像是一个临时的插班生。从大学一年级下学期的中间开始一起学习，到二年级下学期的中间离开，前后不到一年时间。

梅自强平时不爱多说话，也不会主动和同学们开玩笑，之所以引起同学们的关注，是因为他的研究生身份，而且因为身份不一样，所以梅自强在学校的食宿与同学们不在一起，只是每天在一起学习和活动。黄淑珍回忆说："大概是 1953 年，我们大一的下学期，梅自强开始到我们教室来跟我们一起听课。他主要听专业课，如纺织材料学的课，这是我们二年级的重点课程。纺织材料学的主讲老师是安瑞凤，辅导老师是孔凡超、张琦，

① 天津工业大学访谈，2014 年 7 月 18 日，天津。资料存于采集工程数据库。

这是几个学问很好的老师，后来都成为天大纺织系的名教授。另外，梅自强还在比我们高一届的班级里听棉纺课。他在我们班上听纺材课，还和我们一起做一些实验，所以我们班的同学跟他比较熟。”①

同学们都叫他“大师兄”。他看起来非常沉稳，什么事情都为别人着想。他离班上同学们住的地方不是太近，本科生住在六里台，每天上学、吃饭都从他住的七里台经过。大家印象中最深的，就是无论多早起来，都能看到他一个人在楼顶上念外语。那时候同学们学的是英语，他念的是俄文。另外，他和大家一起听纺织材料学的课，除了听课还有老师的答疑课程，以及纺材课做实验的课程，他都参加。那个时候本科生的正课和辅导课都是大班上课，在一个很大的阶梯教室里。因为这个班人数多，所以同学们都有听课占位子的习惯。关系比较好的同学，一个寝室的同学，都会派出代表，拎着书包，还有拎着饭碗去占位子的。梅自强每次都去的很早，但是他从来不和同学们抢位子，也从来不坐在后面。他给大家的印象，就是总是在第一排挑一个旁边的位置坐，既能看到黑板，也能听好课。时间长了，次数多了，大家就知道了。因为他年纪比一般同学大，总让着同学们，是大师兄的样子，所以不知不觉地，全班同学都叫他“大师兄”。

图 2–2　1954 年元旦，天津大学纺织系党团员喜迎新年，图为同学们在天津大学大门口的合影（右一为梅自强，右二为李椿和）（李椿和提供）

① 天津工业大学访谈，2014 年 7 月 18 日，天津。资料存于采集工程数据库。

终身伴侣初相识

李椿和，梅自强的夫人，原纺织工业部生产司高级工程师，天津大学纺织工程系 56 届毕业生，她是这样讲述与梅自强初相识时的情况的：

> 我们大学一年级的时候是住在元伟路，那时候梅自强就到天大纺织系来进修了，也在元伟路住，因为他是研究生，吃饭是另外的食堂，宿舍也和我们本科生是分开的。
>
> 二年级的时候，天大校址搬迁，我们住在六里台，但是每天要到八里台去吃饭，然后再跑到六里台听课。梅自强住在七里台附近，无形之中，我们每天要从他的宿舍前多次经过。
>
> 那时候，我们国家全面学习苏联，大学也不例外，每天的时间都是规定好了的，安排得特别满。早上起来做广播操，然后去上课。那时候吃饭要走很远的，我们住在六里台，要跑到八里台吃饭。听完课以后中午都不休息，赶紧再找下午课程的教室抢位置坐，然后到了下午四点半，一定要到操场参加文体活动。晚上有辅导课和自习课，每天的时间都是很紧张的。
>
> 说实在的，当时是 50 年代初期，人也特别单纯。我们在大学，就是努力学习，掌握更多的知识，以便在毕业后为建设新中国奋斗，根本没有一点点谈恋爱的心思。同学之间，也是非常公开的关系。①

在李椿和的眼中，梅自强作为“大师兄”，有两点给她留下深刻的印象。一是学习上的认真刻苦，她多次看见清晨梅自强一个人在楼顶读外语，后来才知道，梅自强每天五点起来坚持俄语学习，这种持之以恒的精神让她很敬佩。二是每天下午四点半听完课以后，学生们一定得到操场去

① 李椿和访谈，2014 年 8 月 14 日，北京。资料存于采集工程数据库。

活动，那个时候梅自强总是和班上的男同学打球，后来才知道，在中学和大学里，梅自强都是学校篮球队的主力队员。那时候，在学校开展的比赛中，梅自强也是班级篮球队的主力，而李椿和是班上团支部的委员，经常组织啦啦队为自己的班级加油。平日里很文静的一个人，打篮球时生龙活虎，反差很大，给她留下深刻印象。

李椿和在中学就加入了新民主主义青年团，在大学里学习成绩优秀，是团支部委员，经常组织团员们活动。当时梅自强已是党员，因为和班上同学之间关系融洽，所以平时只要时间不冲突，他也会应邀参加团员们的一些活动。还有节假日，梅自强总是参加班级组织的各种活动。直到李椿和在二年级（1954 年）入党后，才和梅自强一起参加党组织的各项活动。在组织活动中，李椿和发现，梅自强特别善于倾听别人的意见，说话不多，但都说在点子上。这一点让李椿和对他产生了好感。

在李椿和的回忆中，唯一的一次比较带有私人友谊色彩的事情，就是在 1953 年 9 月，她升入二年级刚刚开学的时候，梅自强对她说他妹妹梅自英考上了天津大学化学工程系，邀请李椿和一起去看望一下妹妹。李椿和就带了一个女同学，和梅自强一起去梅自英的宿舍玩。梅自强把李椿和介绍给妹妹，并拜托李椿和对他妹妹给予关心和帮助[①]。

李椿和说，20 世纪 50 年代是一个充满积极向上精神的时代，在大学生活中的同学关系，是彼此充满信任，非常阳光的关系，她和梅自强都十分怀念那些充满青春气息，为共同理想奋发读书的日子。

第一篇论文

梅自强在东北纺织管理局实验工厂工作期间就十分关注棉纺织生产中的技术问题，在工作实践中也比较善于思考和总结。

---

① 李椿和访谈，2014 年 8 月 14 日，北京。资料存于采集工程数据库。

1953 年夏，在进修期间，梅自强总结自己在东北纺织管理局实验工厂工作的体会，利用业余时间写了一篇文章，寄给了当时国内纺织界唯一的一本专业杂志——纺织工业部的期刊《中国纺织》杂志。1953 年 9 月，他的题为“梳棉机前上罩板安装固定铁片的效用”的文章在《中国纺织》杂志第 19 期发表。

可以在国内权威杂志上发表论文，当时对梅自强的鼓舞是不言而喻的。但是好景不长，没多久，编辑部就收到读者来信，指出梅自强文章中关于前上罩板入口隔距对盖板花率影响的原因分析，与苏联纺织学术权威拉科夫教授的理论不一致。在 50 年代早期，来自苏联的理论和经验，在中国国内被奉为经典，不容丝毫怀疑与反对。《中国纺织》编辑部经受不起这种指责，写信给梅自强责令他检讨。对一个初出校门的年轻人，这种压力是挺大的。但梅自强心里并不服气，因为他相信来自亲手实验的分析和判断。梅自强给编辑部写了一封回信，前半段是对自己文章的解释，后半段则表示对苏联的理论学习不够。

一年之后，第一篇论文就被指违背苏联纺织学术权威拉科夫教授理论的梅自强成为了拉科夫教授的第一个中国弟子，其论文中的观点也得到老师的首肯，并且由此获得青睐，成为梅自强选择专业方向的依据。

当时的情况是，《中国纺织》于 1954 年第 6 期刊登了一个更正，编辑部为此发表了检讨启事。但是编辑部在杂志上刊登的梅自强的检讨并不是他回信的原文，而是编辑删去了前半部，又未经他同意修改了的后半部分。这样，这一场扣着“违背苏联纺织理论”大帽子的风波总算是过去了。

第一本译作出版

1954 年 5 月，梅自强完成了进修学业，各门功课合格之后，他拿到成绩单就回到了北京俄文专修学校留苏预备部。

梅自强在天大进修期间，虽然学习任务繁重，但是他利用进修学到的专业知识和不断提高的俄语能力，在极为紧张的学习过程中翻译了苏联 A.H. 索洛维耶夫的《棉纺生产中细纱特性的设计》一书，1954 年 5 月由纺织工业出版社出版，印数 3600 册。那一年他 25 岁。

天大纺织系的老师和同学们都不知道这件事。李椿和说:“从这件事可以看出梅自强是一个特别能吃苦的人。因为我当时也不知道这个情况，是多年以后才知道的。那时候他还在上学，因为是限定时间的进修，学好几门功课，每门功课都要争取考一个好分，他原来俄语成绩不是特别好，所以经常可以看到他苦练俄语，这时候还居然弄出一本译作出来，真是不简单。他自己也说过，没有那么高的悟性，什么事能一点甚至不点就透，他不是特别天才的那种人，但是他特别勤奋，在工作学习上，永远有笨鸟先飞、后来者居上的那种劲头。他在中学的时候也是这样，一开始也是成绩平平，到最后成绩很好，靠的就是用功和勤奋。”

当初，由于专业课考试成绩不理想，达不到出国要求，组织上才决定让梅自强在国内进修一年，经过在天津大学 10 个月的进修，梅自强不仅在纺织专业基础课程方面成绩良好，他第一篇论文的发表和第一本译作的出版，无疑使北京俄文专修学校留苏预备部十分严苛的老师们对他的专业及俄语水平有了很好的评价。

1954 年 8 月，获得去苏联留学资格的梅自强在北京按组织的统一要求准备行装。每一个人都是两个箱子，两个箱子里面把四五年要穿的衣服基本都带齐了。

8 月底，梅自强和同学们登上了一列从北京开出的专列，从满洲里出境，穿过广袤的西伯利亚平原，经过 8 天的旅程，最后到达了他们心中的无产阶级革命圣地——莫斯科。

第三章
留学苏联

新中国面临的首要任务，是医治战争创伤，恢复千疮百孔的国民经济，迅速建立起自己的工业，尤其是重工业体系。但是，薄弱的工业基础以及匮乏的科学技术人才成了国家经济建设发展道路上的两只“拦路虎”。

1950 年 9 月，中国首先和波兰、匈牙利等东欧五国达成了互换留学生的协议，并向其派遣了 35 名留学生，为此后大规模派遣留苏学生积累了经验。

1951 年，中国派出留学生 380 名，其中留苏学生 375 名，留学蒙古学生 5 名，新中国第一次留学高潮的大幕就此拉开，此后，一批批留苏学生陆续走出了国门。

有统计资料显示，此后直至 60 年代中期中苏关系恶化，前后共有近 8000 名大学生、研究生和进修教师，以及近 8000 名实习生被国家派遣赴苏留学，分布在苏联 20 多个城市的 220 多所大学和科研机构中[①]。

1954 年 8 月，梅自强登上赴苏留学生专列，由满洲里出境，穿过广阔无垠的西伯利亚，整整用了 8 天，到达了莫斯科，成为莫斯科纺织学院棉纺教研室的研究生。

---

① 何明、罗锋:《中苏关系重大事件述实》。北京：人民出版社，2007 年。

莫斯科纺织学院

在莫斯科的主要道路列宁大街上，有一幢宏伟的20世纪风格的大厦，这就是莫斯科纺织学院，现在的名称是莫斯科国立纺织大学。

莫斯科国立纺织大学成立于1919年，经过几代学者和教育工作者的努力，已成为俄罗斯著名的高等学府。

纺织大学在俄罗斯教育体制中是一所主要的高等科学教育机构。它集教育科研生产于一体，培养纺织人才，并且与工业部门有着紧密的联系，解决科技、工艺、经济、文化领域中的重点科学问题。

纺织大学有42个教研室。每年在各教研室有近200个不同的科研课题，教研室科研工作的目的是配合大学的中心教学。

当时纺织大学有5个系，学生3000多人，科研教育人员500多人，其中教授和博士90人，副博士和讲师300多人。20位教师有功勋科学家、功勋发明家称号。

纺织大学有现代化的基础设施，其中8幢教学科研楼69000多平方米，4幢学生宿舍36500多平方米，有100多间教室供学生使用，113间教学实验室配备现代化设备。大学图书馆3000平方米，阅览室400个座位，藏书超过30万册。大学体育场有4个大厅2000平方米，设施齐全。纺织大学还有大学文化生活中心——文化宫，甚至在苏联的度假胜地黑海海滨有自己的疗养院。

纺织大学与各国高校和企业有广泛的联系，联合出版学术资料，共享科学技术信息，共同组织参与实践活动。

纺织大学有广泛的国际交往，自1946年起，纺织学院成为战后首批为外国培养专家的学院。除学生外，纺织大学培训预科生、访问学者、进修教师、科研工作者等，莫斯科国立纺织大学的毕业生遍布在全球的纺织、轻工和化学业的企业中。

从20世纪50年代起，一批又一批中国留学生的入学，使学校进入了前所未有的鼎盛时期。

当时的纺织学院一共有 5 个院系：工艺系、化学工艺系、电机系、工程经济系、实用音乐系（服装设计系）。此外，学院还设有夜大学，这是专门为了培养苏联在职职工的业余学习而设立的，工人经过学习和考试，毕业后能成为被国家所承认的工程师和技术人员。1923 年，女学生仅占学院学生的 34%，而 1957 年占到了 74.3%。1923 年，在校学生只有 3 个民族，而 1957 年有 29 个民族。1923 年学院有 285 个学生，1957 年则达到 3165 人。学院藏书已达到 35 万册，比 1923 年增长 100 倍。该校学生每年参加全俄奥林匹克竞赛和其他竞赛，多次获奖。莫斯科国立大学、莫斯科国立（鲍曼）技术大学和国立纺织大学联合组成了全俄青年科研学会——“未来的脚步”[①]。

中国留学生，意味着优秀

梅自强是作为研究生进入莫斯科纺织学院学习的，和他一起出国的同学们，除少数研究生，大多数进入莫斯科纺织学院的是本科生学制。研究生学制是俄语学习 1 年，专业学习 3 年，共 4 年时间；本科学制是俄语学习 1 年，专业学习 4 年，共 5 年的时间。

当时所有留学生的待遇一样，标准很高，每月的生活费加上津贴是 500 卢布，折合人民币 250 多元，相当于国内高级干部和高级工程师的工资标准。

在国内北京俄文专修学校留苏预备部接受培训期间，留学生们就被反复告知，培训一个留苏预备生每个月的费用，需要几十个农民辛勤劳作一年，而支付一个在苏联学习留学生每个月的费用，是 10 倍于北京培训费的一个巨大开销。因此，这些留学生对于这种优厚的待遇都有一种感恩深

① 莫斯科纺织学院学生纺织工人报。1958 年 6 月 12 日。俄文报纸。

情。50 年代，在中国大城市里的家庭，每月人均 10 元人民币就算小康家庭了，相比之下，这些非常了解国情的年轻人，每个月在领取生活费的时候，都会从心底感受到压力，提醒自己千万不能有辱使命。

东华大学教授、留苏研究生，也是梅自强的同一届同学周启澄说：“当时能够被选派到苏联去，是优秀青年里的优秀分子，经过反复几轮考察，非常严格。那时候，成千上万的农民一年的收入才能够供应我们一个人的学费，所以，我们感觉很对不起人民，在那里就拼命地学习，尽量把更多的东西带回来，再报答国家、报答人民。”①

梅自强在回忆这段经历时写道：“这是对我今后发展很重要的一段。当时觉得国家派我到苏联学习，对自己来说，是一次重要的人生机遇，我应该好好地珍惜，努力学习，将来能对祖国建设有所贡献。到了苏联，首先面临的最大难关是语言的障碍。第一年我们学俄语，学哲学，学马列主义。苏联老师强调看原著，给我们指定必看的章节。我们为了学好俄文，可真是下了苦功，废寝忘食地边看原著边做笔记。班上的苏联学生显得较为轻松、活跃，一到周末的晚上就聚在阅览室里跳舞，而我们中国学生就聚到图书馆看书。我们心中只有一个想法，就是集中时间学习，终于在老师的指导下，用一年的时间学会了俄文。在苏联的四年很辛苦，基本上都是争分夺秒地学习。”②

中国留学生为了尽快突破语言障碍、掌握专业技能而废寝忘食。很多人每天学习十二三个小时——下课后在教室接着自习；教室锁门了就回宿舍继续看书；困了就趴在桌子上打个盹，醒了接着学习；凌晨一两点才上床，躺在床上还要再背一篇课文。周末，其他国家的留学生都结伴出去跳舞、游玩，却几乎看不到中国留学生去玩③。

当时教室第一排坐的永远是中国留学生，每次上课，苏联学生总是自动将第一排的位置留出来让给中国学生。课堂上最复杂的问题总是留给中国学生回答，而中国学生的反应则成了教师衡量教学效果的标尺。如果中

---

① SP-001-015，丝路——第十九集春风桃李，2012 年。资料存于采集工程数据库。

② 同①。

③ 单刚、王英辉：《岁月无痕——中国留苏群体纪实》。北京：中央编译出版社，2007 年。

国学生能够回答出，教师就说："你们看，一个外国学生都听懂了，你们还不明白。"否则，教师就会说："看来我没有讲清楚，现在再讲一遍。"

一次，莫斯科苏联海军高级军官学校召集中国、朝鲜、东欧等国家的留学生干部开会，郑重要求考试成绩不合格的朝鲜、东欧学生周末一律不许出去玩，否则严肃处理；而所有中国学生每个周末不许再看书，必须休息，学院将指定专门的教员陪同和监督①。

《岁月无痕——中国留苏群体纪实》作者之一王英辉是1988年中苏关系解冻后中国第一批公派苏联的五年制大学生，在莫斯科，她感受到了苏联老一辈教育工作者对梅自强那一批中国留学生的印象。大一时，由于年幼思乡和语言障碍，王英辉的第一次数学考试只考了4分。老教授亚列姆丘克异常痛心地看着她数落道："我的孩子，你怎么啦？是不是家里出了什么事，你只考了4分？要知道，30前我教过的中国学生，他们都是那么优秀，他们永远只考5分！"

专业的选择

在苏联学习的中国留学生的专业选择不是自己决定的，而是根据国家需要及苏联大学指派的。

蒋文惠，纺织工业部高级工程师，比梅自强早一年去的苏联，留学时是本科学制，5年后与梅自强同时毕业，又一同回国。他在回忆中国留学生的专业选择问题时说，当时是每个人学一种专业，是组织分派的，叫你学什么就是什么。每个人专业不同，有的系只有一个人，一个系里分很多专业，国家会继续派人来，我们国内和苏联方面都不会让留学生的专业有重复。只要是苏联学校设这个系的，就派进去，这样也叫填补空白，等于是全面学习苏联。所以有这样的情况，在国内时一个部门里面有两个人是

① 单刚、王英辉：《岁月无痕——中国留苏群体纪实》。北京：中央编译出版社，2007年。

相同专业的，到了苏联后就不是一个专业了，在一块学习的很少，都是错开的。

说起梅自强的专业选择，似乎有一些传奇色彩。一年的俄语学习结束后，梅自强被学校的名教授亚历山大·巴甫洛维奇·拉科夫收为学生，在他的指导下进行专业学习。

早在国内进修培训期间，梅自强根据自己在东北纺织管理局实验工厂的实践，完成了生平第一篇技术论文，论文经国内《中国纺织》刊登后引起了一些读者的质疑，认为他文章中关于前上罩板入口隔距对盖板花率影响的原因分析与苏联纺织学术权威拉科夫教授的理论不一致，还被迫刊发了检讨。没想到到了苏联，自己成了拉科夫教授的第一位中国弟子。

对于这段往事，梅自强在《中国工程院院士自述·农业、轻纺与环境工程学部》中写道：

我最难忘的另一个人是我的导师亚历山大·巴甫洛维奇·拉科夫教授。他指引我走上了科研工作的正确道路。

拉科夫教授是苏联老一辈教授。解放初期，他的许多著作被译成中文，编入教材，他的纺纱理论被奉为经典。我毕业以后，在东北纺织管理局实验工厂工作，对苏联的纺织技术知之甚少。工作中有点体会写了一篇文章，寄给了当时纺织界唯一一本专业杂志，不久居然登了出来。可是没有多久就招来读者批评，说是违背了苏联拉科夫教授的理论。在那“一边倒”的年代，杂志编辑部也经受不起这种指责，责令我检讨。对一个初出校门的年轻人，这种压力是不难想象的。但我心里并不服气，因为我自信我的分析和判断。我给编辑部写了一封回信，前半段是对我文章的解释，后半段表示对苏联的理论学习不够。编辑部在杂志上登了我的回信，但是删去了前半部。一场风波算是过去了。

1954 年我被派到苏联莫斯科纺织学院读研究生，导师恰巧就是拉科夫教授。我是老教授名下第一个中国学生，他对我关怀备至，帮助我制订学习计划，每星期一次了解我的学习情况，为我拟定必读和选读的文献目录。一年以后他和我商量研究方向和论文题目，建议我研究高速梳理机理的有关问题，这正是我那篇招致批评的文章需要深入研究和论证的内容。第二次世界大战以后，随着国际上新工艺、新技术的不断出现，纺纱技术开始向高速发展，苏联许多专家学者在高速梳理机理方面已开始做了一些研究和探索。拉科夫教授的理论也有了发展，只是老教授没有公开发表，未能及时传入中国。老教授没有想到，在他面前的中国学生曾为此受到过很大的压力。在他的精心指导和许多热心的苏联朋友的帮助下，我用了将近三年时间完成了研究生论文，并且以全票通过了论文答辩，拉科夫教授很高兴他的中国学生为他的梳棉理论又增添了一点新的内容。

值得一提的是，宅心仁厚的梅自强自始至终没有把自己在国内受到巨大压力被迫做检讨的事情告诉老师。

在拉科夫教授的指导下，梅自强慎重地选择了自己的专业课题：研究梳棉机高速梳理的基本原理及可能性。论文题目是“高产量梳棉机刺辊部分气流对落棉的影响”。

什么是梳棉

梳棉是纺织工程中纺纱的关键工序。棉花生长成熟之后，经过采摘，轧除棉籽，再经过质量检验，分等分级后就成了纺织原料。为了方便运输及储存，棉花要经过压缩打包。所以，到纺织厂的棉花都是棉纤维纠结在一起的纤维团块。经过第一道开清棉联合机加工后，棉卷或散棉中的纤维呈松散棉块、棉束状态，并含有不少杂质。其中多数为细小的、粘附性较强的纤维性杂质（如带纤维破籽、籽屑、软籽表皮、棉结等），所以必须将纤维束彻底梳理，分解成单根纤维，清除残留在其中的细小杂质，使各配棉成分纤维在单纤维状态下充分混合，最后制成均匀的棉条以满足后道的并条、粗纱、细纱工序的要求，才能纺出纱来。

用生活常识来比喻，“梳棉”就像是梳头，“纺纱”就好像是扎辫子，要用梳子把“一团乱麻”的头发梳理成一根根顺滑的、干净的单根头发才好扎辫子，杂乱无章地缠绕和纠结在一起的头发是无法扎辫子的。

梳棉工序的主要任务有四个：一是分梳，在尽可能少损伤纤维的前提下，对喂入的棉层进行细致而彻底的分梳，使团块状的束纤维分离成单纤维状态。二是除杂，在纤维之间充分分离的基础上，彻底清除残留的杂质疵点，排除对纺纱没有用的短绒。三是均匀混合，使不同的纤维在单纤维状态下充分混合并分布均匀。四是成条，将单纤维聚集成“棉网”，并制成一定规格和质量要求的均匀棉条，有规律地圈放在棉条筒中，便于运输给下道工序使用。因此一台好的梳棉机要有分梳、除杂排绒、均匀混合、成条这四大功能，缺一不可。

让我们用梅自强后来研究的 A186 型梳棉机的工艺流程来简单地说明一下梳棉机的工作原理及复杂过程：喂入梳棉机的棉层在给棉罗拉和给棉板共同握持下，接受高速回转刺辊的开松梳理，并排出杂质和短绒。刺辊的下方装有分梳板及除尘刀，可使留在刺辊表面上的薄棉层再次得到梳理和排杂。在刺辊与锡林相遇处，锡林的针布剥下刺辊表面的薄棉层，纤维发生转移，纤维通过后固定盖板的预梳理区，进入锡林和盖板形成的主要工作区。全机盖板有 106 根，其中 40 根参与分梳工作。纤维在锡林和盖板两个运动方向一致速度不同的工作面作用下被分梳成单纤维，其中的细小尘杂和短绒则被排出。短绒多半被充塞在盖板针面上，被盖板带出工作区后，由斩刀剥下来而成为盖板花。附着在锡林表面上的纤维层在通过前固定盖板区时又得到分梳理直；当和道夫相遇时，锡林上的部分纤维在分梳过程中被凝集到道夫表面，纤维发生转移，形成薄如蝉翼、半透明的纤维层输出；而余下部分仍留在锡林表面，在经过大漏底后再与新喂进的纤维一起，重新进入锡林和盖板工作区接受重复梳理。道夫表面纤维层经剥棉罗拉剥取下来，通过上下轧成网输出。棉网通过喇叭口集拢成条，然后进入大压辊和圈条器，有规律地被圈放在棉条筒内。

因此，梳棉机的分梳能力、转移能力、排杂能力和纤维损伤率是检验

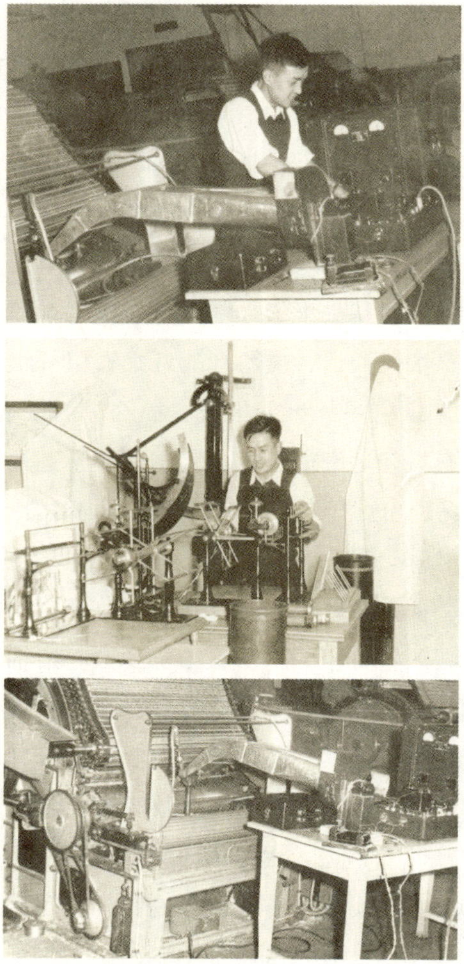

图 3-1 梅自强在莫斯科纺织学院做试验（梅自省提供）

梳棉机性能的技术关键。要提高梳棉机产量，就要突破性地改变梳棉机的分梳能力、转移能力、排杂能力和减少纤维损伤的程度。

梳棉机性能的优劣，对改善纱条结构、提高成纱质量，节约用棉、降低成本关系很大，可以说是至关重要的。

留学生里的老大哥

梅自强在总结他的留学经历时曾经写道："从 1954 年到 1958 年，我在莫斯科纺织学院，师从苏联老一辈纺织专家拉科夫教授苦读四年。学校周六组织舞会，我一次也没去过，都扎在图书馆里了。"

"在苏联的四年，开阔了眼界，增长了知识。拉科夫教授和许多苏联专家工作和生活中表现出来的严谨学风和求实精神深深地感染了我，使我懂得科学研究是寻求事物发展客观规律的学问，来不得半点虚假。科学研究要敢于坚持真理，勇于修正错误。科学研究永无止境，既要尊重前人劳动成果，又不能因循守旧，裹足不前。科学的生命力在于不断创新，创新又必须实事求是，遵循事物发展的客观规律。"[1]

① DA-001-001，梅自强干部档案副本。资料存于采集工程数据库。

“我的导师亚历山大·巴甫洛维奇·拉科夫教授作为苏联知名的老一辈纺织专家，教给了我很多东西，通过他的精心指导，我在三年的时间里就完成了研究生课程，获得了科学技术副博士学位。至今，我仍深深地感受到是老教授的研究学风和务实精神感染了我，使我在增长知识的同时也培养了实事求是的科学态度，而这种态度对我后来进行学术研究起到了重要作用。”①

在梅自强的记忆中，那四年几乎是与娱乐绝缘的。

蒋文惠在接受采访时说：“梅自强是研究生，一年的俄语，三年专业，一共是四年。他是后来去的。他是学棉纺工程的，我学机织工程。研究生专门有一个班。我是本科生，我们不在一起学习，但是因为大家都住在一起，所以他平常生活各方面的情况还是比较了解的。”②

据蒋文惠回忆，自己与梅自强经常在一起，每天见面，因为俩人住的宿舍是隔壁。梅自强到苏联时，蒋文惠已经二年级了，梅自强平常和大家的关系非常好，应该说在学校的研究生当中，蒋文惠认为梅自强是最能跟大家打成一片的，他没有研究生的架子，跟大家都很融洽。这一点，是当时在那里的中国本科生普遍感受到的。

梅自强喜欢打篮球，而且水平也不错，留学生一个礼拜有两次运动，锻炼身体。在运动场，中国人经常在一块儿打球，每次他都参加。但是，其他研究生就不太愿意跟大家在一块儿，梅自强能很自然地跟大家融合在一起，跟大家很合得来，也很关心同学。另外梅自强还有一个爱好，他会摄影，他给同学们照了很多照片。那时没有彩色胶卷，都是黑白照片。放寒假暑假的时候，学校、学

图 3-2　1955 年夏在苏联攻读研究生时的梅自强（李椿和提供）

① 梅自强：80 年人生之路。2010 年，未刊稿。资料存于采集工程数据库。

② 蒋文惠访谈，2014 年 7 月 16 日，北京。存地同①。

生会，还有苏联方面，都会组织一些活动，他就给大家拍照，然后自己洗相片发给中国留学生。另外，梅自强还给大家做饭，那时候留学生在学校里整天吃食堂，到星期天，他给大家做饭，邀请大家在一块儿吃中国饭。梅自强跟大家相处一点不拘束，一个是关心同事，一个是对大家也很和蔼，所以大家对他也很尊敬，觉得他非常像一个兄长，实际上他也就比蒋文惠他们大一两岁。

蒋文惠说，在学生中，梅自强是非常用功、很刻苦的一个人，像平时在一起活动，都是业余时间的事情，留学生们在一起时候的点点滴滴，一些小事。平常大家都忙于学习，都是钻研业务，很少去玩或者搞其他活动，就是一门心思地钻研学问、业务。

一件小事

1955 年 9 月初至 11 月底，时任中共纺织工业部党组书记、第一副部长的钱之光率中国纺织工业代表团赴苏联考察，在莫斯科时参观了莫斯科纺织学院。在参观考察期间，学校方面组织了一些研究生参与了接待工作。

梅自强参与了接待工作，钱之光平易近人的作风和廉洁奉公的精神给他留下了深刻的印象。

钱之光是一个具有传奇经历的共产党人。他 1927 年 2 月加入中国共产党，大革命失败后，在上海担任党中央秘密印刷厂负责人。1933 年进入中央苏区，任中华苏维埃中央政府贸易总局局长。1934 年参加长征，到达陕北后任陕甘宁边区苏维埃政府对外贸易总局局长。抗日战争时期，先后任八路军新四军驻武汉和南京办事处处长，十八集团军驻重庆办事处处长。解放战争时期，被党中央派往香港从事经济工作，创建了华润公司并任董事长。钱之光毕生从事党的经济工作，过手的钱财无数，被老一辈共产党人如周恩来、任弼时、陈云等赞誉为“腰缠万贯，两袖清风”。新中国成立后，任中央人民政府政务院财经委员会委员，纺织工业部副部长、党组

图 3-3　1955 年 10 月中国纺织代表团访问苏联时与留苏纺织专业研究生合影（图中右五为纺织部副部长钱之光，左五为纺织部副部长张琴秋，右四为中国纺织科学研究院院长张方佐，左一为梅自强）（李椿和提供）

书记。

钱之光率领的代表团一行七人，按照当时的标准，工作人员安排了一个套间供他居住，每晚 130 卢布；代表团其他六人住 90 卢布一晚的标准间。但是，到了酒店后，钱之光坚决不住套间，工作人员只好把套间退掉，换成了标准间。第二天一早，他又说一人住两人的房间干什么，一定要换小房间。工作人员只好给他换了一个 45 卢布一天的小房间[①]。

这件事对梅自强的影响可以说是持续了一生。在许多年之后，梅自强也走上了领导岗位，一次去上海出差，他退掉了在和平饭店预订的房间，住到了出差单位的招待所。当时是改革开放初期，出差住宿一切还是按规定执行，住酒店的出差补助是每天 2 元，要比住招待所的补助 0.25 元高许多。面对随行人员的不理解，梅自强淡淡一笑，讲起了老部长的往事。

---

① 吴鹤松、陈义方、张国和、薛庆时、王烈、王福葱：《钱之光传》。北京：中共党史出版社，2010 年，第 533-539 页。

“钱部长艰苦朴素、廉洁奉公的精神，是我们后辈终身学习的楷模。他从不讲排场、摆阔气，所想的是尽可能为国家节省开支。”

收获假期

在苏联的四年中，梅自强没有享受过一个完整的寒暑假。

每到放假之前，苏联的学校方面会给这些勤奋的中国留学生安排许多特定的优惠活动，比如去著名的城市观光，到海滨去度假，安排经典的旅游观光线路，学校还会提供超低的价格及周到的服务。但是，梅自强没有参加过这样的活动。他的选择是利用假期，在学校及老师的联系安排下，到苏联一些著名的纺织企业去实习。

图 3–4　1955 年 12 月梅自强在莫斯科纺织学院宿舍（李椿和提供）

据梅自强亲笔写的《记事》中纪录，他 1954 年 9 月入学，1955 年寒假留在学校补习俄语。1955 年暑假，他和来自朝鲜的研究生金光素到列宁格勒基洛夫棉纺织联合厂实习。

1956 年寒假，他一个人到依万诺沃混色纺联合厂实习。回到学校后，完成了学术论文“高产量梳棉机结构探讨报告：梳棉机气体动力学研究”。该课题的研究目的是通过提高梳棉机各部分主要工作机件速度时对气流要求的研究，探讨梳棉过程中气流对工作机件的影响。1956 年暑假，在刘冉生、刘持钧率领的中国纺织代表团访苏期间担任翻译，为代表团节约了一笔翻译费用，而自己也因为陪同代表团

图 3-5　梅自强（后排左一）留苏期间与来访的有关领导及学校老师合影（李椿和提供）

活动，比较全面地考察了苏联的纺织工业现状，收获颇丰。

1957 年寒假，他留在学校，学习和整理专业论文资料。1957 年暑假，在赫尔松（现为乌克兰的城市）棉纺织联合厂实习，实习期间写了“赫尔松棉纺织联合厂实习散记”一文。

1958 年寒假，他留在学校学习和整理专业论文资料，建立了自己提交答辩的学术论文的基本方向和内容：高产量梳棉机刺辊工作部件以锡林向气流影响的研究。其中主要研究内容是：①研究对象和工艺技术方法；②仪器的选择和研究气流的方法；③给棉板与除杂刀之间气流的研究；④刺辊下端气流的研究；⑤纤维由刺辊转移到锡林的研究，如何确定元件间最低的相对速度。

值得一提的是，1957 年 8 月，梅自强所写的“赫尔松棉纺织联合厂实习散记”一文，曾被国内权威杂志以显著版位刊登。从这篇文章中，我们不仅看到梅自强简练而流畅的文笔，还看出他对当时苏联纺织企业在设计、工艺、先进技术及装备、生产管理方面具有专家水准的分析。还有，梅自强以敏锐的目光，对当时在世界上刚刚兴起的化纤在生产应用方面的难点、热点问题的探讨。

梅自强在文章中对苏联的纺织厂房的设计进行了概要的介绍：

首先在厂房设计方面，赫尔松棉纺织联合厂采用了锯齿形单层建筑。建筑物长480公尺，宽200公尺，面积约10万平方公尺，为一片锯齿形屋顶的复罩。锯齿形屋顶的玻璃窗与地面垂直，跨度12公尺，横向柱距10公尺，屋顶距地面9公尺，玻璃窗高3公尺半，因此车间光线充足。

关于纺织工厂应该采用单层建筑与多层建筑的问题，据国家设计院总工程师那乌默·耶科列维奇·格林巴列谈，苏联到目前为止，还没有完全一致的意见。很多人都主张多层建筑，特别是在苏联较北部地区，多层建筑占地面积小，便于采暖，节省上下水管道，还减少一部分建筑材料。例如他自己就是竭力赞成多层建筑的一个。但也有人认为单层建筑光线好，厂内运输方便。赫尔松棉纺织联合工厂地处苏联南方，比较起来冬季也不很长，冬季的平均温度在零下10摄氏度左右，采暖问题较小，所以设计成单层建筑。

该厂厂房设计中的另一个特点，是所有非直接生产单位，包括厂长、总工程师办公室，各科室、工场长、车间主任办公宣，保全室及其他有关职工福利设备，都分布在车间四周。这样密切了领导人员、管理人员和生产的联系，减少了建筑物，节省了其他附属设备的开支。据格林巴列总工程师说：该厂生产面积约占建筑物总面积的90%—92%，非生产面积仅占8%—10%。

梅自强这篇文章中关于纺织厂设计方案的论述，后来成为国内纺织企业厂房设计的重要参考资料。

在新技术的采用方面，除了先进的设备，梅自强注意客观地介绍在中国很受欢迎的苏联经验，并根据自己的学习体会，对可能不利的另一方面的情况提出了看法。

梅自强认为：

在机器配备方面，该厂也有许多特点。利用大卷装、大牵伸、单程式等纺织工业上的新技术成就，大大提高了劳动生产率和机器产量，减少了机器的台数，节省了固定设备资金。

从整个纺部来看，由于采用了大牵伸并条机、单程粗纱机，前纺就显得很小，减少了整个工厂的建筑面积，这是该厂设计中采用新技术的良好结果之一。

……目苏联有大成形，还有超大成形，但不分情形加大成形，并不一定有利。成形过大，锭距增加，锭速下降，每台细纱机的锭数减少，机器产量反而下降。工人看台能力也受巡回路线长度的限制，劳动生产率不能成正比地提高。所以成形大小的选择，要看社会劳动力的供应情况，按照纱支粗细，工人技术熟练程度，经过计算和试验，才能决定。

对当时刚刚起步的化纤纺织技术，梅自强不仅特别关注，在实习中还作为重点进行了了解和请教。

赫尔松棉纺织联合工厂总工程师尤里·费达罗维奇·马林向梅自强介绍了该厂混纺的试验情况，以及他对于混纺和单纺的估计。据他的意见，混纺的主要困难，在于棉纤维和人造纤维对温湿度的要求不同。混纺必须降低机器的速度，因此，在希望达到最大产量时，棉和人造纤维应分别处理而不混纺。

梅自强说："我对于人造纤维和棉花混纺的问题感到很大兴趣。例如在美国、法国有大量棉和人造纤维的混织物，而且这种混织物还在逐年增加。棉和人造纤维混纺有很多好处。从经济的观点上看，价格便宜，增加了棉织物的光泽；从生产管理上看，能够调节原料供应，使生产稳定；从技术管理上看，人造纤维和棉混合以后，提高了棉纤维的平均长度和均匀度。但是混纺也有缺点和困难，最主要的问题在于棉纤维和人造纤维由于长度差异，天然卷曲不同，难混得均匀，而且吸湿性也不一样，所以在梳棉机和各工序的牵伸装置中，由于上述差异往往发生棉纤维和人造纤维的分离现象，影响产品条干的均匀度。此外，棉花含杂多，人造纤维很少杂质，混纺时清钢部分对落物的控制也比较困难。所以苏联在经过反复试验后，目前一般不采用混纺。但也并没有作出结论，说人造纤维和棉不能混纺。许多工厂及研究机关，目前仍不断有人做混纺的试验。"①

① 梅自强：赫尔松棉纺织联合厂实习散记。《中国纺织》，1957年第19期。

梅自强在苏联纺织企业中注意到化纤与天然纤维在加工处理上的差别："处理人造纤维时，问题最多的是并条部分。人造纤维在牵伸区域中高速移动产生大量静电，纤维常常往前罗拉上卷绕，工人看台定额低，生活难做。目前采取的措施，在罗拉罩盖安上一只金属架子，直接和前罗拉与喇叭口间的纤维接触，以导去一部分纤维上的静电。试验结果，能适当减少卷绕现象，但并不能根本解决问题，特别是温湿度控制不好，天气干燥的时候，几乎不能开车。"①

去苏联之前，梅自强在国内时没有接触过化纤产品，但出于敏锐的专业目光，他认为这是纺织工业发展的方向。从赫尔松棉纺织联合工厂回到莫斯科后，他开始收集当时苏联所能见到的有关化纤的资料，在第一次接触化纤产品时，他就对处理化纤生产的关键——静电问题有了自己的看法。十多年后，在"文化大革命"时期，当梅自强下放安陆时，他利用静电消除技术很好地解决了这个问题，使国产涤棉混纺纱线及布匹达到出口日本免检的水平。

领袖的鼓励

1957 年 11 月 2 日，毛泽东率领中国代表团到莫斯科参加十月社会主义革命 40 周年的庆祝典礼。中国代表团团员有宋庆龄、邓小平、彭德怀、郭沫若、李先念、乌兰夫、陆定一、陈伯达、沈雁冰、王稼祥、杨尚昆、刘晓、赛福鼎。这是毛泽东继 1949 年为同苏联政府签订中苏友好同盟互助条约而出访后的第二次访苏。

11 月 17 日是个星期日，天气晴朗，阳光明媚，冬天的阳光使人感到亲切、温暖。位于列宁山上的莫斯科大学披上了节日的盛装。在莫斯科学习的中国留学生和实习生纷纷集合到莫斯科大学的礼堂、俱乐部和教室，

① 梅自强：赫尔松棉纺织联合厂实习散记。《中国纺织》，1957 年第 19 期。

聚精会神地听取代表团团员陆定一作关于国内情况和整风问题的报告。

这天到会的有3500多人，莫斯科大学的礼堂、一个俱乐部和一个教室都挤得满满的。

下午3点多钟，报告结束了，但同学们谁也不愿意离去，因为他们想见见毛主席和代表团其他同志的愿望还没有实现。

当杨尚昆向毛泽东报告，中国留学生已在莫斯科大学等候了一天，他们急切地想见到您时，毛泽东同意趁着外事活动的间隙去见见大家。

下午6点钟，毛泽东、邓小平、彭德怀等来到莫斯科大学礼堂的讲台上。在场的全体人员立即起立，欢呼雀跃，掌声如雷，经久不息。

毛泽东从讲台的左边走到右边，从右边又走到左边，来回走着，向大家说："世界是你们的，也是我们的，但归根结底是你们的。你们青年人朝气蓬勃，正在兴旺时期，好像早晨八九点钟的太阳，希望寄托在你们身上。"毛泽东说完这些话，礼堂里又响起了暴风雨般的掌声和欢呼声。

接着，毛泽东谈了当时的国际形势，他指出："十月社会主义革命是人类历史上一个转折点，两颗人造卫星上了天，68个国家的共产党到莫斯科来庆祝十月革命节，这是一个新的转折点。……现在不是西风压倒东风，而是东风压倒西风……"而后，毛泽东又讲了国内形势，讲到社会主义建设和整风运动："我们工作中的缺点还是有的。……我们要认真地改。世界上怕就怕'认真'二字，共产党就最讲'认真'。"最后，毛泽东再次勉励留学生："世界是属于你们的。中国的前途是属于你们的。"

当毛泽东得知后院的学生俱乐部里还有留学生没有见到他，就立即又到了俱乐部。在热烈的掌声中，毛泽东微笑地向大家讲了三句话："第一，青年人既要勇敢又要谦虚；第二，祝你们身体好、学习好、将来工作好；第三，和苏联朋友要亲密团结。"①

在莫斯科大学的礼堂受到领袖的接见，亲耳聆听领袖的教导，成为梅自强终生的美好回忆，也成为了他一辈子克服困难报效国家的动力。

2003年，当中央电视台纪录片频道拍摄大型纪录片《丝路》时，面对

---

① 毛泽东主席访问苏联期间在莫斯科大学对中国留学生、实习生的讲话。《人民日报》，1957年11月19日、20日。

采访镜头，已经是耄耋之年的梅自强仍然很激动地回忆说：“毛主席很高兴地跟大家挥挥手，那下面就欢呼啊，毛主席开门见山就说，你们年轻人朝气蓬勃，好像早上八九点钟的太阳，希望寄托在你们身上。他讲了很长时间，最后还说了几句话，希望你们身体好，学习好，将来工作好。”

毕业论文

四年艰苦却充实的留学生活让梅自强受益良多：“一方面是学校和教授对创新的重视，这让我以后自觉地关注创新、追求创新；另一方面，教授严谨务实，尊重客观规律，这是从事科学研究必不可少的素质和要求。”

图 3-6　梅自强留苏学习时的照片（李椿和提供）

拉科夫教授要求梅自强围绕选定的毕业论文题目进行一系列的实验，他开出了一个很长的书籍单子，希望梅自强阅读，并且要检查。

每次检查，教授一定会问一个问题：你的研究结论中有什么创新点？如果论文中没有创新的部分，就不能通过答辩。从那时起，“创新”这一理念深深地根植在梅自强的脑海中，成为他要求自己、检验成果的重要标尺。

在拉科夫教授指导下，梅自强研究高速梳理，重点研究了刺辊梳理棉层时纤维和杂质的分离过程和机理，提出了改善刺辊除杂作用、控制刺辊落棉的建议，研究了高速梳理时梳棉机主要部件间气流对纤维分梳转移的影响，提出了改善和控制纤维转移的建议。梅自强的研究结果以多篇论文在苏联和国内刊物上发表论文。

苏联的研究学位分两种，一是博士，二是副博士，前者是很难的，后

图 3–7　梅自强（前排中）与莫斯科纺织学院老师、同学合影（李椿和提供）

者要高于欧美国家的硕士，略低于他们的博士学位。苏联的副博士研究生学制是三年，对外国留学生是四年，因为语言问题允许延长一点。获得副博士学位的条件有二：一是必须通过三门必修课的考试，二是必须完成一篇与副博士水平相当的学术论文。具体地说，副博士水平是指具有新颖性、独创性和系统性的研究成果。只有具备了这两个条件，并且要经过一个七人组成的答辩委员会通过，方可授予副博士学位[①]。

1958 年 2 月 3 日，梅自强突然在浴室昏倒，头部磕了一个大口子，血流如注。被送进医院查明是胃出血引起的昏厥，头部缝了好几针。

胃出血的原因是梅自强在一段时间里饮食极不正常。其实莫斯科纺织学院食堂的伙食不错，每天都有西餐供应，梅自强嫌吃西餐太浪费时间，而且有好吃的窗口排队的人也比较多。为了挤出更多的时间来看书，为了准备毕业论文，他经常是到食堂去人最少的窗口买几个饼来充饥。

梅自强住院时，莫斯科纺织学院棉纺教研室全体老师给他写了一封慰

① 刘道玉：《一个大学校长的自白》。长江文艺出版社。

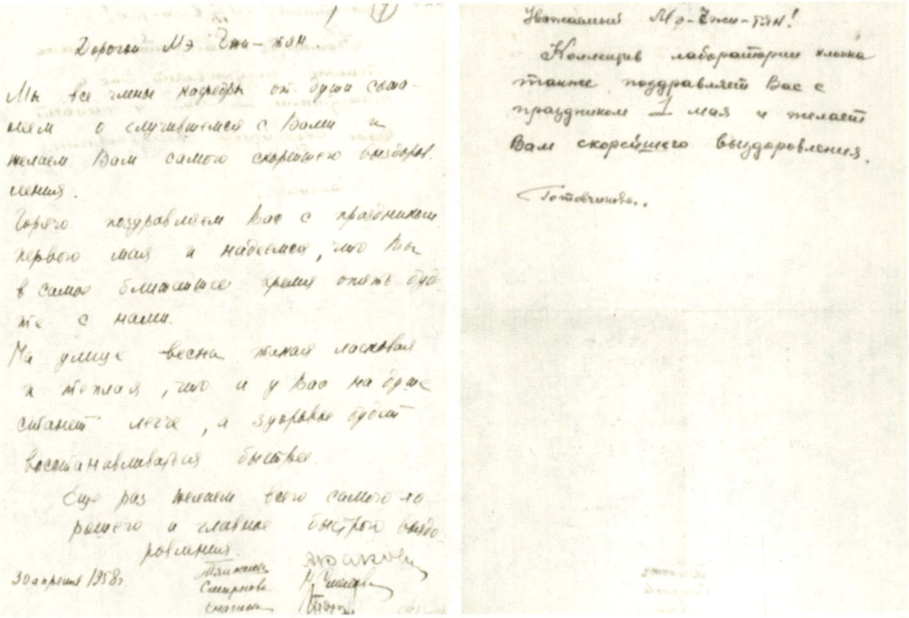

Дорогой Мэ Чжи-кэн.

Мы все члены кафедры от души сочувствуем с случившимся с Вами и желаем Вам самого скорейшего выздоровления.

Горячо поздравляем Вас с праздником первого мая и надеемся, что Вы в самое ближайшее время опять будете с нами.

На улице весна такая ласковая и теплая, что и у Вас на душе станет легко, а здоровье будет восстанавливаться быстрее.

Еще раз желаем всего самого хорошего и главное быстрого выздоровления.

30 апреля 1958г.

Уважаемый Мэ-Чжи-цян!

Коллектив лаборатории хлопка также поздравляет Вас с праздником 1 мая и желает Вам скорейшего выздоровления.

Готовчиков.

图 3-8　1958 年 4 月 30 日莫斯科纺织学院棉纺教研室老师写给梅自强的信（李椿和提供）

问信，祝他早日康复。希望梅自强恢复健康后，能一起庆祝五一劳动节。

5 月，梅自强将收集的资料编译编成《苏联高产量梳棉机》一书。寄回国内，由纺织工业出版社出版。这本书较系统地介绍了苏联研究高产量梳棉机的经验和发展方向。

1958 年 6 月 6 日，莫斯科晚报刊载了苏联各高等院校有关论文答辩时间以及地点的消息。其中，莫斯科纺织学院公告，于 1958 年 6 月 17 日下午 3 点，在该院举行梅自强副博士论文答辩会。

6 月 19 日，莫斯科纺织学院答辩评议结果通知，学术委员会讨论学位会议讨论通过纺织学院梅自强研究生授予科学技术副博士问题。1958 年 6 月 17 日学院工艺系学术委员会进行了公开的论文答辩，论文题目是高产量梳棉机刺辊工作气流影响研究，参加正式答辩的老师有别里津教授、万基科夫教授、乌斯季诺维基教授。委员会秘书投票结果：赞成票 30 人，100% 委员会委员投票赞成。决议：通过论文答辩及投票结果，学院工艺系学术委员会决定授予研究生梅自强科学技术副博士学位。

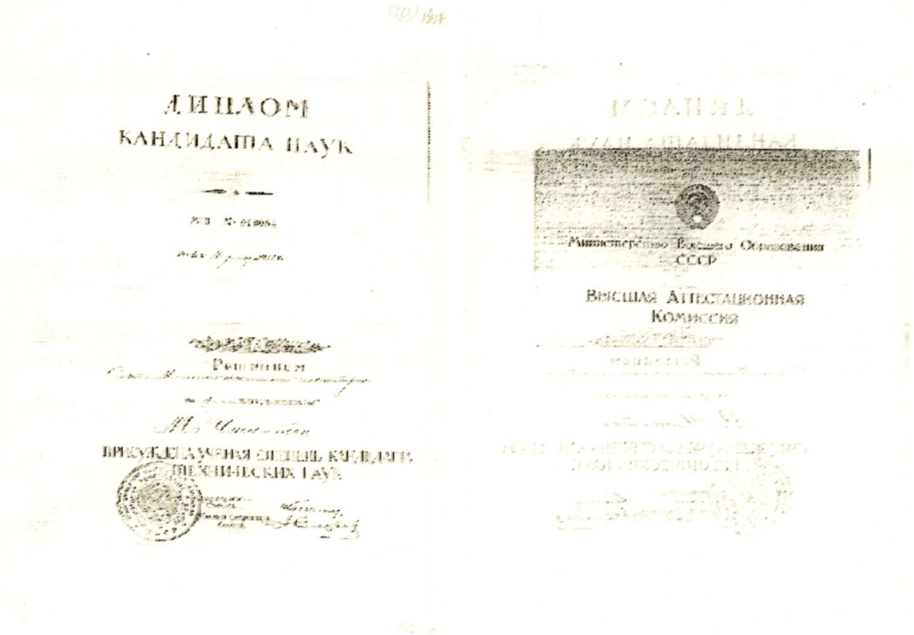

图 3-9　苏联高教部授予梅自强科学技术副博士学位证书（东华大学提供）

1958 年 12 月 10 日，苏联高教部向梅自强颁发了莫斯科纺织学院副博士毕业证书①。

归心似箭

1958 年 6 月 23 日，梅自强与同期毕业的一些同学乘火车离开莫斯科回国。据蒋文惠回忆：

> 1958 年我毕业回国，梅自强也是 58 年毕业。他是研究生硕士毕业，四年学制，我是大学生毕业，五年学制，我比他早去苏联一年，

① 莫斯科纺织学院副博士毕业证书，ZS-001-002。电子版，资料存于采集工程数据库。

正好一起毕业回国。

我们说好了一起回国，那时候的情况应该是国家发钱买车票，回国后在单位报销了把钱拿走。可是老梅说我们不去领国家的钱，我们自己掏钱买票吧，我完全同意。按规定国家可以给你钱，但是我们不用。所以那时候的人，就是这样的精神。

当时留学生每月的津贴是500卢布，买车票花了一共400多卢布。我们回国的时候，两个大箱子，里面是什么呢？只有画图仪器，科研仪器，还有书，满满两箱书。所有我们认为有价值的书我们都买回来，别的什么东西也没有。这个机那个机的都没有，唯一的是仪器，买点仪器。老梅说得好，咱们不要国家的钱，咱们整个人都是党培养的，国家和人民已经对我们不错了，没有脸说还向国家要。

还有很具体的一件事。我们俩一块儿坐火车回来，就在火车上，他一直在埋头写他的著作，整整七天。当时苏联还没有像现在的高速铁路，是坐七个白天，八个晚上的火车。我们在路上这么长时间，大家都在休息，看看沿途的风景，聊聊天。在苏联上学，几乎是争分夺秒地玩命，现在反正毕业了，就是分配，可以松一口气了。可是在七天当中，我们看见他一直在写书，后来我才知道写的就是高产梳棉机的书，他翻译了不少资料，加上自己读研究生的一些著作，回来后不久就正式出版了，说明他这个人有多么勤奋！都回国了，还没有分配工作，他在火车上还在写他的东西。这个事，我的印象和体会很深刻。

老梅是我们这一代人的代表。我再举个例子。在苏联学习每个月发500卢布，合人民币250块钱，50年代的时候，250块钱什么概念？我如果想买点东西带回来，你说什么东西买不回来？可是，我们的钱一般都上交了，支援抗美援朝，或者买了国库券，支援社会主义建设。就是说，这个社会风气的好坏，真的在人，我们辛辛苦苦一辈子，心安理得，老梅就是典型。[①]

① 蒋文惠访谈，2014年7月16日，北京。资料存于采集工程数据库。

共和国成立之初，梅自强、蒋文惠和周启澄这些风华正茂的年轻人，他们带着祖国人民的殷切期望，满怀报国之志，远赴苏联，克服了常人难以想象的困难，在异国他乡勤奋求学。学成归国后，他们坚决服从组织分配，在祖国现代化建设的各行各业埋头苦干，将个人理想与国家发展、民族振兴紧密结合，为共和国建设作出了卓越的贡献。

半个多世纪过去了，曾经轰轰烈烈的留苏热潮，已随着时间的流逝逐渐淡出了人们的视野，当年风华正茂的年轻学子，如今也早已年逾古稀，但是，这段历史。却因其对我国现代化建设、教育与科技水平提高所起的作用，以及对一代学子价值观的影响，成为新中国历史上具有特殊意义的重要一页。

第四章
高产梳棉机

1958 年 6 月 19 日，梅自强在莫斯科纺织学院接到了答辩评议结果通知，知道大学学术委员会 30 人已经全票通过了授予他科学技术副博士的决定。

图 4-1　梅自强留学苏联回国照的证件照（李椿和提供）

6 月 23 日，他乘火车离开莫斯科回国。

6 月 29 日，抵达北京，到高教部报到。

6 月 30 日，到纺织工业部人事司报到，经人事司分配到中国纺织科学研究院。

7 月 1 日，到纺科院报到。

学成归国的梅自强不想耽搁一点时间，他要用自己的知识为中国纺织工业的发展出力，没想到刚刚回国就碰上了“大跃进”运动。

纺织工业的“大跃进”

1958 年 5 月，中共八大二次会议正式通过了“鼓足干劲、力争上游、多快好省地建设社会主义”的总路线。尽管这条总路线的出发点是要尽快改变我国经济文化落后的状况，但由于忽视了客观经济规律，根本不可能迅速改变我国经济文化落后的状况。总路线提出后，“大跃进”运动开始，在生产发展上追求高速度，以实现工农业生产高指标为目标。要求工农业主要产品的产量成倍、几倍甚至几十倍地增长。

“大跃进”运动在建设上片面追求大规模，提出了名目繁多的全党全民“大办”“特办”的口号，例如，全党全民大炼钢铁，大办铁路，大办万头猪场。在这样的目标和口号下，基本建设投资急剧膨胀，三年间，基建投资总额高达 1006 亿元，比“一五”计划时期的基本建设总投资几乎高出一倍。积累率突然猛增，三年间平均每年积累率高达 39.1%。由于硬要完成那些不切实际的高指标，必然导致瞎指挥盛行，浮夸风泛滥，人民群众的生活遇到了严重的困难。

曾经给中国经济发展造成严重灾难的“大跃进”，不可避免地也曾给纺织工业生产、建设带来种种负面影响。实事求是地说，当时在全国工业体系中，纺织工业是“大跃进”狂热度最小的行业。这与负责人钱之光密不可分。钱之光是我们党少数从中央苏区时期起就一直从事经济工作的高级领导干部，另一方面，他长期以来与周恩来、陈云等的工作关系非常密切，这使他更能结合实际去判断和决策。

在钱之光实事求是的作风影响下，纺织工业没有“放卫星”，但对整个国民经济情况的严重恶化，钱之光也是无能为力的，他当时所能做的，就是千方百计减少“大跃进”对纺织工业的破坏性影响[①]。

纺织工业在“大跃进”时期的主要问题表现在三个方面，一是“高速

① 吴鹤松、陈义方、张国和、薛庆时、王烈、王福葱：《钱之光传》。北京：中共党史出版社，2010 年，第 370 页。

化”，二是盲目扩大基本建设，三是“土法纺纱，土法织布”。

机器高速运转问题，是纺织工业在“大跃进”时期争论最激烈、时间最长、影响面最大的一个问题。在“大跃进”的形势下，在纺织系统，很多地区和企业刮起了一股“高速化”的风暴。不少企业片面追求高车速，互相攀比，不尊重科学，车速越来越高。当时还有一种论调，说社会主义建设总路线的灵魂是高速度，在纺织工业就是要提高机器运转速度，否则就违反总路线精神，就是“右倾”、“保守”。在这种思想的影响下，不少单位盲目加快机器速度，细纱机锭子的速度开到每分钟15000转到18000转，造成的后果是原材料、电力消耗剧增，设备磨损严重，工人劳动强度大大提高，而生产效率反而严重下降。

在“大跃进”期间，纺织工业基本建设中出现了贪多求快、盲目发展的现象。据不完全统计，1958年全国铺开的棉纺锭建设规模达到620万锭。这样庞大的建设规模，大大超过了国家物力、财力的可能。不少项目停停打打，工期一再拖延，旷日持久地打消耗战，大批工程成了“半拉子”工程。1958年末的一次全国纺织工业厅局长会议上，有一位厅长介绍了他们省建一个8万锭规模的大型棉纺织厂，采用砖木结构的厂房，抢在国家下令停建前“简易投产”的做法，还颇为得意。钱之光听后严肃指出：“你们这种做法，不足为训。”“现在看来好像是快了，将来后患无穷。”果然，这个工厂由于不具备正常生产条件，后来不得不拆除重建。钱之光的及时提醒和制止，防止了“大干快上”“简易投产”之类错误做法在纺织系统的蔓延[①]。

在地方政府大搞基本建设的同时，许多地方又掀起了大搞土纺土织的热潮。土纺土织是一种落后的生产方式，在现代纺织业发展起来之后已经逐步被淘汰，当时国内只有农村地区还保留了一些。“大跃进”时期，提倡“两条腿走路”，土法生产和洋法生产同时并举，各行业都在大搞“小土群”。再加上当时有一种舆论，认为棉花多得用不完，纺织生产能力跟不上，于是土纺土织死灰复燃，并形成一股的浪潮。各地土设备纷纷登台

① 吴鹤松、陈义方、张国和、薛庆时、王烈、王福葱：《钱之光传》。北京：中共党史出版社，2010年，第368页。

亮相，有土洋结合的，有全土的；有人力的，也有电动的。有的省一个地区就上了百万土纺锭，一个县就搞几十万锭。据几个省的统计，土纺锭竟高达上千万。这些土设备生产效率低，产品质量差，原料消耗大，它的落后和浪费很快就暴露出来了，而且棉花生产并不像有些人鼓吹的那样多，土纺土织不能再搞下去了。

但是这么一折腾，又因棉花等原料大幅减产，大批纺织企业被迫停工减产，致使城乡市场纺织品供应严重短缺，不少地方的布票不能按计划足额发放和兑现，人民的基本衣被需要都难以保证。

纺科院和张方佐

梅自强回国后工作的中国纺织科学研究院，是我国纺织行业最大的综合性科研院所。纺科院创建于 1956 年，当时直接隶属于纺织工业部。1999 年转制为中央直属大型科技企业，2009 年经国务院批准进入中国通用技术集团公司。

说到纺科院的筹备和创立，不得不提到钱之光的重要助手陈维稷。他早年留学英国，归国后从事大学教育，在抗日救亡运动中投身革命，1939 年入党，长期工作在秘密战线，曾以学者身份向冯玉祥、阎锡山、傅作义等做过统一战线工作。抗战胜利后，经党组织批准，加入黄炎培等人筹建中的民主党派“民主建国会”，并利用合法身份为游击队和根据地采购过电台。新中国成立后，政务院最初成立了五个工业部，纺织部是其中之一，由曾山任部长，钱之光、陈维稷和红军时期的女将领张琴秋被任命为副部长①。

在第一个五年计划中，陈维稷提出的建立中国纺织科学研究院的设想得到了部委领导的支持，经国务院批准，于 1954 年开始筹建。在筹

---

① 薛庆时、蔡静渊、卜大乾:《陈维稷传》。北京：中国纺织出版社，1997 年 9 月第一版。

建时期及创立初期，陈维稷对纺科院人员的调配、仪器设备的配置、课题的选定等都给予了极大的关注和支持。纺科院正式成立前，陈维稷将时任华东纺织工学院院长的张方佐从上海调到北京，担任纺科院的院长。

张方佐，1919 年考入日本东京高等工业学校（今东京工业大学）公费攻读纺织专业，1925 年回国，是我国著名的纺织技术专家、教育家，中国现代纺织生产技术与企业管理的开拓者之一。新中国成立前夕，任国民政府中国纺织建设公司（中纺公司）总工程师的张方佐配合中共地下党组织，在稳定纺织界技术人员、做好护厂保卫工作方面发挥了重要作用。新中国成立后，他接替陈维稷兼任上海交通大学纺织系主任。1950 年 7 月华东纺织管理局成立，张方佐被任命为华东纺织管理局副局长。1951 年，我国第一所专业配套的纺织高等学府——华东纺织工学院在上海建立，张方佐又兼任该院首任院长。1956 年中国纺织科学研究院成立时，被任命为首任院长。

梅自强到纺科院报到时，正值建院初期，当时科技人员的构成主要是两部分：来自上海等地的企业的工程技术人员和每年从高等院校分配的毕业生，人数不多但特别精干。老一辈工程师们有丰富的生产实践经验，熟悉生产，了解纺织生产的实际情况；中年科技人员大都在纺织厂工作过一段时间，年富力强，有事业心；刚刚从高校分配来的都是学校里的“尖子生”，他们基础知识比较扎实，好学上进，勤奋努力。这样，一支专业结构基本配套、知识结构比较合理的科研队伍逐渐形成。

从 1956 年创立到 1966 年“文化大革命”开始时为止，纺科院在纤维材料的测试技术、测试仪器的研制，化学纤维的品种开发，以及工艺技术和设备的研究，棉、毛纤维品种改良和标准的研究，棉、毛纤维原材料加工工艺和设备，棉、毛纺织、印染工艺技术和设备的研究等方面都开展了广泛的研究工作，出了一批成果，为改变我国纺织工业的生产技术面貌、促进我国纺织工业生产的发展发挥了很大的作用。其中比较有代表性的是在研制我国第二代棉纺成套新设备的工作中作出的贡献，梅自强率领的团队研制的 A186 型梳棉机就是其中的典型代表。

宏大的目标

张方佐在1955年参加钱之光为团长的中国纺织代表团去苏联考察时，在莫斯科认识了正在读研究生的梅自强。梅自强不善言谈，但是思维敏锐、刻苦认真、做事踏实的作风给张方佐留下很好的印象，所以对他很是青睐。梅自强刚刚学成归来，到纺科院报到后就被张方佐委以重任，成为纺科院高产梳棉机研究课题组的副组长，接着又被任命为组长。就这样，梅自强回国后的第一项工作，就是研究制造国产的高产梳棉机。但是面对“大跃进”掀起的狂热浪潮，梅自强显然有些不知所措。

1958年，结合“大跃进”需要，纺科院大批科研人员下楼出院，到纺织厂去，到生产第一线去，和纺织厂、纺织机械制造厂以及地方科研单位的技术人员和工人相结合，为的是加快科研工作的进程。但是，“大跃进”中以高指标、瞎指挥、浮夸风和共产风为主要标志的“左”倾错误严重泛滥，不能不影响到科研工作。比如，地方一些领导同志要求科研人员实现根本不可能达到的高指标，在技术改造工程中，对实验数据也有弄虚作假的倾向。这些都令梅自强感到困惑。后来他回忆说，刚回来时对国内发生的一切很陌生也很不理解。“大炼钢铁”“亩产万斤粮”“人有多大胆，地有多大产”。细纱机换一个皮带盘就开高速，纺出来的都是白花。梅自强说：“我在苏联读研究生的课题是梳棉机高速运动时，气流对纤维和杂质分离过程的影响。我相信梳棉机是可以高速的，但要有措施。”①

梅自强此时所能做的，就是坚持实事求是的科学精神。他把在苏联收集到的资料和自己的研究成果编了一本书《苏联高产梳棉机》，交由中国纺织出版社出版。另外，他在对国产1181型梳棉机进行全部性能测试后，

① 林以勤：梅自强——拥有一双善于发现的眼睛。《常州日报》，2010年7月1日。

提出了改用金属针布提高台时产量的方案。

但是纺织部和纺科院领导的目标，远远要比梅自强提出的方案要长远、宏大得多。

早在新中国成立初期，纺织部工务司按照部领导钱之光和陈维稷的要求，组织设备制造及使用单位的专家和设计人员赴各地，对有关棉纺织厂不同类型的纺织设备进行调研。当时，国内纺织企业在用的设备不是英国造的，就是日本造的，或是美国、瑞士等欧美国家造的，五花八门，但各有所长。专家和设计人员集其所长，并结合国外最新发展成果和国内成功的革新创造，于 1954 年完成整套棉纺织设备的设计制造、定型工作，定名为“54 型”。这套新设备比 1951 年制造的第一批国产设备有比较大的进步，与当时国际上发达国家的棉纺织设备水平比较接近。“一五”期间全国新建的棉纺织厂，除北京国棉一厂的 5 万锭设备是从民主德国进口的外，其余 240 多万锭都是采用 54 型棉纺织设备，当时还有一定数量援外出口。1955 年 9 月，我国首次以贸易方式帮助缅甸建设直迈纺织厂，后来又用它援助朝鲜、越南、柬埔寨等国家建设了几个棉纺织厂，都是 54 型棉纺织设备，建成投产后得到这些国家的好评。

到了 50 年代末，国际上的棉纺织生产技术及设备的发展经过第二次世界大战期间长时间的停顿以后，陆续出现了一些新工艺、新技术，正在酝酿生产技术的重大变革。因此，纺织部要求由纺科院牵头，对 54 型棉纺织成套设备进行一次大的改进；要集中采用全国纺织工业科研和技术革新的最新成果，并吸取国外的一些纺织新技术。这不是“大跃进”，而是要集国内外新技术之大成，搞出赶上和接近当时世界先进水平的一整套棉纺织新设备。这是建立在科学基础之上，经过研究、制造、实验和推广过程的大手笔。

所以，成立高产梳棉机研究课题组，对梅自强委以重任，只是研究制造具有国际先进水平的国产棉纺织全套设备的一个环节，高产梳棉机在当时是这套装备中的关键设备。

找到关键

在纺织工业部组织下，由纺科院牵头，青岛纺织机械厂、山东省纺织工业科学技术研究所、青岛市国棉四厂、青岛市国棉五厂共同组成的高产量梳棉机工作组成立，梅自强担任组长。1958 年 8 月，在北京待了不到一个月，梅自强就打起背包来到青岛市国棉四厂，住进了国棉四厂的职工宿舍。青岛在当时是国内的纺织工业老基地，又有实力雄厚的青岛纺机做后盾，工作组可以方便地改进梳棉机的各种机器部件。高产梳棉机首先由纺科院提出试验样机的方案，新设备的制造由青岛纺机承担，实验研究工作在青岛国棉四厂和五厂进行。

梳棉工序是纺纱工艺流程中的关键工序，有“纺纱工序的心脏”之说。梳棉的主要任务是把原料纤维团分解成基本平行直列的单纤维，并且除去各种杂质和短绒，这是纺纱织布的基础。在出现金属针布之前，梳棉机用弹性针布实施梳理，由于梳针和底布易变形，不可能高速，因而产量极低，成为制约纺织工业技术和工艺发展的瓶颈。

20 世纪 40 年代末，国际上开始以金属针布代替弹性针布，为提高梳棉机速度和产量创造了条件。50 年代初国际上开始研究高速纺纱技术，其中要解决的关键性的技术难点很多，在达到梳棉机高速高产的同时，对机械的分梳能力、转移能力、除杂能力和纤维损伤方面都有严格要求，这是一个系统工程，需要有革命性的突破。

梅自强领导的团队首先要解决的是结束我国不能生产金属针布的历史，在使用进口针布的同时，建立我们自己的生产基地，并不断改进，使产品接近国际先进水平。梳棉机的锡林和道夫包上金属针布是提高机器产量的关键措施。其中也包括金属针布材质及制造技术的提升，提高针布的质量，规范梳棉机金属针布维护保养方法等技术理论。

二是让梳棉机纤维的梳理适纺范围不断扩大，新型梳棉机的适纺范围在 22—76 毫米，既能加工棉、棉型化纤，还可以加工中长化纤。

三是国产梳棉机的主要机件、支撑件的加工工艺和质量不断提高，一些部件的配置及改进，从而改善梳棉机的运转稳定性和梳理的稳定性，这也是高产梳棉机必不可少的支柱。

四是扩大梳棉机分梳区域，改进附加分梳元件和采用新型金属针布，使分梳质量、除杂效果和转移能力大大提高，从而为增加产量提供支柱。包括金属针布规格型号的设计、针布的制造、包卷、维修维护等。

五是采用吸尘机构及密封机壳，稳定气流，调节气流，增加除杂效果，稳定质量，并降低工人劳动强度，改善生产环境。因为分梳速度的提升需要增加除杂排绒的能力，如果单单增强分梳能力，而除杂排绒的能力增加不够或不流畅、不稳定，那么梳棉机的产量也不会有质的飞跃。

梳棉机的高速高产涉及较多的生产技术进步。它不只是简单的弹性针布改用金属针布和速度的提升，关键是速度提高了以后，其分梳、除杂及设备的稳定性等，这些性能在实际生产中都要具有很强的可持续性，这样才能满足大规模生产的需求。如果不解决这些技术问题，就不可能有高产梳棉机的诞生。其涉及的主要技术内容有七个方面：①提升梳棉机的分梳能力。②减少高速度下分梳对纤维的损伤。③提高梳棉机的除杂能力；及气流的畅通和可调可控性。④改善梳棉机对纤维的转移能力，提高纤维的转移率。⑤提高设备专件的加工工艺和精度，改善梳棉机的运转稳定性和梳理的稳定性。⑥规范设备的维护保养方法。⑦提高成条机构的稳定性。

这些突破性的技术问题都是相互依存的，而不是孤立的。对于它们的研究在梅自强和他的研究团队早期的论文中都有很详细的记载。而且直到现在，我们纺织高校教科书的梳理理论也都是依据这些内容建立的。

艰难的攻关

梅自强担任组长的高产梳棉机工作组，除了青岛纺织机械厂、山东省纺织工业科学技术研究所、青岛市国棉四厂、青岛市国棉五厂的技术人员外，以纺科院的工程技术人员为主，负责提出整个研发工作的方案及具体内容。核心成员有费青、王至薰、卢腾等人。

这些核心成员当年都只有二十几岁，思想活跃，敢想敢干。梅自强高产梳棉机工作组的核心成员费青，后来成为中国纺织科学研究院总工程师；王至薰，后来是北京商学院教授，纺织机械专家；卢腾，也由试验工成长为高级工程师。

多年后，这些参与研发的老同志回忆起当年来，仍然有一股豪情。

王至薰说："我觉得当年我们采取的一些措施，比国外要细致得多，国外的机器没有吸尘装置，没看见有那么多有效的装置。我们高产梳棉机的工作是比较精细的，工作做得多，那几年大家真是忘我地辛勤工作，一点也没有闲着，晚上没有少加班。遇到问题就及时解决，大家在一起好几年，天天都在想办法解决这些课题中出现的问题。"①

费青回忆当年研制高产梳棉机的经历时说，据他的统计，梅自强小组一共发表了 170 多篇论文，这些论文都是在国家正式期刊杂志上发表的。从这些论文中可以看出当年工作小组是怎么一步一步走过来的。从什么地方怎么开始，从哪个方向解决了什么问题，从写的文章和发表的前后顺序可以看出高产梳棉机的研究过程。而且，实质上工作小组遇到的问题比他们文章中写的要多得多②。

王至薰也认为，现在再看当年梅自强、费青等专题组同志的论文，实际上是把高产梳棉机的各个工作区域所有的问题、基本原理都弄得非常清楚了，所有的观点和数据基本上都是一点一点经过试验论证的。有的东西也不好理论分析，如金属针布，哪个型号好？针面的锯齿到底密一点好还是稀一点好？高一点好还是矮一点好？理论上什么角度转移得能快一些？当然，可以有一个理论分析，但是具体的还要做试验来证明。她还举了一个例子，一个很简单的部件"给棉罗拉"，其作用是向机器里喂棉花。罗拉，就是一对金属的棍子，上面有槽，压着棉层滚动地喂入机器。当速度加快时，它对棉花的相对压力就会减小，那么得加大压力，当加大压力

---

① 王至薰访谈，2014 年 7 月 16 日，北京。资料存于采集工程数据库。

② 费青访谈，2014 年 7 月 18 日，北京。存地同①。

时，这个罗拉受力变弯了，当中翘起来了，这样对棉层的握持力、控制力都减弱了。后来把它设计成类似枣核形，两头小一点，当中粗一点，它比平直的罗拉更有利于对棉层的握持控制。

王至薰说："记得那时候华东纺织工学院的教师带了四个学生，正好是做毕业设计，想搞一搞专题，要求工作组让他们搞点工作。有个试验记得是我交给他们干的，我就叫那四个学生翻来覆去试验大压力下给棉罗拉的均匀性。几个学生拿着复写纸，在不同的加压条件下，在机器上面让它压过，过了以后就看那个印子均匀不均匀，哪个地方复写纸没印上就表示那里拓空了，然后人工去一点点修正。整个实验就这么一次又一次的，非常精心地调试。"①

由于50年代末我国的机械生产和加工装备落后，金属材料的型号与性能也有很大的局限性，梅自强小组的研发工作并不是很顺利。

从后来深入采访的材料来看，当时研制高产梳棉机的试验据点应该是有两个，即青岛和北京，而不是存留文献中所说的只有青岛的基地。

青岛是纺织部规定的试验基地，那里有纺织厂，可以做比较大规模的生产试验，那里还有青岛纺机厂，可以将梅自强小组的设计方案制造成机器设备，但是还有一个重要的研究基地就是北京。北京主要是依托纺科院的试验工厂，还有京棉一厂和京棉三厂。因为一些大的试验仪器不可能带到青岛去，而且青岛的厂终究是国营生产厂，要完成国家下达的生产计划，所以，有些在理论上要搞清楚的问题，在生产厂里反复试验有一定困难。因此，小组有的试验工作还要在纺科院的试验工厂里做。另外，虽然青岛纺机可以制造梳棉机，但是对改动设计、加工部件不是那么方便，在研发过程中有些部件需要不断改进，只能回到北京制造。

还有一点对科研小组很重要，就是北京资料多，查阅方便，还有中科院、高校的支持。

费青曾经回忆起梅自强挑头的工作组与中科院力学所、数学所的合作。中科院数学所的两位研究员，一个是留美的博士，另一个是留日的博

① 王至薰访谈，2014年7月16日，北京。资料存于采集工程数据库。

士，他们对工作组试验数据的整理给予了很大的帮助。那时候，为了对比不同方案，梅自强小组做了大量的试验，有大量的数据，是中科院的研究员教大家采用数学物理统计法来分析处理这些数据。所以，纺科院在科研工作中应用数理统计方法，也就是直方图、正态分布图、均方差这套东西，是在50年代末那个时候搞起来的①。

这些数学方法现在是很普遍了，但是在50年代，知道的人不多，会应用的人更少。所以，梅自强他们用了以后，感觉很科学，很方便。老院长张方佐也很欣赏，要他们写了数理统计讲义，在纺科院里讲课，让更多的研究人员掌握这种方法。

梅自强带领高产梳棉机工作组在1958年首先设计试制了二罗拉剥棉，之后装备了金属针布的梳棉机被命名为1181E型，目标是想使台时产量达到15公斤以上。在单机实验基础上，青岛纺机厂设计制造了第一批20台样机，半年多的生产，样机经数十次改进，基本达到设计要求，1959年6月在青岛国棉五厂进行了鉴定。此机型曾经在1959年到莱比锡国际纺织机械博览会参展，引起国外专家的重视。1181E型共生产了500多台，分别在山东潍坊、河南华新、浙江萧山三个新建棉纺厂做扩大生产实验，由于种种原因，1181E型梳棉机在大面积生产实验中出现了很多问题。1960年3月，工作组对三个厂的生产试验做总结，提出了许多改进意见。

1960年3月，梅自强带领他的团队来到青岛国棉五厂，对研制的1181E型国产梳棉机进行重大改进，设计了型号为A185的梳棉机，研制出与其配套的三罗拉剥棉，要求在单产40公斤时能顺利剥取。这些自行设计制造的罗拉梳棉机构在使用中虽然还不完善，但这是中国的一个创新，它开创了高产梳棉机采用回转式剥棉的先例，后来在国际上广泛被应用。

梅自强率领科研团队艰难攻关的时候，正是我国遭遇连续的自然灾害，国民经济陷入困境最为严重的三年。在青岛国棉五厂食堂，他们开始还有玉米饼充饥，后来玉米饼变成了地瓜干，再后来连地瓜干都没有了，只好吃一种叫“地瓜面儿”的窝头。梅自强回忆说，那东西不仅难吃，要

---

① 梅自强课题座谈会访谈，2014年1月27日，北京。资料存于采集工程数据库。

命的是吃下去后强烈地反胃酸。后来他们发现吃咸菜可以中和胃酸，遗憾的是当时想找点咸菜吃都很难。那时候研发试验工作非常紧张，每天工作十几个小时，有时候实在饿得受不了，只好半夜爬起来烧开水喝。梅自强和工作组的一些成员患上了胃病，有的人得了胃溃疡，而且几十年都没有治愈[①]。

1961 年 7 月，在国家遭遇严重自然灾害和经济困难的背景下，纺织工业部发出《关于纺织系统精减职工计划方案的通知》，全国计划停工企业 1544 个，关厂、停开纺纱锭 245 万枚，压缩劳动力 45 万人，方案经国家计委批准执行[②]。青岛市国棉四厂、五厂遣散员工相继停产。当时 1181E 型梳棉机已经在设计制造方面做了许多改进，加装了自动吸尘系统的新机型被命名为 A185 型。在青岛国棉四厂、五厂遣散员工相继停产后，纺科院院长张方佐亲自四处联系，最后落实了上海纺织工业局为支持协作单位。梅自强带着工作组和 20 台样机移师上海国棉一厂继续生产实验。

从 1961 年底到 1963 年底的两年，是国产高产梳棉机在理论和技术上获得突破的关键时期。在此期间，生活上的一件小事让梅自强多年来一直念念不忘。在上海，每顿饭他们都可以分到一小块红烧带鱼，这在当时是有钱也买不到的东西。每天加班到半夜时，还可以吃到一碗阳春面。后来他们发现，除了工作组的同志，上海国棉一厂没有人能享受如此待遇，就连上夜班的工人师傅和厂级领导也是以杂粮充饥。经打听才知道，这是纺织工业部领导为了支持国产梳棉机的攻关，由技术司司长张正文特批了 3000 元，让大家改善工作和生活条件的。

领导的关心爱护极大地激发了这些知识分子的干劲，他们夜以继日地测试数据，分析改进，每天工作长达 12 小时。到 1963 年 11 月，20 台样机在上海通过了鉴定。A185 型鉴定以后投入了批量生产，台时产量达到 15 公斤。

1965 年 11 月，钱之光亲自听取梳棉机工作组在上海实验情况的汇报，要求工作组在 A185 型基础上改进设计，再制造一批新型样机，即 A186 型，

---

① 梅自强课题座谈会访谈，2014 年 1 月 27 日，北京。资料存于采集工程数据库。

② 吴鹤松、陈义方、张国和、薛庆时、王烈、王福葱:《钱之光传》。北京：中共党史出版社，2010 年，第 372 页。

在青岛国棉五厂继续实验。1966年5月21日，台时产量25公斤的A186型高产梳棉机在青岛国棉五厂通过了由纺织工业部组织的鉴定，正式投入批量生产。

高产梳棉机研究工作从1958年至1966年历时8年，从小试、中试到大面积生产试验，试验工作从青岛扩展到山东、河南、浙江、上海又回到青岛，三次大幅度修改设计，研制出三种型号的样机，三次批量制造生产，终于使国产梳棉机的台时产量由5公斤左右提高到25公斤，达到了当时的国际先进水平。

因为高产梳棉机的成功，我国棉纺厂每万锭的梳棉机配台由48—60台减少到16—18台，大幅度节省了棉纺工厂基建投资，取得了很大的经济效益。A186型高产梳棉机在60年代到90年代长达20多年的时间里，成为我国纺织工业的主力设备。

在这8年中，梅自强和工作组成员发表了一系列论文，从理论和实践上奠定了我国高速高产梳棉机的基础，在攻关中创新的各种新技术措施在国有企业的老机改造中也取得了较好的经济效益。

珍贵的经验

多年之后，梅自强在评述研制高产梳棉机工作时总结了四条经验：

第一，在科研工作中取得一批成果，其中有些项目还达到了较高的水平，基本的一个条件是有一支人数虽然不多，但结构比较合理，有强烈的事业心和责任感，能全心全意为发展纺织科技事业勤奋工作的科研队伍。一支总起来说还是十分年轻的科研队伍，在科技事业的实践中迅速成长，其中有一些人自然地逐渐成了这个领域内公认的带头人。人才是在实践中培养、锻炼造就出来的，离开了实践，仅仅依靠书本和课堂知识，不可能造就出有用的人才，基础科学是这样，以应用科学为主的领域更是这样。

第二，培养科技人员实事求是、一切从实际出发的科学态度，严肃认真、一丝不苟的工作作风。事物发展都有它自己的规律，这些规律不以人们的主观意志为转移而客观地存在。人们只能在一定的条件下认识这些规律，运用这些规律去改造客观世界。科学研究的任务，就是探索事物的客观规律。要认识这些规律，就要有正确的思想指导，这就是实事求是的科学态度，严肃认真的工作作风。这一点看起来十分简单，但要真正做到却不容易。在我们的科研工作中，也曾走过弯路，为此付出过很大的代价。

第三，搞科研工作还要有不怕牺牲、百折不挠、勇于克服各种困难的决心。建院初期，广大科研人员不为名、不为利，一心为科研，勤奋工作，刻苦钻研，努力学习的情景，想起来至今记忆犹新，令人怀念难忘。无论寒冬腊月，还是盛夏酷暑，科研大楼总是灯火通明到深夜。成果不是轻易能够得来的。在漫长的科研工作中，艰苦的研究生活都是在不平静的政治风浪中过来的，不仅仅是精神上的和政治上的，其中还包括着三年困难时期，生活上、身体素质上的考验。许多成果，是科研人员在“瓜菜代”的日子里，不顾个人生活中的种种困难，长期在科研生产第一线日日夜夜忘我地工作换来的。人要有点精神，精神的源泉来自信念，来自一个人的事业观、世界观和人生观。人的精神又在为社会主义事业奋斗的实践中不断磨炼、升华、提高、充实。有了这种精神，就能化成行动的力量，克服困难的力量，创造物质财富的力量，推动社会进步的力量。

第四，搞科研需要有一定的物质条件，仪器设备、图书资料、试验室、实验工厂都是必要的物质条件。和建院初期比起来，现在的物质条件已大大地改善了。但事情往往是这样，在较差的条件下，如果能较好地发挥主观条件的作用，就能在有限的条件下得到较好的结果。反之，有了优越的客观条件，人的主观能动性发挥不出来，也不可能很好地发挥这些客观条件的作用。现在时代不同了，我们的物质条件已大大地改善了，但勤俭办科研事业的精神不能少，勤俭办科研事业的传统不能丢。更重要的是要懂得物质和精神，客观条件和主观努力的辩证关系。①

① 梅自强：建院三十周年的回顾与瞻望。《纺织工业部纺织科学研究院院刊》（建院三十周年特辑）1985 年 12 月，内部资料。

历史的评价

1964年，纺织工业部专门成立了新技术办公室，从各地126个单位调集棉纺织、印染、针织各工序的科研、机械设计、使用单位的技术人员385人，集中到上海，分析研究世界各国设备的优点和国内革新创造的新成果，在此基础上，设计、制造适合我国国情的成套样机，再经试用、改进，定型后成批制造。钱之光让张方佐坐镇上海，积极参与这套新设备研制工作的组织领导和协调。张方佐把纺织研究院梅自强等许多技术骨干都安排在试验现场，前后历时两年。这套设备的技术指标接近当时的国际先进水平。这套纺纱设备的生产技术水平与旧中国遗留下来的设备相比，锭子转速从9000转/分提高到15000转/分，细纱单位产量（折20支）从18公斤/千锭时提高到38公斤/千锭时，细纱挡车工看锭数从400锭提高到800锭。①

张方佐晚年在回顾自己一生所做的主要技术工作时写道：

1964年在上海集合了全国棉纺织、印染、针织各工序的研究、设计、生产单位的技术人员，收集了国外各种设备的优点和国内革新创造的新的成绩进行设计。由机械厂制造出部件，到生产厂边装边试，然后改进完善，反复多次，制造出65型棉纺成套样机，再经改进定型成批制造，投入生产。这套设备具有高速、高效、大成形、自动化、连续化等特点。在这套设备中，创造了具有我国特色的开清棉联合机，自动输送落棉、台时25公斤的高产量梳棉机，高速自动换筒并条机，高速分离锭子细纱机等。成套设备的技术指标基本接近了当时的世界先进水平，成为建设国内新厂和提供援外的主要设备。新中国成立后仅用短短十几年的时间，就制造了一整套具有国际水平的纺织机械，这是在旧中国无法做到的。②

谢红胜，原纺织工业部副部长，纺织科学研究院创建时担任该院党委

---

① 吴鹤松、陈义方、张国和、薛庆时、王烈、王福葱：《钱之光传》。北京：中共党史出版社，2010年。

② 张方佐：纺织事业的经历。《中国科技史料》，1980年。《钱之光传》，495页。

书记，他认为，这一时期中国纺织科技可以在世界上排有地位的突出成就，一是棉、毛纺纱工艺流程缩短，棉纺流程从9道缩短到5—6道，缩减了3—4道。二是梳棉机等多机台工序实现了高速高产，梳棉机台时产量由5公斤提高到25公斤，每万纱锭需要配备的梳棉机由50台减少到20台以下。三是绢纺、麻纺生产工艺的定型，显著提高了产品质量和生产效率。四是自动缫丝机的研制取得重要成果。①

中国工程院院士、纺织专家姚穆认为："中华人民共和国1949年10月1日成立后，纺织工业部领导全国纺织产业发展。1952年开始，自制棉纺织设备，开始建设棉纺织厂，建设纺织产业。但是当时设备水平很低、产量很低。梅自强率领团队，努力攻关，开发了大量纺织装备和器材。特别在梳棉机设计、制造、检测方面作出了卓越的贡献，使梳棉机分梳能力大幅提升，显著提高棉网质量；使梳棉机单产接近翻番；系统设计和改善了除尘刀、盖板、道夫斩刀等之外，在梳棉机大锡林动平衡调节上设计了专用测试轴承座，使大锡林轴一端轴承定位，另一端能随偏心力摆动，用粉笔在锡林表面画测锡林偏心质量偏心位置标志符号，并由偏心运动方程解出偏心质量位置的角度，可以快速准确地找到每一轴端的偏心质量位置。在轴两端分别准确测定偏心位置和加装平衡质量，使大锡林高速运动中无振动，显著提高了运动平稳性，大幅降低了能耗，还明显降低了噪音，取得了重大成果。"②

谢应安，原纺织工业部科技司副司长，曾专门撰文写道：

> 梅自强是我国现代高产梳棉机研究的奠基人。他领导的高产梳棉机研究组成功地开发出我国第一代金属针布高产梳棉机，是纺织梳理技术和设备的革命性变革，突破了纺织生产技术的重要瓶颈，是我国纺织工艺技术现代化的关键性事件。

---

① 吴鹤松、陈义方、张国和、薛庆时、王烈、王福葱：《钱之光传》。北京：中共党史出版社，2010年，第496页。

② 姚穆：回忆中关于梅自强院士的几件事——供梅自强院士传记执笔同志参考用。2014年，未刊稿。资料存于采集工程数据库。

梳棉工序是纺纱工艺流程中的关键工序，有“纺纱工序的心脏”之说。梳棉的主要任务是把原料纤维团分解成单纤维，这是成纱的基础。之前，一直用一种弹性针布实施梳理。由于梳针和置针底布易变形，不可能提高速度，因而产量极低，形成纺纱工序的瓶颈。那时一台梳棉机的台时产量仅仅3—5公斤，一个小规模的万锭工厂至少得配备50台梳棉机。高产梳棉机研制成功以后，产能大幅提高，台时产量达到20—25公斤，一个万锭工厂，只需配置12—20台（视产品结构而定）梳棉机了。这是因为采用金属针布克服了弹性针布的缺点，有了高速的前提。在合理的设计和加工工艺条件下，金属针布的卓越性能保证了梳理工艺的紧隔距、强分梳，从而实现优质前提下的高产。在高产梳棉机研究组中还有费青、王至熏等老一辈的工程技术专家以及合作单位工厂的技术人员及工人，作了很多研究和开发实践，对于金属针布和高产梳棉机的设计和制造应用都有很大的推动。其中无疑梅自强的学术定位和研究工作起了重要的带领作用。这也反映在他于1965年发表的学术论文《金属针布是高产梳棉机的发展方向》中。现在梳棉机的产能进一步提高，一台带自调匀整的梳棉机可以达到50公斤的台时产量，其起点就是金属针布的采用这个革命性的变革。因此，金属针布的应用和研究开发是高产梳棉机的关键，也是梅自强同志的主要学术贡献。[①]

周卫忠，高级工程师，浙江省桐乡市易德纺织有限公司总工程师，长期在生产第一线工作，具有系统、全面、扎实的纺织专业理论知识和专业技术，尤其是对半精纺纺纱工艺技术有较深的研究，对梅自强和A186梳棉机及梳理理论有很深的理解。他说：

梅自强在高产梳棉机的试验研究工作中，发表了一系列技术性很强的论文。在高产梳棉机上的各项突破性的新技术新措施，很明显它

① 谢应安：梅自强学术成就和他对我国纺织科技进步的贡献。2014年，未刊稿。资料存于采集工程数据库。

是高产梳棉机的理论支柱，也是现代梳理理论的基础。现代梳理理论只是在这些新技术上的延伸，可见他在我国梳棉机的改造中发挥了较为全面的指导作用。我手头有梅先生以下相关论文："梳棉机速度、产量与分梳作用的关系""采用金属锯条是挖掘梳棉机生产潜力的技术方向""金属锯条常见弊病的检查和处理""关于正确处理金属锯条磨砺的问题""高速刺辊的分梳作用""梳棉机刺辊部分气流和除杂作用""试论刺毛辊与漏底间气流的运动、作用和调节""刺毛辊罩盖部分气流的测定、调节和对后落棉的影响""梳棉机气流除尘设备的研究与应用"等。细细品读上面的文章，对分梳理论、气流理论、转移理论、除杂理论，还对部件专件的制造、安装、调试、保养等方面都作了全面的分析。这些内容是高产梳棉机的关键，没有这些理论，就没有 A186 梳棉机技术及性能上的突破。①

目前，A186 梳棉机早已退出了棉纺领域，但是，在一些珍稀和娇贵的天然纤维加工领域还在使用。周卫忠介绍说，A186 梳棉机的梳理适用性非常广，纤维的适纺范围在 22—76 毫米之间，既能加工棉纤维、棉型化纤，也可以加工各类中长型化纤。现在在其他纺纱领域中，特别在毛纺半精纺行业中得到很大的延伸。

半精纺，起始于羊绒等稀有动物纤维如何纺高支纱以提升其制品档次的出发点。为此，毛纺企业和科研院所经过几年研试，发展出国内毛纺行业独自开发的一项原创性技术。现发展到各类纺织原料（棉、毛、麻、丝等天然纤维和各种化纤、功能性纤维）均可作为半精纺原料，并根据产品的风格和纱线支数要求进行合理配比，充分发挥原料多元化、功能化的特性，纺制纯纺或混纺的一系列颜色丰富多彩的纱线。

然而半精纺纺纱系统中现在还没有专门的梳理设备，半精纺的原料组合特点决定了其梳理机能适合各类纺织纤维的梳理。在不断的生产实践中，186 梳棉机通过工艺上的调整和局部改造，可以加工中长型毛纤维、

① 周卫忠：梳棉机的适用性补充材料。2014 年，未刊稿。资料存于采集工程数据库。

蚕丝纤维、麻纤维以及各类纺织纤维。特别是对细支羊毛、羊绒、驼绒等稀有动物纤维的梳理效果尤其特出，因此 186 梳棉机现在还是半精纺纺纱系统中的主要梳理设备。

另外，毛纺的山羊绒、兔绒、驼绒等特种纺织原料在纺纱过程前需粗加工，在粗加工工艺流程中，重要的环节是预分梳，特别是山羊绒。羊绒纺纱近几年在我国的河北青河、内蒙古、青海等地发展较快，186 梳棉机现在是毛纺行业中山羊绒、兔绒、驼绒等特种纺织原料粗加工中必不可少的预分梳设备。

再者，在处理缫丝下脚料的绢纺行业中，分为绢纺的长纺和绢纺的丝纺。长纺工艺流程长、劳动强度大，绢纺行业也在不断地研究简化绢纺流程，提高工艺效率。现在，186 梳棉机也是绢纺长纺前道工序的分梳设备，也是绢纺丝纺系统中专门的梳理设备。

此外，常规的亚麻纺纱是在湿态下纺纱，流程长。191 梳麻机是亚麻短麻纺纱中的定型梳理设备，而 191 梳麻机是 186 梳理机的改造产品，只是把盖板分梳改造成罗拉分梳，另外增加一个刺辊而已。191 梳麻机也称“罗拉梳棉机”，适合于亚麻干纺的精细化分梳亚麻短纤维的开发，成为短麻干纺工艺的主要研究课题。在实际生产中，186 梳棉机在精细化分梳亚麻短纤维的开发得到了很大的成功，186 梳棉机已经成为分梳亚麻短纤维的主要分梳设备。

梅自强和他领导的团队自成功研制 A186 高产梳棉机到现在，已经过去了半个世纪的光阴，50 年前的科研成果，在新形势下依然被从事珍稀天然纤维的特种纺纱企业所青睐，这件事本身就是对梅自强为代表的老一辈科技人员研究成果最好的褒奖。

第五章
下放安陆

1966 年 5 月 1 日至 6 月 30 日，全国纺织工业技术革命展览会经过半年多的筹备，在上海正式展出。这是新中国成立以来纺织工业首次公开举办的大型展览，共征集了 11000 多项重大的技术革新、技术革命项目，正式展出的有 3100 多项。5 月 6 日，周恩来参观展览并对纺织工业作出了重要指示。展览会期间，共组织专业技术交流 60 次，接待观众 38 万人次。梅自强小组研制的台时产量 25 公斤的 A186 型高产梳棉机是当时最重大的技术成果之一。

1966 年 5 月 21 日，梅自强小组研制的台时产量 25 公斤的 A186 型高产梳棉机在青岛国棉五厂通过了由纺织部组织的鉴定，正式投入批量生产。

风暴来临

1966 年 5 月底，梳棉机工作组的人员奉命从上海撤回北京参加纺科院开展的“文化大革命”。

运动一开始，研究院和全国一样，从领导到群众，绝大多数人对这场“文化大革命”很不理解，也“很不得力”，出于长期以来对党的崇敬和信赖，为了响应党的号召而投入了这场运动。在极左思潮的影响下，群众中很快就分裂成了“势不两立”的两大派组织，领导靠边了，组织瘫痪了，科研工作停止了，建院十周年庆祝大会开过只有几天，一个刚刚为纺织科技进步做出了成绩的研究院，变成了“大字报”“大辩论”的战场，所有的领导和专家都成为了被斗争、被批判的对象。群众中成立了各种“战斗队”，也开始互相揭发和攻击，两派群众之间也开始了“文斗”，一天 24 小时地向对方“口诛笔伐”。整个纺科院完全陷入无政府状态。

当时，像梅自强这样科研工作中卓有成绩的佼佼者，很容易被“革命群众”看成是“走资派”和“资产阶级反动学术权威”的“红人”，或者是“孝子贤孙”，况且他还有在最大的修正主义国家苏联留学多年的背景，按道理说是逃不掉被攻击、写检查的命运的。而梅自强居然在轰轰烈烈的“文化大革命”中，辛辛苦苦但是踏踏实实地当了三年的“逍遥派”。为什么呢？

事情要从 1964 年周恩来总理访问非洲 14 国说起。周恩来在非洲宣布了中国对外经济技术援助的八项原则，深受非洲广大发展中国家的赞扬和欢迎。仅 1964 年和 1965 年两年间，中国就承接了 12 个国家的 20 个纺织成套项目。1966 年，当时 65 型棉纺成套设备刚刚研制出来，纺织部就决定用最新最好的设备来装备援外工程。就是在“文化大革命”风暴肆虐最厉害的时候，各个派别也把中国对亚非拉友好国家的“援外工程”当成是“贯彻毛主席无产阶级革命路线”的头等大事。这样，梅自强作为参与援外工程的技术人员，暂时没有受到冲击就不奇怪了[①]。

就在这场风暴即将来临的时候，1966 年春，部领导为了检阅几年来科研工作的成就，进一步推动纺织工业的发展，决定在纺科院举办纺织工业技术成就展览会，把一套经过选型、定型、鉴定后刚组建起来的我国第二代 65 型棉纺新设备安装在纺科院的棉纺实验工厂，进行一条龙试验，并

---

① 吴鹤松、陈义方、张国和、薛庆时、王烈、王福葱：《钱之光传》。北京：中共党史出版社，2010 年，第 379 页。

决定在河南三门峡筹建会兴棉纺织样板工厂。梅自强自始至终参与了纺科院棉纺实验工厂的安装和调试工作。可展览没有开幕，“文化大革命”就开始了，工作被迫停了下来。但是，一大批新建的棉纺工厂等着采用这套设备，几个援外项目等着采用这套设备。在各级领导已经靠边、指挥已经失灵的情况下，钱之光又把棉纺成套新设备的试验总结工作交给了纺科院。院领导张方佐等人在十分困难的条件下，组织了梅自强等少数几个人，依靠从会兴棉纺厂调来的技术人员和工人，完成了一条龙生产试验生产和总结工作。通过一条龙生产试验，又提出了许多需要从设备上加以改进、从工艺上试验验证的新问题。这些问题不解决，要在国内外新建厂大面积采用这套设备是不可能的。

由于援外工程急需，1968 年 10 月，梅自强又奉命和纺织部机械局的杨炳熏、马德邦组成三人小组，召集了这套设备各主机厂的技术人员同去会兴棉纺厂做扩大生产试验，进一步考验设备性能，以尽量减少援外工程的困难和失误。

会兴棉纺厂的扩大生产试验同样是在派性斗争激烈、领导指挥失灵的情况下进行的，生活条件也十分艰苦。从 1968 年 10 月到 1969 年 1 月底，梅自强千方百计克服困难，完成了试验任务，为这套设备积累了工艺质量、适纺品种以及维修保养管理经验，并对各纺机厂提出了一系列改进设计、提高加工制造质量的意见和建议。只要是从“文化大革命”过来的人，都不难想象当年完成这项工作的艰难。大面积生产试验结束以后，经过有关纺织机械厂的改进，这套设备进入了实用阶段。

下放干校

1969 年 3 月，纺织工业部和所属的纺织科学研究院、设计院组织第一批下放干部按纺织部的计划去湖北省安陆县筹建设立纺织部“五七干校”，刚刚从会兴棉纺厂回来，在北京过了一个春节的梅自强被列入纺科院首批下放干部名单奔赴安陆。8 月，一部两院（纺织部、研究院、设计院）的大批下放干部离开北京。9 月宣布纺织工业部纺织科学研究院撤销，留院的干部、工人连同院内全部国有资产移交给北京市接管。

“五七干校”是“文化大革命”期间为了贯彻毛泽东“五七指示”，让干部接受贫下中农再教育，将党政机关干部、科技人员和大专院校教师等下放到农村参加劳动的场所，是集中容纳党政机关干部、科研文教部门的知识分子，对他们进行劳动改造和思想教育的地方。

1966 年 8 月 1 日，《人民日报》发表社论《全国都应该成为毛泽东思想的大学校——纪念中国人民解放军建军 39 周年》，对“五七指示”作了进一步阐述及推广。1968 年，黑龙江柳河干校命名为“五七干校”，成为中国第一个以此命名的干校。此后大批五七干校在各地开办，许多老干部被下放到干校劳动。“五七干校”也由此成为了中国现代史上一个特定的名词。

纺织工业部在设立五七干校选择地点时，部长钱之光刚刚在军代表进驻部委后被“解放”，尽管他自身的处境十分困难，但他要求办公厅的同志们一定要多去一些县城，一定要到现场详细考察并向他汇报。考察的同志临行前，他还特地关照，一定要在当地的气候条件、物资供应等多方面作比较。因为纺织部的许多干部、专家是南方人，年纪大了，南方不像北京，没有暖气。最终，纺织部在湖北省的安陆县、湖北省襄樊市附近的太平店和湖南省的邵阳市建立了三个干校。

所谓五七干校，就是农场，因为干部和知识分子一定要接受贫下中农的“再教育”。但是钱之光被“解放”后，通过国务院领导的批准，在农场的基础上，结合纺织的特点，在干校建起了规模化的工厂，并纳入了国家基本建设工厂项目计划。因此，大大改善了下放干部的境遇，也得以保存了一大批技术精英和管理人才，使他们集中工作便于管理，学问和专长不致荒废，为以后干部的重新起用创造了条件。

梅自强因为参与援外工程的技术准备工作，在“文化大革命”初期没有受到冲击。但是下放干校却当了“排头兵”。他将离开北京时，纺科院被撤销是很明确的趋势了。一起工作多年的工程技术人员含着眼泪，清理和销毁自己珍贵的书籍、笔记、资料的场景让他不忍目睹，心里倍感凄凉。他自己也经历了一番思考和挣扎，想明白了，就把所有他认为有用的资料全部上交，其余书籍和资料统统当废纸卖了，对夫人李椿和说：“我们以后就当个农民吧。”

下放安陆后，在干校整天干着农活的梅自强对自己在“文化大革命”中的表现有过一个检讨：

> 下放以前，我在纺织科学研究院工作，是一个地地道道的三门干部。小学中学大学国内国外读了二十二年，从小就灌输了“学而优则仕”的资产阶级世界观，两耳不闻窗外事，一心只读“圣贤”书。出了学校门，又进了研究院，高楼大厦一干十二年，埋头业务，不问政治；养尊处优，脱离群众，脱离实际。整天和机器、书本打交道，一切为了出成果，出成果就是我工作和生活的全部目的。别人不来找我，我也从不找人。轰轰烈烈的三年无产阶级“文化大革命”，我只在实验工场里深居简出。“文化大革命”是不上课的政治课，是不经考试的考试。在运动中，我分不清好人和坏人，更不能分辨在特殊情况下从事活动的某些人，对许多问题都很不理解。通过“文化大革命”，使我认识到再这样下去，必然要滑进修正主义泥坑。毛主席关于“广大干部下放劳动”的英明指示，对我来说实在是太及时了。我决心抓住这个极好机会，到斗争的第一线去经风雨，见世面，接受贫下中农再教育，紧跟毛主席干革命，做一个受工农兵欢迎的知识分子。

湖北安陆五七棉纺织厂

位于湖北安陆的五七棉纺织厂，即现在的湖北安陆棉纺织有限公司，是钱之光结合纺织部五七干校的实际情况筹建的，当年工程的总指挥是纺织部副部长焦善民，设立时的全称是“纺织工业部五七棉纺织厂”。这是纺织部领导为保护受到“文化大革命”冲击的老专家、老干部，还有一批年富力强的中年技术骨干而建立的一个干部安置基地。

五七棉纺织厂的规模是4万纱锭、1000台织机，全部采用当时最先进的国产第二代（65型）设备。

图 5-1　1969 年，纺织工业部五七棉纺织厂工地（安陆棉纺织有限公司提供）

1969年12月，梅自强离开了辛苦劳动近一年的农场，到工厂参加基建收尾工程及设备安装大会战。在没有起重设备的条件下，完全依靠人拉肩扛，让机器就位。紧张劳累的安装工作持续了半年，1970年7月1日，国务院将第一轻工业部、第二轻工业部、纺织工业部合并为轻工业部，任命钱之光为部长，万里为第一副部长。同一天，五七棉纺织厂投产。五七厂从破土动工到正式投产的过程刷新了当时我国纺织工业新建企业建设进度的纪录。

图 5-2　1970 年梅自强所在的前纺营职工人拉肩扛安装设备（安陆棉纺织有限公司提供）

当时五七棉纺织厂有军代表进驻，在工程指挥部领导下全面采用军事化管理，车间称为“营”，工段称为“连”，班组称为“班”。梅自强从农场到工厂时被任命

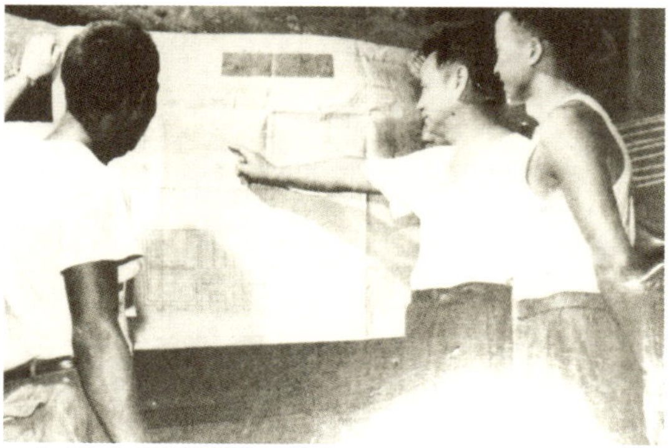

图 5-3　1970 年 7 月安陆五七棉纺织厂投产初期，梅自强（右一）与总工程师潘定生（右二）在研究设备安装工作（安陆棉纺织有限公司提供）

为“前纺营”的营长（相当于现在棉纺织企业中的前纺车间主任）。

刘明扬，华东纺织工学院70届毕业生，曾担任湖北安陆棉纺织厂厂长，湖北省纺织科学研究所所长。他回忆刚刚进厂时的情况说：

我是70年毕业到这个厂里来的，我来第一天就被分到基建组，参加重体力劳动，劳动改造一个月后被分配到前纺车间，那时候叫前纺营，一去就当副连长。梅自强是营长，他对我说，像我们这些大学生要按他的计划进行培训，首先安排我们到各工序去学习，从清花、梳棉、并条、粗纱一道道工序地去熟悉，和工人打成一片。职务虽然任命了，但是没让我们去，那时候叫连，没让我到连里去干事情。所以我们一批70年来的大学生经过这么一段时间磨炼，的确在业务上提高了很多，这个对我们后来的工作帮助是很大的，打了一个坚实的基础。①

梅自强对自己要求严，对工作的标准要求高是比较有名的。几件事，给刘明扬的印象非常深刻。

一个是岗位责任制的制定。当时是“文化大革命”期间，无政府主义泛滥，梅自强要求大学生们既敢于管理，又要善于管理。他带领干部们制定各项规章制度。像制定岗位责任制，他首先召集整个车间里的干部在一起进行讨论，讨论完了他做总结，然后让刘明扬根据记录起草个文本，拿到草案后，他到每一岗位再跟工人们讨论一遍，讨论完了让刘去修改，修改完再交给他，他再去修改。当时前纺车间岗位责任制和安全操作规程就是这样做出来的。虽然梅自强要求的标准很高，但是他这样的态度让全体员工心服口服，执行起来阻力就小。梅自强那时候制定的岗位责任制和操作规程一直沿用了20年，基本上没有大的改变。

再一个是办公会制度和干部带班制度。前纺车间每天早上有办公会，会上决定了的事情要落实下去，而且他都是要检查的。每天他到各个轮班，包括夜班，看看说好的事情大家有没有严格地按要求干。比如厂里的

① 安陆棉纺织有限公司访谈，2014年4月29日，湖北。资料存于采集工程数据库。

设备是一边安装一边生产的，一边生产还一边改革，投产的过程出了问题就进行探讨，有了办法就落实，办法不好又要继续改，还要进行探讨，所以最后形成的技术方案或者管理制度都是比较精细的。他还定了一个值班制度，像车间的各个运转班，营级干部都是要跟班的，不光是每个交接班要到现场，他在车间里也上夜班。

还有一个是对人才的培养。梅自强对人才的培养是有计划的，拿前纺车间为例，车间的技术员是张永椿，从北京下放的高级工程师，技术总负责人；清花工序的技术员是梅建华，也是下放的工程师，梅建华配了一个大学生徐凤良做助手；梳棉的技术员是谢应安工程师，配上大学生黄克杰；并粗的技术员是范翔工程师，配上大学生徐书凡。这样，每一道工序既有原来部里的工程师作为技术员，又配了大学生做助手。后来梅自强他们调走以后，因为有人才储备，生产、技术、管理各方面的水平一点也没有下降[①]。

1971 年 6 月，五七棉纺织厂投产一年之后，撤销了工程指挥部，成立了日常管理机构，当时叫“革命委员会”。“文化大革命”前原纺织部教育司司长崔焕珠任革委会主任，原纺织部计划司副司长林则之任革委会副主任。梅自强时任前纺车间主任，当选为厂革委会委员，进入厂级领导班子。

1966 年以后，全国各地陆续兴建的一批新厂都是采用了 65 型国产新设备，也有不少老国企通过技术改造更换了新设备。由于种种原因，其生产水平、产品质量都比较低，设备故障多，完不成生产任务。但是在五七厂，情况则完全不同。许多

图 5-4　1972 年主厂房场景（安陆棉纺织有限公司提供）

① 安陆棉纺织有限公司访谈，2014 年 4 月 29 日，湖北。资料存于采集工程数据库。

纺织部下放的技术干部都曾参与这套设备的试验研究，因此，从一开始的安装、调试，到后来试生产，都比较顺利。1971 年底，厂里全套 A 字头的 65 型国产新设备各项生产技术指标全面达到了设计水平，在湖北省甚至在全国排名第一。同时，这些由专家、工程师组成的下放干部针对 65 型设备的特点，建立了工艺质量、运转操作、设备维修等一整套较为完整的管理制度，还对这套设备作了许多改进，为我国纺织企业用好、管好国产棉纺新设备积累了丰富经验。1971 年 10 月，梅自强作为企业代表出席了轻工部在上海召开的“抓革命、促生产”座谈会，全面介绍了五七棉纺织厂的经验。

据当年梅自强的主要助手、前纺车间梳棉技术员、后来任纺织部科技司副司长的谢应安回忆，安陆厂在全国最先恢复技术人员的职称，梅自强在那个混乱不堪的年代敢于抓技术，采取一切措施加强技术管理，以技术培训教育和管理工人。轻工部后来大力推广的“安陆经验”，就是以技术求发展的经验，是科学技术挂帅，这在当时是冒着很大政治风险的。

从 1972 年开始，五七棉纺织厂连续被评为全国“工业学大庆”模范单位，因为出色的生产水平和经济效益被评为全国“抓革命，促生产”标兵单位。

1973 年 5 月，钱之光指示轻工业部在长沙召开“抓革命促生产”经验交流会，要求各地企业把纺织生产搞上去，并且开始在五七棉纺厂办学习班，帮助全国各地的新厂培训干部、工人，提高生产技术及管理水平。

梅自强参与了办学习班的工作，每次他都是亲自上台讲课，耐心细致地解答各地学员的问题，与他们探讨相关技术，毫无保留地把自己的心得体会教授给别人，所以梅自强在前来学习的业内工程技术人员中口碑极佳，深受尊重。

此例一开，全国各地来安陆学习的人越来越多。有的只是技术干部来参观学习，有的是成建制地把厂里的干部和工人骨干拉过来培训，在厂里一住就是一个月。起先，还是一些新建的企业派干部职工来，后来老纺织基地的老企业，例如上海、天津、青岛、石家庄等地的老厂也纷纷派人来学习取经。一时间，五七棉纺织厂的招待所及职工的单身宿舍楼人满为患，厂里的接待费用月月超标，但一批批参观学习的人还是络绎不绝，连安陆县城里的旅馆、周边及相邻单位的招待所也住满了到五七棉纺织厂参观学习的人员。这种情况对五七厂的正常生产也造成了不利影响。迫于实际的困难和压力，厂领导向轻工业部有关领导汇报，轻工业部纺织局通知，今后，凡不属于轻工业部组织的学习班，凡没有持有轻工业部纺织局正式介绍信的单位和个人，五七棉纺织厂应不予接待。但是，实际情况远比规定要复杂，所以，在十多年的时间里，五七厂由纺织部的五七干校变成了中国纺织企业用好、管好 65 型棉纺织设备的大学校，几乎每天在车间里都能见到国内的参观学习者，后来还有一些慕名而来的国外参观者，多数是从事纺织品进出口贸易的外国商人。

中国工程院院士姚穆回忆说，“文化大革命”中，由于“四人帮”的严重破坏，军宣队进驻纺织工业部，不仅销毁了大量技术文件（中国纺织科学研究院技术档案被集中到院中当众焚毁）；纺织工业部和中国纺织科学研究院单位大批干部，特别是科技人员，下放劳动，主要集中在 60 年代中期新建的湖北省安陆棉纺织厂。当时梅自强任前纺车间主任。1973 年秋姚穆带领工农兵学员赴安陆棉纺织厂实习两个半月期间，亲身感受到梅自强在生产一线，深入实际，密切联系运转工人和保全工人，对设备保养、工艺改进、器材革新、保证产品质量不断提高，坚持不断、克服困难、勇猛奋战的作风和态度。特别令姚穆感动的是在这样的生产一线繁重工作环境中，梅自强继续重视理论研究工作，研究纤维开松状态、排列状态对最终品质的影响规律。在此期间他还给实习学生作过三次技术报告，教育学生学会分析问题的思路和方法，希望工农兵学员成为中国纺织产业发展的生力军。①

1975 年 5 月，梅自强被“借调”到北京，参加轻工业部纺织局组织的全国“学习安陆经验”的培训工作。

梅自强参与组织、领导在全国新建的棉纺厂推广安陆五七棉纺织厂经验活动，前后持续了四五年的时间。除了分期、分批举办学习班，他还带

① 姚穆：回忆中关于梅自强院士的几件事——供梅自强院士传记执笔同志参考用。2014 年，未刊稿。资料存于采集工程数据库。

领相关人员“送宝上门”，即落实轻工业部开展的棉纺生产“3850上水平”活动，到各地纺织厂开展现场帮教活动，促进被帮教的企业达到当时轻工业部规定的一档企业生产水平：棉纱折合20英支千锭时的产量达到38公斤以上，细纱千锭时断头在50根以下，棉纱一等一级品率96%以上，每件棉纱的用棉量193.5公斤以下。

据统计，从1975年至1979年，梅自强重点帮助了约占当时全国棉纱生产能力的三分之一，合计556万纱锭的122个棉纺厂，大大提高了这些企业的管理水平和棉纱的生产能力。据各个被帮扶企业的年度报表显示，除了因为产品质量大幅度提高带来了明显的经济效益上升外，这些企业增产的棉纱量相当于新建了50万锭的生产能力，按当时的标准，就等于新建了10个大型棉纺企业，“学习安陆经验”活动的经济效益令人瞩目①。

与当时中国绝大多数知识分子相比，梅自强是非常幸运的。在十年浩劫中，开始的三年，当梅自强的同事们不得不参加“文化大革命”的“四大”（大字报、大辩论、大批判、大夺权）或者没完没了地写检讨时，他因为涉及援外工程的需要，还可以坚守在自己钟爱的技术岗位，一心一意地钻研科研工作。后来虽然也被下放了，不得不从事毫无技术可言的重体力劳动，但毕竟只有短短的一年时间。之后，在干校的工厂里，他又重新找到了自己的位置，显示出自己的才干。

从埋头搞科研，到把科研工作成果放在企业生产的大舞台上运用，中间有多少辛苦，多少挫折，还有多少感悟，多少收获？被广大知识分子称为“蹉跎十年”的“文化大革命”期间，梅自强却在一个偏僻的角落、一个平凡的岗位上做出了不平凡的事业，收获了专业技术上的丰硕成果。

---

① DA-001-001，梅自强干部档案副本。资料存于采集工程数据库。

第六章 重返科研

1976 年 10 月，中共中央粉碎“四人帮”，1978 年 3 月 18 日，中共中央在北京召开全国科学大会，邓小平发表重要讲话，指出四个现代化的关键是科学技术的现代化，并着重阐述了科学技术是生产力这个马克思主义观点，邓小平提出的“科学技术是生产力”的著名论断，对国家长远发展具有十分重要的意义，成为改革开放以来中国共产党一以贯之的基本思想。1988 年，邓小平重申并进一步发展提出“科学技术是第一生产力”，指明科学技术在生产力中处于第一重要、具有决定性意义的地位。

1978 年 5 月 11 日，《光明日报》发表《实践是检验真理的唯一标准》一文，引发了全国范围的真理标准问题的讨论，长期以来禁锢人们思想的僵化局面被冲破。

12 月 18 日至 22 日，党的十一届三中全会在北京举行。这次全会彻底否定“两个凡是”的方针，重新确立解放思想、实事求是的指导思想，实现了思想路线的拨乱反正；停止使用“以阶级斗争为纲”的口号，作出工作重点转移到经济建设的决策，实现了政治路线的拨乱反正。

科学的春天

中共中央粉碎“四人帮”之后，1977 年 1 月，轻工业部在北京召开全国轻工业学大庆座谈会，梅自强出席了会议。国务院副总理李先念到会讲话，他指出，要把经济工作搞好，首先要揭批“四人帮”，肃清他们的流毒，搞经济工作，就是要加强党的领导，发动群众，鼓足干劲，多快好省，增加生产，厉行节约。轻工业的意义很大，它与人民生活有密切的关系。

1977 年 5 月，梅自强受命筹备全国纺织工业科研技改展览会。5 月 23 日到 6 月 6 日，6 月 14 日到 24 日，8 月 4 日到 23 日，他先后三次去上海落实展览会各项工作。其间，7 月 5 日到 21 日，还参加了轻工业部组织的湖北、陕西、河南等地的“双革”（技术革新，技术革命）成果调查。从 9 月 2 日到 12 月 3 日，梅自强一直待在上海，主持了这次展览。

“全国纺织工业科研技改展览会”11 月 5 日在上海展览馆预展，11 月 15 日正式开幕，展会共分为 9 个馆，展品 420 项；12 月 17 日结束，观众 16 万人[①]。12 月 11 日，在展览会闭幕前一周，梅自强再一次到上海，到 1978 年 1 月 3 日离开，一直忙于上海展览的收尾工作，并按照纺织工业部领导的指示，落实将展览会移师武汉展出的各项具体事宜。

1977 年 12 月 5 日，中共中央决定将轻工业部分为轻工业部和纺织工业部，钱之光任纺织工业部党组书记、部长。

1978 年 1 月 1 日，轻工业部和纺织工业部分开办公。梅自强任纺织工业部生产司工程师。

1978 年 1 月 14 日到 21 日，梅自强去武汉筹备全国纺织工业科研技改展览会。之后，2 月 13 日至 5 月 25 日，在长达三个月的时间里，一直坚守在武汉。全国纺织工业科研技改展览会于 3 月 1 日在武汉展览馆预展，

① 梅自强记事——梅自强资料长编。2014 年，未刊稿。资料存于采集工程数据库。

3 月 10 日开幕，5 月 5 日闭幕，5 月 9 日总结颁奖；观众 31 万人，费用 18.9 万元。在武汉展览期间，梅自强还组织了 15 项专业技术交流活动，受到参展单位及观众的热烈欢迎。

1978 年 3 月全国科学大会召开，在全国科学大会上，纺织系统有 222 个单位、174 项科研成果获奖。在这次会议上，邓小平提出的“科学技术是生产力”的著名论断，极大地鼓励了中国的知识分子，各行各业也把重视知识、尊重人才、推广应用科技成果提到了重要的位置。

当时作为中年知识分子代表的梅自强，以勤奋的工作热情，默默地用实际行动来迎接“科学的春天”。

6 月 15 日—22 日，梅自强参加了在北京召开的“纺织产品质量品种汇报展览”预备会。7 月，梅自强任纺织工业部生产司棉纺织印染处副处长，上任后的第一件事情，就是筹备和主持纺织产品质量品种汇报展览。该展览于 9 月 20 日到 10 月 13 日在北京展览馆展出，面积 2000 平方米，专业观众 6 万人。10 月 11 日晚，党和国家领导人华国锋、李先念、汪东兴、纪登奎、康世恩等在钱之光陪同下参观，并予以很高的评价。10 月 21 日，展品发上海；梅自强去上海落实 12 月 10 日在上海展览馆的预展，12 月 12 日到 1979 年 1 月 25 日展览会正式展出，观众 10 万人①。

另外，梅自强还在 1979 年 8 月 30 日到 9 月 12 日、10 月 17 日至 26 日两次去成都筹备“纺织产品质量品种展览会”。11 月 1 日到 12 月 15 日，“纺织产品质量品种展览会”在成都展览馆展出。展出面积 1400 平方米②，期间主持召开了“纺织产品质量品种经验交流会”。

“文化大革命”后，梅自强信心百倍地投入发展纺织工业、保障人民需求的工作中。他踏踏实实地做了几件事情：

在全国分区域举办了五期“棉纺织上水平”学习班，到各地纺织厂开展现场帮教活动，让被帮助的企业达到当时轻工业部规定的一档企业生产水平：棉纱折合 20 英支千锭时的产量达到 38 公斤以上，细纱千锭时断头在 50 根以下，棉纱一等一级品率 96% 以上，每件棉纱的用棉量在 193.5 公

① 梅自强记事——梅自强资料长编。2014 年，未刊稿。资料存于采集工程数据库。

② 同①。

斤以下。新覆盖的企业达当时全国生产能力的三分之一，增产的棉纱量相当于新建了 50 万锭的生产能力。

参与和组织纺织“双革”（技术革新、技术革命）的全国调研活动，参与和组织新工艺新技术推广应用。1976—1979 年，在全国较大范围内组织试验推广棉纺细纱机应用回转钢领、锥面钢领和镀铬钢领，以提高细纱机锭速，降低断头，延长钢领使用寿命，为国家节约了数量可观的优质钢材。

在全国举办了一系列以科技进步、成果推广、新产品展示为主要内容的展览会，在展览筹建工作中，梅自强负责主持制订展出方案，挑选审定展品，对展品进行评价，审定展品说明、讲解词和其他文字材料，组织技术交流①。

无论是任纺织工业部生产司棉纺织印染处副处长，还是后来任生产司技改处副处长，梅自强当时的主要工作就是行业调研、科技成果鉴定、成果推广及举办展览会，这些烦琐的工作使梅自强从一个棉纺专业工程师变成了通晓纺织全流程的专家。

重振纺科院

1979 年 11 月，在南宁召开的中国纺织工程学会第三届全国代表大会上，梅自强当选为全国理事。

1980 年 9 月，梅自强参加以纺织工业部副部长李竹平为团长的中国纺织工业代表团访问比利时，这是他自 1958 年从苏联回国后第一次迈出国门。在经历了 20 世纪 60 年代开始的电子计算机引导的信息化革命后，欧洲纺织工业的飞速发展给梅自强留下了深刻印象。

他在回国后写道：

---

① 梅自强记事——梅自强资料长编。2014 年，未刊稿。资料存于采集工程数据库。

我和其他同志一样有一个印象，认为我国纺织工业的技术水平和国际上的差距，不是在逐步缩小，而是在继续扩大。究其原因，一是国外竞争激烈，发展迅速，日新月异；二是我国虽有进步，但步子不大，变化不快；三是由于电子技术和计算机技术的广泛应用，纺织机械的自动化、连续化程度迅速提高。许多新工艺新技术不断出现，有些已进入生产实用阶段，正在改变纺织工业的生产技术面貌。

用机器代替人工从事繁重的和大量简单重复的体力劳动，清除劳动中不可避免的人为影响，这本身就是对产品质量的有力保证。直接操作工人的大幅度减少，劳动条件的改善，产品质量对工人操作熟练依赖程度的减少，都将改变人们对纺织生产的认识，纺织工业在发达国家中的地位也可能发生新的变化。

设备是生产的基础。国际上纺织机械的竞争，主要表现在设备的技术性能和加工制造质量上。而设备的竞争，最终必将在纺织产品的竞争上反映出来。我国纺织产品在国际市场上的竞争能力，实际上还是“以量取胜”，靠大量原料和半制品以及廉价劳动力换取外汇。

巨大的反差让梅自强心急如焚，他又撰文提出自己的看法：

出路在哪里？出路只有下决心抓紧时机，急起直追，把纺织工业的技术水平搞上去。

首先要认真领会把科技进步放在首要的战略地位，并且提高到“决定我国现代化建设的进程”“关系民族振兴的大事”这样的高度来认识，把科技进步提到重要议事日程上来研究。科技转化为生产力，一般都要有一个很长的过程，不能看得太简单了，对此要有充分的估计。因此，科技工作要抓紧抓早，要安排足够的超前期，为科技进步创造必要的条件。

1978 年全国科学大会召开之后，在“文化大革命”中被解散的中国纺织科学研究院的恢复重建工作提上了议事日程，在纺织工业部领导的支持下，当年纺科院正式恢复。第一代院领导张方佐以 75 岁高龄出任院长，他不顾年迈，领导广大职工为此付出了辛勤的劳动，做出了很大努力。

1982 年 10 月，院领导班子调整，梅自强被任命为纺科院副院长，主管科研工作，加快了恢复重建的步伐，并明确提出要把纺科院逐步建设成为纺织工业科研队伍中的国家队的目标。

梅自强上任以后，在抓紧各项基本建设的同时，重点领导开展科研工作，在合成纤维工艺研究和产品开发方面，在棉和化纤的纺纱、织造、针织、染整工艺技术、产品开发和新设备研制方面，在纺织测试技术、仪器研制和纺织品标准方面，在计算机应用方面，逐步开展了研究工作，并取得了一些较好的科研成果。

在梅自强领导下，纺科院科研处室的改革工作，从 1983 年下半年开始，在建立健全各项管理制度基础上酝酿对科技人员实行评分的考核办法。

1984 年 6 月 18 日，国务院签发任命书，任命梅自强为纺织工业部纺织科学研究院院长。

虽然梅自强在纺科院创建初期就在院里工作，但是他还是通过细致的

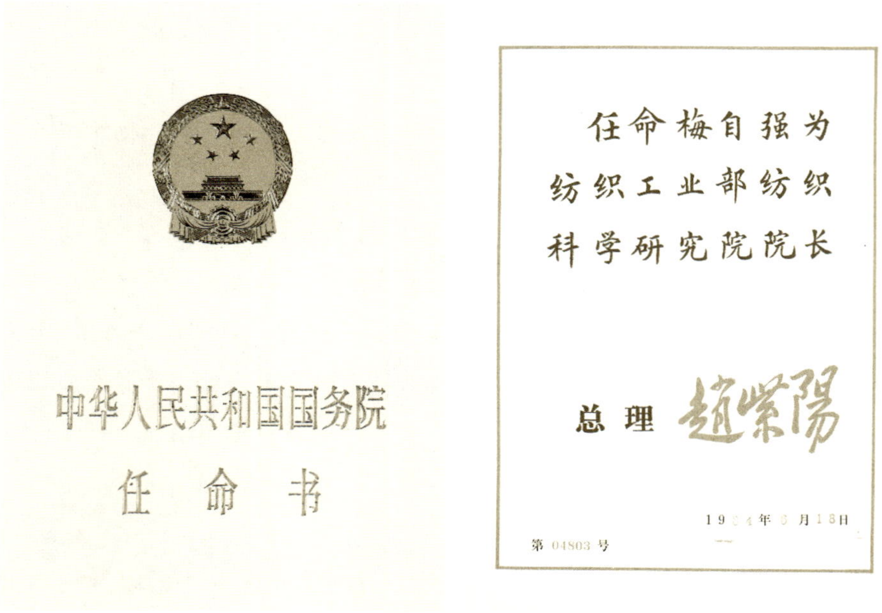
中华人民共和国国务院
任 命 书

任命梅自强为
纺织工业部纺织
科学研究院院长

总 理 赵紫阳

1984年6月18日

第 04803 号

图 6-1　任命梅自强为纺织工业部纺织科学研究院院长（中国纺织科学研究院提供）

调查，在上任后主要抓了两项重点工作：

一是按照干部四化的要求，把各级领导班子建设好。他提出要按照中央提出的标准和条件，把真正称职的人选拔到各级领导岗位上来，不能降低标准，更不能迁就照顾。

梅自强认为，当时纺科院的实际情况是院所两级干部的年龄都偏大，素质也不高。要十分抓紧第三梯队的建设工作，加强对干部的考察了解，挑选那些有高度政治责任感和强烈革命事业心的青年同志到科研、生产、后勤和政治工作第一线去挑重担，受锻炼，增长才干，积累经验，再把他们中间已经为实践证明了的基本符合四化要求的同志选拔到各级领导岗位上来。

二是搞好员工队伍建设。除了调整和组织好全院及各单位的人员结构以外，重点是要不断提高全院职工的政治素质和业务素质。

他要求全院要控制职工总数，按照机构设置和各单位承担的任务，搞好编制定员，确定全院各类人员的比例。要根据承担的任务，把一线科研人员的专业结构和智力结构搞好。二线职能机构的队伍建设，一是要精干，提高效率；二是要熟悉业务，热心本职工作。

梅自强认为当时纺科院的管理工作十分薄弱，科研管理，人事劳动管理，物资财务管理，生产管理，生活后勤管理等，都需要认真整顿，切实加强，建立健全各项管理制度。要使全院职工都认识到管理工作的重要性和迫切性，要使全院职工都认识到管理能出效益，管理能出成果，管理能出人才的道理。

1984 年 10 月 20 日，党的十二届三中全会通过了《关于经济体制改革的决定》，这是一个极其重要的历史性文件。梅自强决心按照中央的要求，搞好纺科院的改革，开创科研工作的新局面。

在梅自强领导下，纺科院开始了大刀阔斧的改革工作。

首先实行了院所长负责制，逐步实现两级管理，两级核算。

在 1983 年纺科院试行合同制以后，1984 年纺织工业部对纺科院放权，主要涉及计划权、人事权和财务权。

其中，计划权是：在保证承担国家和部重点科研任务的前提下，纺科院有权自选科研课题，按受社会委托。承担国家和部新下达的科研任务时都要签订合同，按照合同拨给科研经费，同时要切实履行合同规定的技术经济责任。

除开发性科研课题签订有偿合同外，其余有关标准、计量、质量检测、计算机筹建、软科学研究等都按工作量核拨费用。

人事权是：在国家人事劳动政策范围内，处所级中层干部由纺科院自行聘任，报纺织工业部人事司备案，实行任期制。

纺科院有权招聘各类工作人员，择优录用，对不适宜在院工作的人员可以进行调整、调动或组织学习。

在部核定的定员编制范围内，纺科院有权自行确定机构设置和人员配备。

财务权是：纺科院的纯收入不上交，用于建立各项基金，其中 50% 留作科技发展基金，25% 为集体福利基金，25% 为奖励基金。上述各项基金，根据上级规定的使用范围，由纺科院自主管理使用。

在上级考核应得的奖金额度内，纺科院可以自行确定实行各种奖励办法。包括浮动工资、岗位津贴和职务津贴等。

在纺织工业部对纺科院放权的基础上，纺科院和各个研究所签订科研承包合同，也相应地把一部分权力下放到研究所。具体的做法是：

实行处所长负责制。副职由正职提名，院长聘任，报部人事司备案。处所属科级干部由处所长聘任，报院人事处备案，处所行政组、专业组的设置和组长的聘用由处所长决定，报院人事处备案，课题组长由所长确定，课题组实行自由组合。

调入调出处所的职工，院人事处要听取和尊重处所领导的意思，并经过一定的审批手续，对不适合工作要求的人员，可以由院人事处另行安排工作或组织学习。

在保证完成合同规定的各项承包任务的基础上，研究所可以自选科研选题，接受社会委托，承担技术服务。

在有关政策规定范围内，处所有权制订本单位的奖罚条例，分配各项奖金。

实行两级核算后，课题经费到所，承包到组，课题要实行成本核算，课题结束后要有决算，节余课题经费按照一定比例留作院所科技发展基金，课题组和个人也应受到奖励。

研究所室承担的成果转让、技术服务收益，将按纯收益提取一定比例奖给个人。

研究所室承担各项生产任务的纯收益，也按比例提成奖给职工个人。

奖励要充分体现按劳分配的原则，多劳多德。在科研、生产、管理和技术服务工作中做出贡献的人员，应给予重奖。

实行两级经济核算，全院各单位之间的协作，如委托设计、测试、维修、施工、翻译等都实行计费。

实行两级经济核算，各研究所室要按人员比例承担全院的管理费用，使用的设备仪器、房屋家具、水、电、汽以及用车、打字、复印等，都将逐步实行经济办法管理，以促进各项管理工作，提高工作效率，提高经济效益，减少浪费①。

无论从什么角度去衡量，1984 年梅自强在纺科院实施的改革方案都可以说得上是“大刀阔斧”，他把市场机制直接引入当时还是“象牙塔”的国家级科研机构，对极少数人可以说是“伤筋动骨”的大改变。“大锅饭”没有了，“当一天和尚撞一天钟”的人感到了生存危机，反对的意见不胫而走，还有人下了班就到他家门口堵着，要“讨个说法”。

梅自强非常坚定地表示，我们的目标是逐步做到各级干部都有明确分工，各司其职，各尽其责，每个干部都有职、有资、有权，建立起有效的工作秩序。随着管理体制的改革，实现院所两级管理，建立健全全院各部门之间的经济责任制。1984 年上半年全院设备仪器、家具物资、财务大清理为实行两级核算打下了基础，加强经济责任制将是 1984 年和 1985 年纺科院管理工作的重点之一。

作为院长，他在中层干部会议上强调，实行处所长负责制以后，处所长应把自己职责范围内的事切实抓起来，抓出成效，努力开创本部门工作的新局面。处所长对主管院长负责，副所长对所长负责。主管院长可以直

① 《纺织工业部纺织科学研究院院刊》（建院三十周年特辑）。1985 年 12 月，内部资料。

接检查了解各单位工作和工作人员的情况，但不应该越过处所长直接指挥，各单位工作人员可以越级向上反映情况，但不应该越过处所长直接向主管院长请示工作，要求解决问题。

在改革中，因为北京化纤机械厂是自1984年8月1日才收归纺科院的，其性质和任务将由单纯生产性转换为科研实验为主的工厂，实行厂长负责制，独立核算自负盈亏，拥有比研究所室更大的自主权。为了逐步实现全院的统一管理，提高工作效率，减少机构和人员的重复设置，部分机构将逐步调整合并。当时，由于院和厂的体制不同，在计划经济体制下形成的职工福利待遇差别比较大，调整合并后涉及不少具体问题，梅自强指示有关部门要在做好思想工作的前提下解决好具体问题。合并要有利于科研和生产，有利于提高工作效率，方便职工生活。

到1984年底，在梅自强上任半年之后，改革已经被全体员工所认同和接受，纺科院重新焕发了勃勃生机。

试水科研体制改革

1985年初，梅自强提出了纺科院1985年到1990年的五年发展规划。在工作报告中，梅自强写道：

> 根据党的十二届三中全会的精神，纺科院改革工作的安排和设想以及今后若干年内的奋斗目标如下：纺科院各项工作的改革坚持以科研为主的方向，坚持把承担国家和纺织部下达的重大科研项目放在第一位，同时通过成果转让、技术服务、新产品试制以及中试生产等增加收益，在科研工作中，利用对外开放的有利条件，通过和国外的技术交流、合作科研等途径，吸收国外的先进技术，提高科研工作的起点。[①]

① 梅自强：建院三十周年的回顾与瞻望。《纺织工业部纺织科学研究院院刊》（建院三十周年特辑），1985年12月，内部资料。

当时，担任院长的梅自强也面临巨大压力。据1984年底的统计，纺科院承担的全部科研任务中，国家和部下达的课题分别占75%和88%。这些课题大部分将于1985年结束。1986年以后的科研选题急需抓紧调研，组织落实。为此，他组织人员围绕纺织部1984年6月在上海召开的科技进步会议上确定的20项重大科技开发项目进行了调研工作。其中有一些项目已经落实，但大多数项目要继续做工作，争取列入纺织部的计划。梅自强强调，科研是主要任务，纺研院的各研究所室都要把主要力量放到科研工作上来，特别是要放到承担重大课题的科研工作上来。从1984年开始，国家和部委的科研项目已开始采用招标、择优的办法，竞争是十分激烈的。梅自强认为这是好事，只有竞争才能使人振奋精神，发挥纺科院的优势和长处，提高竞争能力，才能力争多承担一些课题。

此外，他还认为，纺科院应该以一定的力量，开展基础性的工艺理论研究，方向性课题的探索研究，软科学技术的研究，为纺织工业的长远目标服务。

同时，针对行业发展的需要，纺科院还要组织力量，努力做好纺织部下达的为全国纺织工业服务的各项工作任务，如标准、计量、测试、质量检测中心筹建、计算机中心筹建等。

在梅自强领导下，当时纺科院和国际上的合作交往已逐渐增多，因此，利用各种渠道。吸收国外先进的科学技术和管理经验，开展学术交流和培训技术人才，也成为梅自强工作的重点。他通过有目的地选聘国际和国内的专家，帮助纺科院搞好科研选题。

在科技体制改革中，梅自强也感到了经济效益考核的压力。他在督促大力开展各项科研工作的同时，组织力量，积极做好科研成果推广应用工作，开展技术咨询服务等活动。梅自强多次在单位会议上强调："做好科研成果推广应用工作是十分重要的，不仅是为了增加收益，更主要的是为了贯彻科技面向经济建设，为经济建设服务的方针，也是对我们科技工作成果和效益的检验。"①

① 《纺织工业部纺织科学研究院院刊》（建院三十周年特辑）。1985年12月，内部资料。

为了加强这方面工作，梅自强在院办计划组的基础上成立了计划处，负责全院科研、生产和基建计划的组织、实施、协调、平衡。计划处负责组织科研成果的审查、鉴定以及成果奖励制度的制订和执行，负责成果的推广应用、技术服务的归口管理；还负责归口管理化纤机械厂的生产、科研和基建计划等工作，促使纺科院从科研型向科研经营型转化。

在一系列措施实施后，1984 年纺科院和各地签订的成果转让和技术服务项目共 25 项，收到了较好的经济效益。

在梅自强任院长时，纺科院有科技人员 345 人，约占全院职工总人数的 53.7%（不包括化机厂），这个比例是不低的。其中 1979 年以后分配来院的研究生、大学生 170 人，占全院科技人员的 49.3%。这些年轻技术人员正处在出成果和将要出成果的最佳时期，梅自强觉得应该为他们创造条件，关心和帮助他们在科研工作上迅速做出成绩来。另外，梅自强要从他们中间培养造就一批学科带头人和科技工作骨干，培养和造就纺科院各级领导班子的接班人，认为他们是纺科院的希望和未来。

为此，梅自强在院务会上提出："在人才培养方面需要抓紧解决好的问题，是要挑选那些有高度政治责任感和强烈革命事业心的青年同志到科研、生产、后勤和政治工作第一线去挑重担受锻炼，积累经验，并从他们中间培养造就学科带头人，选拔各级领导班子的接班人。""根据全院各研究所室的方向任务，确定各单位的编制和人员，并相应地调整和组织好各单位的人员结构，主要是专业结构和高中低人员的配套结构。""按照业务处室的机构设置和职责分工，定编定员，组织好一支精干的、熟悉业务的、具有一定专业知识的政工和业务后勤班子，现有科研管理、基本建设、生活后勤、政治工作的队伍要逐步调整充实。"①

在梅自强领导下，纺科院对职工出国进修培训、考研究生、博士生、业大、电大的学习等做了一些规定，并在实际工作中得到了认真贯彻执行。梅自强说，"对各类人员的培养，一是要注意挑选符合条件，二是要注意学用一致，学以致用，引导科技人员把精力放到科研和生产业务工作

---

① 《纺织工业部纺织科学研究院院刊》（建院三十周年特辑）。1985 年 12 月，内部资料。

上来。”

同时，他还关心并且推动办好在职的、以业余为主的各种学习班，如为非纺织专业人员办的纺织基础知识学习班，继续办好各种文化班和外语进修班，提高教学质量，重视实际效果。对自学成才的各类人员，安排他们适当的工作岗位，发挥他们的专长。

经有关部门批准，1985 年，纺科院招收了第一批研究生。

1984 年 8 月 1 日，北京化纤机械厂并入纺科院，梅自强称这一事件是“纺科院发展的良机”。他在给纺织部有关领导的汇报中写道：

> 全国纺织工业技术进步会议提出要建设一批具有开发能力的科研基地和一支较强的技术力量。为了实现纺织部领导提出的把纺科院建成纺织工业科研队伍中的“国家队”的要求，纺科院要成为和国家队的要求相适应的，面向全国，为全国纺织工业技术进步服务的综合性科研基地。北京化纤机械厂并入以后，为统盘规划，全面安排，加速纺科院的建设创造了条件。

纺科院的建设规模、建设进度和建设内容已经根据我们承担的任务，职责范围确定。经过多次研究、反复修改，已经起草了 1990 年纺科院建设规划初稿，大致的内容如下：

合纤所以联合国工发组织援建的内容和要求为基础，结合承担的科研任务，少量填平补齐，从事合纤产品开发和工艺技术研究。

纺织所，包括棉、毛和化纤的纺织、针织、印染、整理，以产品和开发为主，结合开展工艺、技术和设备的研究。

标准所（测试中心），承担纺织基础标准和方法标准归口管理和研究工作，参加国际标准化组织的活动，积极采用国际标准，承担纺织计量管理工作。在此基础上，筹建纺织工业质量检测中心。承担配合全院科研工作的测试任务和全院仪器维修工作，在保证维修任务前提下，开展结合科研的仪器研制，开展大型仪器在纺织工业上应用的研究工作。

自动化所（计算机中心），承担合纤、纺织、印染生产过程自动化的研究。负责筹建纺织工业计算机中心（包括纺织部计算机站）。

机电室：承担配合全院科研工作的机械电气设计任务。开展纺织、染整设备和仪器的研究工作。

技术经济研究室（规划处），承担全国纺织科技发展预测、科技规划和科技政策研究。开展纺织工业技术经济的研究工作。

为了承担以上各项科研和工作任务，应该建设一批具有先进水平的实验室、一个计算机站和三个附属工厂。现有实验室应该根据承担的任务充实提高，设置不当或使用效率不高的应进行必要的调整，加强仪器设备的管理，发挥仪器设备的作用。

三个附属工厂是：合纤印染整理工厂、棉毛纺织针织工厂、机械电气工厂。

合纤、印染、纺织、针织，所有生产和实验装置都应该尽可能地集中到工厂里去，有污染的实验室也应该设在工厂内。

三个工厂部应该根据实际需要逐步建设成为中试规模的实验工厂，工厂的管理体制要认真研究。

院和厂的职能处室（科）及生活后勤部门，应根据精干、提高效率的原则，逐步调整合并，实现全院的统一管理。①

20 世纪 80 年代是中国改革开放的初始阶段，是中国由计划经济，向市场经济过渡的开始，社会面临着巨大的变革，从意识形态到管理体制都处于一种“摸着石头过河”的状态。梅自强以一个出色的工程技术人员的角色一下子要转换成国家行业科研中枢的领导人，面临着巨大的压力和各种各样的不适应。据梅自强的女儿回忆：“父亲一生以事业为主，事业性极强。‘文化大革命’后回到纺织行业，仿佛是想追回失去的时光，印象中爸爸总是特别忙，步子走得亦很快，转战南北，出差尤其频繁，常常飞机火车下来，在家一个晚上，第二天又匆匆上路。记得刚搬回研究院的头些年里，忙到了新的高潮，白天忙，晚饭过后常常有院里同事来家谈工作、谈房子，总是谈到很晚。那段时间里，爸爸烟越抽越多，觉睡得越来越

① 《纺织工业部纺织科学研究院院刊》（建院三十周年特辑）。1985 年 12 月，内部资料。

少，皱纹多了很多，头发也白了许多。每天凌晨两三点醒来阅读材料撰写讲稿，久而久之成了习惯，常常每天工作十几小时。”[①]

1986年，在纺科院成立30周年大会上，梅自强满怀信心地把他就任院长以后纺科院的发展归结为六个变化：

（一）出了一批具有较高技术水平、较好经济效益的科技成果，对纺织工业的技术进步作出较大贡献。

（二）在合成纤维，棉毛纺织、针织、印染整理，化纤和纺织机械行业的产品开发方面，新工艺、新技术、新设备研究方面，在标准工作和测试技术的应用与研究方面，计算机应用和软件开发及纺织工业自动化研究方面，基础理论和技术经济研究方面打下较好的基础。在这些学科领域内，涌现出一批有成就、有影响，能推动这些学科发展的带头人，拥有一批政治素质和业务水平都比较好的科技骨干。

（三）与国际上的科研合作有较大进展，在吸收国外先进技术，提高我国科研水平，培养科技人才等方面收到较好的效果。

（四）在实践中摸索出一套科学的管理工作经验，全院管理工作走上正轨，出现一个工作效率高，协作配合好，刻苦钻研，勤奋工作的新局面。

（五）全院实现统一领导，统一管理，建成合纤、纺织印染、机械电气三个实验工厂，一个计算机站和一批具有先进测试仪器和实验手段的试验室，满足全院科研工作的需要，并能提供较好的经济效益。

（六）精神文明建设收到显著的成效。

梅自强的总结赢得了全院职工热烈的、长时间的掌声。按市场经济规律办事，引入竞争机制，抓住改革这个“牛鼻子”，有了大家一致认可的奋斗目标和长远规划，纺科院的建设和发展蒸蒸日上，员工的收入也不断提高。

---

① 梅昉：我的父亲。2014年，未刊稿。资料存于采集工程数据库。

科研情结

"说实在的，我更愿意做实验，搞科研。那时，我看准了一个课题，就是测量纱条均匀度的条干仪，当时国际上只有一家瑞士工厂独家生产，我们曾通过各种方式想与之合作，但始终没有成功。"20多年后，梅自强对《经济日报》的记者这样评价他当院长的工作经历。①

梅自强所说的他看中的课题，就是研制国产的纱线条干仪。

纱线条干，是纺织业的专业术语。条干均匀度，是指纱线、棉条或粗纱沿轴向粗细或重量的均匀程度，通常用变异系数（标准差不匀率）CV%值表示。

纱线条干的均匀度对纺织品质量会产生较大的影响。如果细纱条干不好，纱线的强力降低并影响织物的强度。用不均匀的细纱织造时，在织物上会出现各种疵点和条档，影响织物外观质量。在针织生产中，细纱条干不匀或存在纱疵，会使正常的成圈过程受到破坏，有时还会引起断针。细纱条干不匀会使纺纱和织造的断头率提高，降低劳动生产率。

形成纱线条干不匀的原因很多，主要有以下三种：一种是随机不匀。由于纤维随机排列而产生纱条不匀——根据短纤维纺纱原理，随机排列的纱条具有一定的不匀率，数值与纱条截面中平均纤维根数的平方根成反比，纱线截面纤维根数少时随机不匀将增大。一种是牵伸波不匀。由于纺纱工艺参数选择不良而产生纱条不匀，例如牵伸机构隔距、加压等工艺参数选择不当，造成对纤维运动控制不良，就会产生粗节细节现象，形成粗细不匀。还有一种是机械波不匀。由于纺纱机械缺陷所产生的纱条不匀，如罗拉或皮辊偏心、齿轮缺损等，会使纱条产生明显的周期性不匀，常呈粗细起伏的波浪变化。

条干均匀度是评定纱线质量的重要指标之一，它不仅对纺织品的外

---

① 姜范：愿织桑麻成彩霞。《经济日报》，2009年9月6日。

观和内在质量具有决定性的作用，而且还直接影响纺织生产过程的稳定性。因此，条干均匀度的分析和测量对纺织品质量的控制和提高具有重要意义。

对于纱线条干均匀度的分析，从20世纪30年代以来一直是纺织业的一个热点课题，各国的学术界先后提出了不匀率系数，变异系数、不匀率指数、变异长度曲线、波长谱、自相关函数等描述纱条不匀的指标，并随之产生了相应的测试方法和设备，应用这些方法和设备提高纱线质量，是条干均匀度实践的一个主要内容。

在乌斯特公司发明条干仪之前，一百多年间，世界范围内的纺织企业测试条干均匀度的主要方法有测长称重法和目光检测法，测长称重法也叫切段称重法，可用于各道半制品和细纱，目光检测法也叫黑板条干目测法，主要用于细纱。这两种方法的共同问题是人为因素的干扰和影响较大，不同的操作者的结论差异较大。其中测长称重法是将定长切段的纱线经过烘干后称重，再与标准进行比较，操作烦琐复杂，耗费时间较长。

20世纪40年代，瑞士乌斯特公司发明了电容式的条干仪，不久就被国际上发达国家的纺织企业用来分析棉条、粗纱和细纱的条干不匀率。50年代，乌斯特公司发布乌斯特统计值，开始提供不同纺纱系统棉条、粗纱和细纱不匀率的世界水平的比较数值。各国纺织企业用这些统计值衡量自己的产品与世界水平的差距，而下游的用纱单位则用该统计值评价纱的质量水平和适用性。条干均匀度成为国际公认的评价纱线质量的主要指标，乌斯特公司生产的条干均匀度测试仪成为国际上独家生产的垄断产品。

真正让乌斯特公司条干均匀度测试仪成为国际上纺织品质量检验独家霸主的原因主要有两个：一是60年代应用随机过程理论和纱条数学模型的建立，对条干均匀度的理论和实践以及测试仪器的研制都具有重要的指导意义。这方面所进行的具有代表性的工作是1961年Rao在*JTI*上所发表的论文，该文在Martindale的基础上给出了理想纱条的严格数学定义和相应的数学模型，并导出了理想纱条的谱密度公式。二是乌斯特公司借助全球纺织品自由贸易的优势，长时间建立的乌斯特统计公报制度。

每隔几年，乌斯特公司就会利用测试仪器对世界各地的纤维、半制品、细纱进行测试，然后进行数据整理、分析，并将测试结果的统计值予以公布，这就是乌斯特统计公报。乌斯特公报反映的是当今世界上各参评国家纺纱企业的技术水平，而其他企业也可以对自己的产品进行测试，将测试的数据与乌斯特公报所反映的数据进行比较，从而确定一下自己技术水平的“位置”。例如，通过对比 1997 年的乌斯特公报与 2001 年的乌斯特公报就可以发现，2001 年公报所反映的数据要比 1997 年所反映的数据在 CV% 值、CVM% 值上要小一些。这说明世界纺纱企业的技术水平在进入 21 世纪后从整体上来说上了一个新台阶。

我国自 50 年代开始研制条干仪，未能成功。改革开放以来，纺织品开始大量进入国际市场，纺纱厂急需的条干仪只能依赖进口。当时，乌斯特条干仪的进口价格是每台 5 万美元以上。

而纺织品的出口被发达国家垄断，要求出口的企业及产品提供乌斯特数据，对“文化大革命”后恢复正常生产的中国纺织企业来说，昂贵的仪器买不起，送到香港等地检验的费用大大增加了产品的成本。在发达国家共同形成的技术壁垒目前，梅自强下决心要攻克难关，让中国纺织业的质量控制水平迅速接近或者达到世界先进水平，为中国纺织工业今后的发展构筑一个起飞的平台。

1981 年 10 月，纺织工业部生产司在陕西省咸阳市召开电子清纱器使用经验交流会，现长岭纺织机电科技有限公司的前身、电子工业部下属的 782 厂，即擅长雷达制造的军工企业“长岭机器厂”厂长姜忠序找到梅自强，要求他为该厂推荐一个“军转民”产品。梅自强在详细了解了该厂的情况以后，建议他们研制条干均匀度测试仪，发挥军工企业人才、技术、开发能力、质量保证体系等方面的优势。姜忠序认真考虑了梅自强的建议，亲自带队对国内外条干仪研制和使用情况作了详细调研，并多次和梅自强商讨研制计划。

1982 年 10 月梅自强任纺科院副院长后，牵头组织纺科院和长岭机器厂合作，经酝酿协商，在吸收瑞士、日本等国外先进技术的基础上。研制国产条干仪，以达到乌斯特条干仪同等性能水平、替代进口为目标。长岭机器厂聘请梅自强为该厂“高精度纺织电子仪器研制生产基地”的总技术顾问，圆了他重返科研岗位的梦想，纾解了他浓浓的“科研情结”。

国产条干均匀度仪研制工作很快得到国家有关部门的支持，列入了纺织部“六五”攻关新产品试制计划，并且申报了一个技贸结合项目，一次性引进乌斯特公司50台条干仪。后来梅自强发现经过电子部雷达局和纺织部机械局研究通过的条干仪总体设计方案，有可能不能完全取代进口。他曾先后三次去长岭召开研制三方工作会议，对总体设计方案做了重要改进，把波谱仪由原设计任务书规定的50个频道扩展为55个频道。虽然加大了研制工作难度，但为实现国产条干仪要达到乌斯特条干仪同等性能水平、代替进口的目标提供了保证。

1984年7月，国产条干仪设计任务书和选型总体设计方案通过了审查，研制工作全面展开。

原纺织部科技司副司长谢应安对条干仪项目的重要性和必要性有这样的评价：

“文化大革命”后，70年代末80年代初，改革开放以经济建设为中心，百业待兴，纺织工业作为传统产业承担了为国家整顿复兴积累原始资金的任务，急待打开国际市场。开发研制有自主知识产权的国产纱线条干均匀度仪，是提高我国纺纱技术水平和突破国际贸易壁垒的关键。国内虽早有研究者着手这项工作，但由于这种仪器的高科技特性，研制技术难度较大，加之“文化大革命”的干扰破坏，进展不大。梅自强在分析了各方面情况后，敏锐地看到条干仪研制的难度在于行业本身的技术局限，提出要利用我国军工企业的高科技优势，用军民结合办法攻关。他任中国纺织科学研究院院长后，随即组织研究院与西安的陕西长岭机器厂（雷达军工企业）合作，由他担任技术总顾问。这个项目列入了纺织部科技攻关计划，历时三年，于1986年年底研制开发成功并通过了由有纺织部和电子部组织的联合鉴定，随即批量投产，装备于各纺织企业和科研单位，这就是著名的国产 YG131 条干均匀度仪。[①]

国产条干仪

纱线条干均匀度仪之所以引起梅自强特别的关注，一方面是由于当时我们国内纺织企业在产品出口方面因为缺乏仪器数据而面临外方蓄意压价的窘境；另一方面是这项科研工作不同于传统纺织领域的项目，它需要高技术领域的知识结构，对于一个科技人员来说，后者的诱惑显然是不可抗拒的。

当然，最重要的原因是知识分子的爱国情怀，以及对技术垄断的一种强烈反感。梅自强说："大家都认同乌斯特测试仪，认为这就是不可改变的。但我不这样认为，我们要敢于挑战权威，敢于问为什么。我觉得，乌斯特测试仪价格多年来居高不下的原因就是缺乏竞争。如果我们能够生产出质量好而价格相对便宜的测试仪器的话，这将对乌斯特形成一个不小的冲击，对国内纺织企业来说绝对是一件好事情。"[②]

国际上纱线条干均匀度仪有两种类型：电容式和光电式。电容式是以空气电容器作为检测器，利用纤维材料介电常数大于空气这一特点，使纱条通过金属极板之间的电场引起电容量发生变化，其变化量与纱条截面的纤维量基本成正比。这种方法不受纱条截面形状的影响，然而纱条本身含水率的不均匀，以及混纺纱条的混纺比不匀等，都将影响结果的准确性。

光电式是利用一束光线将纱线投影在光电接收器上，从而输出能代表纱线粗细程度的电信号。该方法简单易行，并且不受纱线本身参数的影响。缺点是在整个纺织过程中只能对细纱进行检验，受外界影响较大，特

① 谢应安：梅自强学术成就和他对我国纺织科技进步的贡献。2014 年，未刊稿。资料存于采集工程数据库。

② 姜范：愿织桑麻成彩霞。《经济日报》，2009 年 9 月 6 日。

别是由于纱线本身的截面并非圆形，因此精度较低。

梅自强领衔攻关的纱线条干测试仪，是根据乌斯特的样机，并借鉴了日本的同类产品，是一种电容式测量纱线条干均匀度的仪器。其原理是让纱线以一定速度从平行板电容器极板间通过，由于纱线单位长度的质量（线密度）变化而引起电容的介质变化，进而引起电容量的变化，电容量的变化即反映出纱线条干的不匀程度。

众所周知，用两块平行的、相对的金属板可以构成一个电容器，其电容量大小与两块金属板之间填充的介质的介电常数有关，还与两块金属板正对的实际面积以及两块金属板之间的距离有关。如果将两块金属板面积和金属板之间的距离固定，电容量仅随两个极板之间填充的介质变化而变化。让纱线从两块极板之间通过，那么纱线线密度的变化就会引起电容量的变化。这就是电容式条干仪测试原理的理论基础。

当然，在条干仪设计制造时，为了保证一定的介质填充系数，提高信噪比，降低温、湿度的影响等，在电容极板设计及检测电路的设计上进行了一系列仪器化的处理。比如，由七块或五块极板构成五个或四个检测槽；极板面积和间距不同，分别适应不同试样品种和号数；将检测电容接入电桥电路的一个桥臂；电桥采用高频振荡电路供电；电容极板采用陶瓷封装等。梅自强对总体设计方案新做的重要改进，是把波谱仪由原设计任务书规定的 50 个频道扩展为 55 个频道。虽然加大了研制工作难度，但为实现国产条干仪达到乌斯特条干仪同等性能水平、代替进口的目标提供了保证。事后大量实验数据表明，增加频道可以有效地提高仪器的灵敏度，国产条干仪在灵敏度方面要优于乌斯特的样机。

1983 年 9 月，长岭机器厂、纺织工业部纺织科学研究院、陕西省纺织工业公司联合向纺织工业部上报项目建议书，请求承担条干仪的研制和生产任务。1984 年 1 月，受纺织工业部委托，组成国产条干仪联合研制小组，共同承担条干仪的研制工作。纺织部以（84）第 2 号文件下达了新产品试制计划，明确由长岭机器厂负责制订条干仪技术引进和总体设计方案，并承担产品的设计与制造和最终调试以及国产化工作。长岭机器厂一手抓引进，一手抓研制，在深入分析国外同类产品的基础上，吸取其优点，明确总体设计方案，制订出具体的实施和攻关计划。他们从瑞士乌斯特公司引进 UT-IB 型条干仪的测试技术及少量散件，并结合日本 keisokki 公司的 KET-80B 型条干仪的多微机并行数字处理技术，研制具有中国特色的条干仪。

历时 3 年的研制，第一批 3 台国产 YG131 型电容式条干均匀度测试仪诞生。YG131 型条干仪综合了 UT-IB 型条干仪和 KET-80B 型条干仪测试性能、功能的优点，采用了多微机并行处理技术。整套测试仪器由检测分机、控制仪、波谱仪、纱疵仪、打印机、条形记录仪、纱架附件组成。被测试样在罗拉牵引下以设定的速度通过检测电容器，其单位长度的质量变化被转换成相应的电信号。该电信号经预处理单元处理后，分送不匀率计算单元，波谱仪、纱疵仪和不匀图形记录仪及不匀率指示电表。处理单元将测试结果依次送数据综合处理单元，经过进一步处理汇总后送打印机打印输出。同时，不匀图形记录仪记录了纱条通过检测电容器时每个瞬时的不匀曲线图。该型仪器可对每个批次 30 个纱样连续测试，提供每个纱样的不匀曲线图、波谱图，测试结束后，打印机自动打印该批次测试所测得的不匀率的总值、平均值、极差、疵点总数、平均值数、极差和 1000 米疵点数等统计处理结果。

1986 年 6 月初，纺织部委托以西北纺织工学院院长姚穆教授（2001 年当选为中国工程院院士）为首组成的部级考核组，在西北纺织工学院对 YG131 型和乌斯特 UT-IB 型样机进行为期 3 个多月的直接对比试验。试验采用“上下迭置”方法，从全国各地抽调 9 位经验丰富的操作人员采集 15 个纱线品种，5000 管之多的纱样，试验用纱量达 180 公斤，测取 35 万多个数据，对比数百份波谱图。经过大量的数据处理，最后得出对比考核结果。

1986 年 11 月 26 日，YG131 型电容式条干均匀度测试仪正式通过由纺织工业部和电子工业部共同组织的鉴定，专家组认为，YG131 型条干均匀度仪 CV% 值及波谱图等主要指标达到了乌斯特 UT-IB 型条干仪的水平，除具有 UT-IB 型条干仪的功能外，还具有自己的特色，在某些性能和功能上超过了 UT-IB 型的水平，符合纺织工业的使用要求，可与 UT-IB 型条干仪等同使用。结论为:“达到国际先进水平”“建议批量投产”。

1986 年，该课题被评为中国纺织科学研究院科技进步一等奖。

1988 年 7 月获国家经委技术开发优秀成果奖。

1990 年 7 月获国家科技进步二等奖。

YG131 型条干仪于 1986 年年底进行批量生产并投放市场。1990 年，长岭机器厂根据该型条干仪用户提出的改进和完善建议，对该型条干仪的早期产品在硬件电路不作任何改动的情况下，更换机内 EPROM 芯片，对条干仪进行测试功能扩展。此次软件升级完善了条干仪的自检功能，增设了平均值 AF 和支数变异系数 CV（AF）的计算功能，增设了批次测试数据所得 CV 值、疵点数、DR 值、AF 值的置信区间 Q95%，波谱通道由原来的 55 个增加到 60 个，波长分析范围由原来的 1cm—46m 扩展到 1cm—92m，并能在仪器断电或第二个批次开始测试前任意复制批次统计报表。扩展后的 YG131 型条干仪的综合性能指标得到提高和完善，其中某些技术指标是后来瑞士乌斯特公司的 UT-3 型条干分析仪才具备的。

国产条干仪的技术发展虽然起步较晚，但有后发优势，在纺织电子测试仪器研制开发领域走出了一条技术风险较低、经济投入较少、效益获得较高的发展之路，形成了自己的特色和优势。

梅自强领衔领导的国产纱线条干均匀度仪的研发项目，在今天看来仍有重要意义：一是将中国纺织工业的产品质量检测方法及检验体系从沿用 100 多年前的老方法、旧体系一下子提升到与国际先进技术相差无几的水平。二是解决了当时军工企业的转轨变型的难题，使长岭机器厂成为“军转民”的成功案例。三是开拓了用高新技术武装和改造传统行业的思路，让基础面庞大、工艺流程冗长、技术要求多样化、数量众多的传统产业成为我国应用高新技术产品的新领域和新市场。四是开创了自力更生发展我国纺织质量控制体系和质量监测产品的道路，自 YG131 型条干仪研制成功后，我国逐渐研发了从纤维到服装的各类各种纺织品质量检测系列产品，形成了一批骨干企业、一个产业和一个稳定的市场。

第七章
大国之梦

1971 年，周恩来在接见美国朋友斯诺的时候宣布，1970 年中国的棉纱和棉布的产量超过了美国，位居世界第一。这是中国自 1959 年以后，国家对外公布的第一项重要工业品产量统计数字，当年全国棉纱产量为 1131 万件。

1978 年，党的十一届三中全会召开后，中国进入改革开放的高速发展时期。从 1978 年到 1981 年，纺织工业生产总值平均每年增长率达 18%以上。1981 年全国棉纱产量达到 1763 万件，比 1978 年增长 33%。棉布产量 1981 年达到 142.7 亿米，比 1978 年增长 29%。1981 年全国人均棉布分得量为 14.26 米。与 1976 年相比较，在全国人口增长 6.8%的情况下，人均棉布分得量增加了 4.8 米。市场棉布供应不再短缺，而变得相对充裕。

取消布票

中国从 1954 年起对棉布实行票证供应的办法，在供应不足的计划经济条件下，布票可以保证老百姓生活的最基本需要，防止不合理的分配和消费，但也给人民生活带来了限制和不便。从新中国成立起的许多年，纺织系统从上到下都在竭尽力量增产更多的纱布和各种纺织品，为敞开供应创造条件。

70 年代初期，在一次编制国家长期发展计划纲要时，纺织部有关领导曾打算把“取消布票，敞开供应”作为一个努力目标提出来，但是国务院领导表示，这个问题影响较大，等到条件更成熟后再提出来比较妥当。当时国家对这个目标的提出，以及能不能实现，考虑得非常慎重。①

1980 年前后，随着改革开放，纺织品生产大幅度增长，特别是化纤纺织品的迅速发展，使城乡市场纺织品供求关系发生了根本变化，纺织品在总量上已经能够较好地满足人民的基本需要。

1983 年 12 月，根据纺织工业部和商业部的共同建议，国务院决定从 1984 年起，全国取消布票。这是纺织工业在解决人民穿衣方面取得的一个重要的标志性成果，也是计划经济体制下形成的票证制度中第一个被取消的重要票证。

从十一届三中全会开启改革开放算起，在近百万人的科技队伍和一千多万人的产业大军的共同努力下，为解决中国这个人口大国“人民衣被甚少”问题，奋斗了 5 年，取消了布票，接着又奋斗了 10 多年，到 20 世纪末，中国的纺织工业成为率先跨入世界先进行列的产业部门之一，使人民群众衣被消费成了中国社会“衣、食、住、用、行”五大民生问题中解决得最早、最好的一大项。正如原全国政协副主席、国家计委主任陈锦华在 2000 年所说:“现在我国人民基本生活所必需的衣、食、住、用、行五个方面，穿的方面是解决得最好的。”②

2001 年，中国加入世贸组织后，纺织工业成为中国参与经济全球化的一个重要行业，成为中国实体经济中具有国际竞争能力、创造最多国际贸易顺差的一个部门。

---

① 吴鹤松、陈义方、张国和、薛庆时、王烈、王福葱:《钱之光传》。北京：中共党史出版社，2010 年，第 386 页。

② 同①，第 2 页。

纺织部科技委

1987年3月17日，纺织工业部科学技术委员会在北京正式成立。科技委主任由纺织部副部长何正璋[①]兼任，第一副主任由梅自强担任。纺织部领导在科技委成立大会上指出，纺织工业要发展，科学技术一定要跟上，特别要加强决策的科学性。为了实现2000年纺织工业科学技术发展纲要提出的目标，改变我国纺织工业生产技术面貌，科技委将在部党组的领导下，贯彻“双百”方针，广开言路，集思广益，走技术民主之路，做好纺织科学技术方面的咨询和参谋工作。

纺织部领导指出，根据当前国际纺织科学发展趋向，结合我国纺织工业的实际，科技委将在1987年通过调查研究，着重对棉纺、机织、印染后整理、机电一体化等领域的技术发展方向，以及需要研究解决的技术关键问题，提出意见和建议，供部领导决策参考。

梅自强在自己的笔记中，对纺织部科技委的工作任务有如下总结：

> 部党组在成立科技委的决定中明确规定：科学技术委员会是部长领导下，对纺织工业科学技术发展的方针、政策及重大科研问题进行咨询、参谋的组织。其主要任务是：对纺织工业科技政策、技术法规、科技发展方向等进行研究，并提出意见，供部领导决策时参考。我要认真执行部党组的决定，结合各阶段纺织工业的形势和任务，调查研究，为振兴纺织工业建言献策。

80年代末，刚刚实行改革开放的中国百业待兴，财政及外汇收入甚

① 何正璋，1927年12月出生，上海市人。1945年加入中国共产党，1948年毕业于上海南通学院纺织系。曾任中共华东区委一分区口岸交通站负责人、上海市委组织部干事。新中国成立后，历任上海国棉二厂副总工程师，上海市纺织工业局处长、副局长，上海市经委副秘书长，纺织工业部副部长，中国纺织工程学会第四届理事长，《中国大百科全书·纺织》编委会副主任。

少，中国纺织业靠产品出口成为中国外汇收入的支柱产业，因为原材料自给自足以及设备国产化率很高，所以出口净创汇能力强，约占当时全国各行各业总额的三分之一到一半的水平。对于这样一个被誉为“摇钱树”的行业，国家的投入和扶持却相对较弱，因此，业内有人戏称中国纺织业对外是“摇钱树”，对内是“苦菜花”，行业结构调整势在必行。

1987 年，梅自强率中国纺织工业代表团去巴黎参观第 10 届国际纺织机械博览会，他感到，在电子化和信息化的浪潮中，发达国家普遍进行了“第三次工业革命”，而我国由于“文化大革命”的影响和破坏，明显地落后了。在 50 年代和 60 年代，经过两代科技人员的努力，曾经被缩小的差距又被拉大了，而且，进入 80 年代后，我国纺织工业的技术水平和国际上的差距不是在逐年缩小而是继续拉大。梅自强认为科技上不去，听任我国和国际上纺织技术的差距不断扩大，那么要不了几年，就有可能导致我国纺织品在国际上的竞争能力越来越小，而不得不再次引进技术和设备，走大多数发展中国家“引进—落后—再引进—再落后”的老路。

他广泛收集资料，调查研究，发表了“国外棉纺织技术发展趋向和我国棉纺织工业的技术进步”一文，提出了“棉纺织工业技术进步的重要性、紧迫性和对策”的建议，指出：棉纺织工业的技术进步，应以提高产品质量，增强产品竞争能力，提高劳动生产率为目标，以发展清梳联合机、精梳机、自动络筒机和无梭织机为重点，集中力量，把棉纺织生产的工艺技术装备水平搞上去。

时任纺织工业部科技司副司长的谢应安回忆：“上个世纪 80—90 年代，是我国纺织生产和技术迅猛发展和变革的年代。在产能急剧扩大，劳动生产率和质量水平急待提高的形势下，纺织工业部在‘六五’‘七五’和‘八五’三个五年规划期间，进行科技攻关，辅之以引进技术消化吸收，组织研制开发了一大批技术含量高的纺织加工关键设备，使我国纺织设备配置和制造水平向国际水平靠拢，大大改变了我国纺织工业的技术面貌。这期间，梅自强作为部科技委的负责人，带领纺织部一批老专家组织多次调研论证和学术研讨，为纺织工业技术水平提高献计献策。当时对于用高科技改造传统产业具体到纺织行业应该抓些什么是有不同看法的。梅自强明确提出了我国棉纺织设备的技术进步以开发研制清梳联合机、精梳机及自动络筒机和无梭织机为主攻方向。这是他实事求是地分析了国内外技术现状和发展方向后对棉纺织加工链整体进行技术思考所得出来的科学结论。清梳联、自动络筒机和无梭织机是解决传统工艺的用工多、劳动强度大，产品质量品种受限的关键，而精梳机则是纺织产品上档次的关键。这个意见，我记得是梅自强在一次部务会议上首先提出的。后来形成了论证咨询意见和战略研讨论文等，多次在各种场合向有关各方面（包括主管行政机关和科技开发部门及企业）提供意见，以各种方式促进其实施。这在纺织部的设备科技攻关、引进技术消化吸收以及技术改造规划和实施中均有所体现，对纺织装备整体上水平起了重要作用。”①

谢应安所说“当时对于用高科技改造传统产业具体到纺织行业应该抓些什么是有不同看法的”，是业内针对高科技“后工业”时代条件下，中国纺织工业在技术和产品发展道路方面的一场争论。

80年代，随着中国的开放，我国与国际科技界的交流大门突然洞开，因计算机技术的应用而升级换代的国际纺织新技术让中国的纺织专家们大开眼界。一些专家出于对高科技的青睐，特别注重国外新型纺纱技术，认为新型纺纱技术具有颠覆传统纺织的作用，是我们应该奋起直追的方向。一些专家基于国外方兴未艾的产业用纺织品的兴起，提出了对中国纺织工业的产品结构的担忧，认为发展产业用纺织品才是纺织今后的方向。这些专家的意见都具有前瞻性，但是都对我国人口众多、纺织产业基础庞大的现实相去甚远。而梅自强提出的我国纺织技术进步以开发研制清梳联合机、精梳机及自动络筒机和无梭织机为主攻方向，是他作为一个资深的纺织专家，在实事求是地分析了国内外技术现状和发展方向后，对棉纺织加工链整体进行技术思考后所得出来的科学结论。

除了对四种关键装备的引进、消化、吸收、再创造外，对现有棉纺织企业的技术改造，梅自强提出：“应该有重点、分层次地进行。所谓有重点，就是首先安排出口产品基地，大中型骨干企业的技术改造，首先提高

① 谢应安：梅自强学术成就和他对我国纺织科技进步的贡献。2014年，未刊稿。资料存于采集工程数据库。

这些企业的产品质量，增强这些企业纺织产品在国外市场的竞争能力。所谓分层次，就是社会经济发展水平较高的地区和大中城市的纺织企业应采用更加先进的技术装备。”鉴于自动络筒机对提高产品质量，提高劳动生产率的重要作用，我国自动络筒机的研制工作几起几落难以过关的情况，梅自强通过调查研究，提出了“关于加快我国络筒技术改造的建议”，对自动络筒机和1332型络筒机的用工、工费成本、能耗、电费支出、回丝损耗等指标进行了具体分析，发表了“国外络筒技术发展趋向和我国络筒机的技术改造”一文，敦促有关方面“下决心，花大力气研制我国新一代自动络筒机，并实现批量生产”。

1991年9月何正璋因病逝世后，梅自强一直主持着纺织部科技委的日常工作，科技委的换届聘任由纺织工业部部长吴文英①直接负责。梅自强在常务副主任的位置上工作了五届，共10年。显然，梅自强兢兢业业的工作精神得到部领导的一致好评。他的建议得到了吴文英的支持，她认为这个建议是符合国情，具备兼顾基础建设和长远发展，最契合纺织工业战略目标的方案。这个建议后来经过纺织部党组和主要领导的总结归纳，在部委及行业内达成了共识，上报国务院后，在时任副总理朱镕基的大力支持下，实现了国家有计划地安排纺织工业的四个“重中之重”成套技术引进项目。

1991年12月，为落实国务院下达的纺织工业四个“重中之重”成套技术引进项目，纺织部成立了“纺织重大装备领导小组”，吴文英任组长，梅自强为成员之一。

1992年6月，在国家引进技术国产化“重中之重”专项工作中，梅自强在“自动络筒机和无梭织机引进技术与国产化总体方案”的评估论证中担任自动络筒机项目专家评估组组长，评估组提出了“自动络筒机和无梭织机引进技术与国产化总体方案”的评估论证，为引进技术国产化提供了决策依据。

---

① 吴文英（1932–2007），江苏省常州人，早年是常州大成棉纺织一厂工人、全国劳动模范。随后历任厂长、常州市纺织工业局副局长、中共常州市委常委等职。1983年调任纺织工业部部长。

自动络筒机和无梭织机引进技术、消化吸收国产化专项简称“两机”。为迅速提高我国纺织机械国产化水平，1992 年经国家批准在“49”亿专项中增列了“两机”专项，实际安排项目 21 个，总投资 14.874 亿元，其中贴息贷款 7.0823 亿元，人民币配汇贷款 5.9 亿元，使用国家结存外汇 1.58 亿美元。

参与制定纺织“八五”“九五”规划

梅自强在纺织部科技委主持日常工作期间，参与了国家“八五”（1991 年至 1995 年）和“九五”（1996 年至 2000 年）国民经济两个五年规划的工作。他分别于 1990 年、1997 年编写出版了《纺织工业“八五”科技发展战略研究》和《“九五”纺织科技发展战略研究》，受到国家有关部门及各地纺织工业主管部门和科技人员的好评和欢迎。

1990 年 1 月，梅自强在北京组织召开了中国纺织工程学会 1989 年全国学术年会。这是一次大型综合性学术讨论会。年会的中心内容是探讨“八五”期间纺织工业各行业科技发展方向和对策。全国各省、市学会和总会所属 15 个专业委员会经过一年多的精心筹备，向年会推荐了 90 余篇学术论文。来自全国各地科研、教学和生产第一线以及纺织部有关部门的专家、学者、教授、科技工作者二百余人参加了这次学术年会。经过大会论文宣读和 15 个专业小组宣讲讨论，与会代表对本行业“八五”科技发展的方向、目标、重点和政策措施提出了许多很好的意见和建议。经 15 个专业委员会组织专人分别归纳整理成 20 篇专业性材料。

梅自强具体参与了将这些材料汇集整理的工作，由他牵头，中国纺织工程学会学术委员会又对这些材料作了研究和修改，汇编成册在内部发行，供有关部门研究制定“八五”纺织工业科技发展规划参考。

出版于 1990 年 10 月的《纺织工业“八五”科技发展战略研究》共有 20 章，对中国纺织工业的现状及未来 5 年的发展做了翔实的论述。全书从化学纤维、棉纺、棉织、染整、毛纺织、麻纺织、丝绸、针织、服装、纺织装饰品（现在叫“家用纺织品”）、产业用纺织品、非织造布、纺织标准、质量检测、纺织机械、纺织器材、纺织生产自动化、纺织工程设计、空调除尘及纺织工业技术经济等方面进行了归纳整理，是一本指导性和实用性很强的文献资料。

值得注意的是，在20世纪80年代，以计算机为代表的第三次工业革命席卷全球，梅自强在《纺织工业“八五”科技发展战略研究》中编入了纺织工业技术经济方面的内容，强调科学技术进步将从根本上改变传统的纺织工业。

梅自强认为，人们对“科学”“技术”和“技术经济”这三个每时每刻都接触到的术语究竟有些什么含义以及三者之间的关系，在理解上是不尽一样的。而且很久以来，人们在各自的活动范围内赋予其各种各样的定义和解释。他试图在书中概述这三者的联系和特征，从而使业内技术人员在推进纺织工业技术进步方面有一定的规范和可供遵循的思路。

梅自强认为，科学是人类关于自然社会和思维的知识体系。科学的任务是揭示事物发展的客观规律，探求客观真理，作为人们改造世界的指南。每一门科学通常都只是研究客观世界发展过程的某一个阶段或某一种运动形式。

技术是指科学知识的实际应用。如科学家用量子力学的认识来描述原子结构，技术专家则把原子结构的知识用于开发原子能的利用。所以技术包括劳动工具、劳动对象和劳动技能。人们在长期劳动过程中积累起来的经验和知识，最终表现为物化了的技术（平时所称的“硬件”）和非物化了的技术（即所谓“软件”）。技术的高低在某种程度上代表了当时的社会生产力水平。过去人们把“硬件”技术的创造和应用看作是“技术”的主体，即所谓“装备技术”，从狭义上讲，就是各产业部门所指的“专业技术”。但是，随着人们知识领域的迅速扩大，“软件”技术的发展速度已经远远超过“硬件”，而且“硬件”技术往往要靠“软件”技术去支持和引导。

技术经济是用经济的眼光来观察在某种特定条件下技术的实用性和合

理性。因为技术和经济常常既相互依存又相互对立，如技术在推动社会生产力发展和繁荣经济方面往往起主导作用，但有时会遇到技术上可行、经济上不划算而不能实施的情况。所以在广大产业部门，往往把“投入—产出分析”作为评估技术可行性的一个重要标志。

梅自强提出，纺织工业是一门从事纺织品生产的工业部门，它既古老又充满生机和活力，是生产人类生活消费品中难以替代的产业部门。纺织工业技术是为推动纺织工业生产力发展的一门带有鲜明技术经济色彩的实用技术。它既继承了几千年人类文明史和荟萃纺织品技术的精华，同时又无时无刻不在吸收新的科学技术知识来充实其领域而取得辉煌成就。世界第一次产业革命就是从纺织业吸取蒸汽动力的成就而开始的，代表现代高技术的核心微电子技术已全面渗透到纺织工业各领域而使纺织工业面貌焕然一新。所以，纺织工业的专业技术源远流长，回顾过去和展望未来。世界纺织专业技术正在出现一个世纪性的变革时代。这个时代的到来同样是在世界高技术的浪潮冲击下而形成气候的。我们纺织技术工作者的使命就是紧紧跟踪这个时代潮流的新动向，把纺织工业生产推向一个新的高度①。

自1993年起，纺织工业部为制订“九五”计划和长远规划，通过部领导直接管辖的科技委和咨询委，组织专家，通过调查研究，收集大量资料撰写了一系列研究报告和建议材料。1996年，纺织工业“九五”计划获得批准执行后，梅自强将有关资料编纂成《“九五”纺织科技发展战略研究》，他在“编者的话”中写道：“进入20世纪90年代以来，我国社会经济发生了很大变化，纺织工业面临‘控制总量，调整结构，技术改造，深化改革’的艰巨任务。怎样提高我国纺织产品在国内外市场的适应能力和竞争能力，提高企业经济效益？怎样发挥科技是第一生产力的作用，使我国纺织工业克服困难，继续前进，开创新局面？这些研究报告虽然写于1993年和1994年，但对国内外纺织工业所作的分析、发展预测和我们应采取的对策，对研究我国纺织工业的发展仍有很好的参考价值。”

---

① 《中国科学技术专家传略·工程技术编·纺织卷1》前言。北京：中国纺织出版社，1996年。

当时中国纺织工业面临着两个重大的机遇与挑战，那就是加入世贸组织和完成自身的产业升级换代任务。针对这两个任务，梅自强在书中对中国纺织工业上新台阶的战略选择表达了自己的见解：“根据我国国民经济发展总体战略要求，结合我国纺织工业的具体情况，90 年代我国纺织工业必须从粗放经营为主逐步转向集约经营为主的轨道，也就是说，我国纺织工业要在保持适度增长的前提下，大力发展质量效益型、科技先导型的企业，走提高质量、优化结构、增进效益的发展路子。”

从纺织工业的现状和 90 年代的发展趋势看，要在继续过去行之有效的“四个结合”（即自主开发与引进先进技术相结合；重点技术改造与面上的技术改造相结合；开展群众性小改小革与推广应用科技成果相结合；淘汰更新落后设备与关键部件、关键机台的局部改造相结合）的过程中，突出技术改造，加大技术改造的力度，用新型的纺织技术装备和加工手段来改造现有的纺织工业和纺织机械工业，同时淘汰更新落后设备。第一步用三年左右的时间，把新中国成立前遗留下来的陈旧落后设备全部加以淘汰；第二步再用五年左右的时间，把 50 年代制造的设备和以后年代制造的一些非标准化设备分期分批加以更新改造。

90 年代，我国对外开放的地域不断扩大，形成多层次、多渠道、全方位开放的格局。我国恢复关贸总协定缔约国地位，给纺织进一步对外开放和扩大纺织品出口带来了新的机遇。梅自强提出要抓住这个机遇，充分利用国家和各地制定的一系列扩大开放的政策，积极组织招商引资，吸收和引进国外的资金、人才、先进技术以及先进的经营方式和管理办法，主要投向化纤、化纤原料等资金、技术密集型产业，投向纺织企业的技术改造，建立和加强有竞争力的出口基地。只要是引进当代先进技术装备，能够淘汰国内陈旧落后的设备，加快企业技术进步的，不论棉纺、毛纺、化纤三大能力，还是其他纺织行业，都应给予支持。积极利用外资，进一步发展“三资”企业。

梅自强与纺织工业部一批专家对纺织品的外贸管理体制改革也提出了许多意见。他们呼吁尽快建立适应社会主义市场经济发展的、符合国际贸易规范、并能对国际市场做出灵敏反应的，由政府、企业、民间参与的多元化外贸新体制，从而为我国的纺织品、技术、劳务参与国际交换和合作，也为外商按照国际惯例前来投资办企业创造良好的环境和条件。梅自强在建议中提出，关键是要自上而下地放权，推行代理制和承包经营责任制，有效地调动地方、外贸企业和出口生产企业多出口创汇的积极性和主动性。同时，要大力发展工贸结合、产销结合的外向型企业，特别是把有关的进出口权下放给有条件的生产企业和企业集团，允许他们直接同外商洽谈生意，自销产品，自找口岸联系对外业务，让他们直接参与国际竞争。在外贸体制改革的同时，还要改革纺织品配额管理办法。

现在重新审视以梅自强为代表的纺织专家们在二十多年前提出的建议，深感其准确及正确，也正是由于国家不断加大对纺织业改革的政策性支持，才成就了中国名副其实的世界纺织大国的地位。

要先进，找差距

梅自强在主持纺织部科技委工作时，非常注意对比国际先进水平来找到中国纺织的不足和差距。为此，他每年都不辞辛劳地率团出访国际性的展会和参加国际学术会议，回国之后总是亲笔撰写专题报告和文章，从专业角度介绍国际纺织新技术，并结合国内的实际情况发表自己的看法。

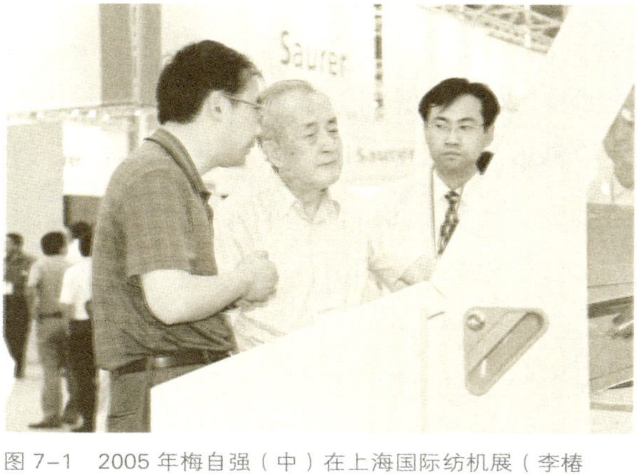

图 7–1　2005 年梅自强（中）在上海国际纺机展（李椿和提供）

据统计，梅自强在这段时间里发表的论文、考察报告、专题报告和建议材料有 40 多篇。这方面比较有代表性的，是他在跨入 21 世纪时为《中国纺织年鉴》撰写的《中国纺织工业发展报告》(下称《报告》),《报告》总结性地涉及了纺织行业科技进步各个方面的前沿技术。

在化纤生产方面，梅自强认为化纤生产向高速、大容量、短流程、连续化方向发展。聚酯缩聚装置已从80年代单线日产100吨提高到21世纪初的400吨甚至600吨。直接纺生产线年产量已经可以达到9万吨。长丝纺丝速度从每分钟3000米提高到6000米。高速卷绕头的速度可以达到8000米/分。化纤生产技术快速发展的重要原因是计算机技术广泛用于生产全过程的运行监测和质量控制，从而保证了产品质量，保证了设备高速运行，提高了劳动生产率，降低了产品成本。

化纤生产技术发展的另一方面是品种的迅速发展，纤维性能的不断改进。通过物理变形和化学改性改进了化纤的外观、手感、吸湿性和染色性。差别化纤维已经从90年代初的仿天然纤维发展到超天然纤维。细旦（旦，又称旦尼尔，英文译音词汇，纤度单位，1旦的粗细约为头发丝的1/10）纤维技术从涤纶、锦纶发展到几乎所有化纤品种。剥离法、海岛法复合纺丝技术的工业化使超细纤维形成了规模化的生产能力，涤纶剥离法可以纺制0.05旦的长丝。采用各种添加剂共混改性可以生产抗菌、远红外、抗静电、导电、阻燃、吸湿、防紫外线等功能性纤维。芳纶、碳纤维、超高分子量聚乙烯等高性能纤维已成为航天航空、能源、建筑、防护、过滤、汽车、海洋、农牧渔业以至文娱、体育等产业部门不可缺少的新材料。溶剂法纤维素纤维、聚乳酸纤维等新纤维的工业化生产被认为是21世纪纺织工业可持续发展的环保型纺织原料。不同纤维原料经过混合、复合、变形、纺织、印染、后整理加工，取长补短、优势互补，生产出品类繁多的纺织品。随着化纤品种的不断发展，多种纤维原料的混纺、交织已成为纺织品生产和纺织染整工艺技术发展的新趋向。

对传统的纺织加工，梅自强认为，国际纺织技术持续向优质、高产、自动化、连续化方向发展。发达国家以电子信息技术为主导，以新材料和高精度自动化机械加工技术为基础，运用光、机、电、气动、液压等传感技术，开发研制了一代又一代现代化新设备，实现了纺织生产过程各种工艺参数的在线检测、显示、自动控制和自动调节，实现了设备运行状态的自动监测、显示，甚至做到了故障自动排除。高度自动化的生产设备能严格按照设定的工艺要求，以定性、定量、规范化的机械动作，实现了传统纺织生产中依靠工人技术熟练程度完成的各种简单重复的手工操作，保证和提高了产品质量，提高了生产效率，降低了产品成本，增强了产品竞争力。

梅自强在书中以棉纺织生产为例，他写道："发达国家已普遍采用的清梳联技术，消除了传统开清棉工艺成卷、退卷对棉条质量的影响。大容量棉堆混棉、往复式自动抓棉、多仓混棉、棉箱混棉等新工艺、新技术，提高了流程的开松、除杂、均匀和混合作用，改善了流程工艺性能。单机和全流程采用的光电检测、压力传感、气流输棉、自调匀整、计算机综合监控等技术提高了全流程运行的稳定性、可靠性，保证了全流程连续、同步、平稳运行，提高了输出棉条的均匀度。""近年发展起来的异性纤维在线自动检测清除装置，采用彩色数码摄像技术，经过面扫描、补偿、运算、修正照度差异、光谱分析等过程能精确判定异纤大小及位置，由一个或多个喷嘴喷出的高速气流将异性纤维排出。""梳棉机条子的自调匀整通过在线检测、位移传感、信号转换、伺服系统控制、计算机处理、变频调速等技术，使输出棉条长片段、超长片段或短片段的均匀度都能稳定在一定范围内，从而保证了成纱质量的稳定性。""粗纱机采用多电机分部变频传动、伺服控制技术，大大简化了机械传动系统。CCD 张力微调技术可以精确地控制纺纱张力，保证粗纱张力恒定，提高纺纱质量。""细纱长车整体自动落纱和自动络筒空气捻接器的使用完善了细络联纺纱技术，国际上在上世纪 80 年代中期进入了实用阶段。棉纺生产中用人最多、劳动强度最大的两个工序的直接连接，不仅保证和提高了产品质量，大幅度减少了用人，提高了劳动生产率，还较好地解决了纺纱生产中长期难以解决的纺纱速度和细纱卷装的矛盾，大幅度提高了环锭细纱机的锭速。""我国在 80 年代中期制订的棉纺企业实物劳动生产率计算办法，曾规定棉纺生产折 20 英支纱万锭用 282 人，我国目前大部分地区棉纺厂用人还停留在这个水平上，和国际上万锭 30—60 人的水平有很大差距。采用新工艺、新技术、新设备并在生产管理和劳动组织方面做必要改进，国内万锭用人将能减少到 100 人左右。如果进一步采用细络联工艺，万锭用人应可以减少到 60 人，甚至更少。”“在织造方面，我国目前还是以有梭织机为主，这是制约我国棉布和后加工产品国际竞争力的重要因素。国际上无梭织造技术发展很快，机电一体化已经达到很高水平。计算机技术广泛用于织机的参数设定、生产过程控制和辅助设计。将有关参数输入计算机，织机就可以按设定要求更换织物品种。通过各种传感器可以监测、显示、控制生产过程，用于自动选纬，控制纬密，自动寻纬，自动接头，自动送纬，断经自停控制，定位刹车，错纹修正，控制织机启动、制动等。显示屏实时显示织机运行情况并与主计算机双向通讯。计算机技术保证了织机优质、高产和织物品种的快速更换。计算机技术还普遍用于织物辅助设计和织机的机构设计和制造。”“印染后整理一直是我国纺织工业的薄弱环节，是制约我国纺织产品质量、品种和竞争力的重要因素。传统印染后整理生产的质量主要靠成熟的工艺规程、严格的操作管理、操作工人的熟练技术和工作责任心，保证‘工艺上车’。现代印染后整理生产主要靠广泛采用以电子信息技术为主导的各种新工艺、新技术、新设备。煮练、漂洗染色、印花、烘燥、定型等工艺过程中的温度、浓度、压力、速度等各种工艺参数都可以通过各种传感器在线检测，经计算机处理自动调节蒸汽压力、烘燥温度、织物速度达到设定工艺要求，从而保证和提高产品质量。自动测色、自动分色、自动配色、自动调浆等自动化辅助设施保证了产品质量的稳定性、一致性和重演性。”“染整生产采用新技术以进一步提高产品质量或达到环保、节能的要求已取得重要进展，有些已开始在生产上应用并取得良好效果，如生物酶整理技术、低温等离子处理技术、超临界二氧化碳染色技术、数码喷墨制网、喷腊制网和喷墨印花技术等。”

除了具体技术，梅自强针对国内东西部的差异情况提出了产业发展建议：“我国幅员辽阔，各地社会经济发展水平不一，对产品质量、品种的要求也不同。纺织企业技术改造必须因地制宜，根据市场需求，从本地区、本企业实际出发，统盘考虑品种、质量、档次、原料、工费成本、企业技术力量、管理水平、资金来源、企业承受能力等各种因素的主客观条件，确定企业产品方向和定位，选择确定改造方案。”“沿海地区和中心城市以出口产品为主的企业，应发挥技术、管理、人才、信息等优势，采用更加先进的技术、装备，更多地开发生产高档次、精加工、深加工产品，形成本企业的特色产品、优势产品，取得更好的经济效益。”“中西部地区、中小城镇和原料产区的企业，应发挥资源和劳动力充裕的优势，根据企业技术、管理、人才和资金等实际情况，确定产品方向和定位，确定技术进步的目标和措施。有条件开发生产精加工、深加工产品的企业，也应该采用先进的技术、装备，生产质量更好、档次更高、适应市场需求的产品，使企业进入良性循环、健康发展的轨道。”

梅自强认为，推进高新技术在纺织工业中的应用贵在创新。他在《报告》中说：“科学技术的迅速发展，交叉学科对传统纺织工业技术进步的作用，突出表现在纤维质量的不断提高和品种的开发创新上，表现在纺织染整工艺、技术、装备的迅速发展上。我国天然纤维应进一步改良品质，改进初加工技术。化学纤维应加强差别化纤维、功能性纤维、高性能纤维和新一代环保型纤维的开发创新。国际纺织技术已经发展到全自动化生产阶段，我国纺织工业首先要使一批急需的先进适用技术如自动络筒和无梭织机等赶上国际先进水平，全面跟踪国际纺织技术的发展，开发创新、研制有我国自主知识产权的新一代高水平技术、装备。在染整方面要重点提高染整生产全流程的自动化程度，包括自动测色、分色、配色、自动调浆等辅助设备，以是纺织生产科技创新能力的竞争。要强化创新意识，重视体制创新、机制创新，使我国纺织产品开发研制工作逐步进入良性循环的发展轨道。”

梅自强还认为，推进高新技术在纺织工业的应用关键是人才。他说：“开发创新的关键是人才，在科教兴国方针指引下，我国教育改革正在不断深入。高等教育、职业教育规模不断扩大，学科水平不断提高，正在培育出大批各类专业人才。高素质科技人才既要有坚实的基础理论知识，还要有丰富的实践经验，以应用技术为主的纺织工业更应重视在科学研究、生产技术的实践中培养造就富有创新精神的学科带头人。”

把新疆建成棉花生产基地的建议

1993 年 2 月，中国人民政治协商会议第七届任满换届，在全国政协七届第 22 次常务委员会会议上，梅自强当选为中国人民政治协商会议第八届委员。开始了长达 10 年（5 年之后，1998 年 1 月，全国政协八届第 23 次常务委员会会议上，梅自强再次当选为中国人民政治协商会议第九届委员）的参政议政活动。

作为纺织部科技委常务副主任，梅自强特别关心纺织原料的安全问题，在中国纺织业高速发展的过程中，纺织原材料，特别是优质棉花，始终是制约因素。我国棉花的需求量以每年约 10% 的速度递增，自给自足率始终在 60%—70% 之间徘徊。进口棉花的绝对数量逐年增加，较多的年份，中国的进口量甚至达到了世界棉花贸易量的 40%。

1994 年 3 月，梅自强以“科技委委员建议材料”的形式，向中国纺织

图 7-2　2006 年 9 月梅自强在企业调查（山东帛方纺织有限公司提供）

总会（原纺织工业部）党组、总会领导提交了《关于大力支持新疆加快发展棉花生产的建议》。这是梅自强当选全国政协委员后，结合国家西部大开发战略提出的一份有远见的专业性建议。

梅自强在建议材料中分析指出：棉花是纺织生产的主要原料，80 年代棉花生产大起大落，1984 年全国棉花总产量曾达到 1.2 亿担，棉田面积超过 1 亿亩。1984 年棉花生产大发展的主要原因是调整了棉花收购价格，调动了棉农的生产积极性，不少粮田改种了棉花，因而扩大了种植面积。当年气候条件好，风调雨顺，病虫害少，促进了棉花丰产丰收。大面积推广鲁棉一号棉花新品种，也起了重要作用。但 1985 年棉花产量就开始下降。1987 年只收购棉花 7800 万担，不得不大量动用国库棉。国家棉花库存曾达到 8000 万担，由于棉花连年歉收，库存迅速下降，到 1988 年 8 月新棉上市前，国库棉仅有 1000 万担，1989 年又动用库存 500 万担，只剩下 500 万担。

1989 年以后，为了促进棉花生产，国家加强了宏观调控，连续几次大幅度提价，对增加棉花生产发挥了重要作用。但由于棉花生产还受到其他因素的影响，几次提价并未确保棉花稳产。据有关部门测算，1993 年度全国棉田面积约为 7500 万亩，比上年度减少 26%，比国家指导性计划减少 17%。1992 年由于虫害及自然灾害，棉花产量较 1991 年减少 20% 以上。据国家信息中心预测，1993 年度全国棉花产量将在 410 万吨至 430 万吨之间，比 1992 年还将减少 20 至 40 万吨。1993 年棉田面积比 1992 年减少 24%，约减少 2500 万亩。特别是 1993 年棉花收购量大幅度减少，截至 2 月 5 日，全国皮棉收购量仅相当于上年同期三分之二，全年定购计划仅完成一半多。往年占全国总量一半左右的冀、鲁、豫三个棉花主产区减产幅度最大，棉花产销形势严峻。1993 年全国棉花工作会议也指出减产形势严峻，将动用 1000 万担储备棉，以缓解纺织工业由于原棉供应紧张造成的困难。

棉花生产不稳定，不仅牵制着纺织工业的生产，而且对国民经济产生了严重影响。1989 年以来，由于棉花价格连续几次大幅度上调，到 1992 年，327 标准级皮棉价已由 1989 年每担 172 元上调到 329 元，棉纺织企业经济效益大幅度下降，亏损面不断扩大。1988 年全国系统内棉纺织行业利润为 62.1 亿元，1989 年为 55.6 亿元，1990 年降为 19.2 亿元，1991 年开始全行业亏损，1992 年亏损达 4.5 亿元。1993 年 9 月新棉上市起，327 标准棉价又由每担 329 元提高到 369.8 元，调入省市还要另加每担 30 元奖励金，棉纺织行业的生产成本将由此再上升约 40 亿元，亏损进一步扩大。《经济日报》还报道，为扭转棉花生产滑坡局面，国家决定从 1994 年 9 月新棉上市起将再次大幅度提高棉花收购价格，将在 1993 年基础上提高 10%，每担标准级皮棉价由现行 330 元提高到 400 元以上。

国家为稳定棉花生产，每年定期召开全国棉花工作会议，及时调整棉花产购销政策，加强宏观指导，1993 年全国棉花工作会议后，国务院又发布了一系列政策规定，重申棉花实行统一收购，不开放棉花市场，各地自定的价外加价政策一律取消，以保证实现省市间计划调拨，还将建立国家原棉储备制度，实行产销定点对口，建立健全质保体系等。

棉花生产不稳定，原棉供应紧张，引发了棉花流通领域的许多混乱现象，给纺织生产造成极大困难。由于不能保证原棉供应，企业为了维持生产，在流动资金十分困难的情况下，不得不千方百计筹款采购棉花，各种价外费用大幅度上升，进一步加大了生产成本，降低了企业经济效益。由于原棉供应紧张，工厂不可能保持为维持正常生产秩序所必需的库存周转量，造成配棉成分大幅度波动，纺纱工艺难以适应原棉急剧变化，产品质量下降，直接影响织造、染整等后工序生产，影响产品销售和企业经济效益。

多年来为稳定棉花生产采取的政策措施，主要是依据粮棉合理比价的原则，提高棉花收购价格，稳定种植面积。粮价逐步放开以后，棉花由于供需矛盾大，只能强制实行国家规定价格，也不能开放棉花市场。在经济体制转向市场经济的情况下，落实棉花种植面积是很不容易的。特别是在社会经济发展比较快，农村经济发展比较快的地区，农民经营种植的选择性很大，棉花种植面积更难以保证。全国七个棉花生产区中的冀、鲁、豫三省虽然都十分重视棉花生产，每年都要做出许多具体部署，但棉田播种面积还是大幅度减少，棉花产量还是连年大幅度下降。《中国信息报》报道，曾是产棉大省之一的河北省，1993年全省实有棉田面积仅700万亩左右，是近12年来棉田面积最少的一年。

能不能采取其他措施，改变棉花生产的被动局面？梅自强认为调整我国棉花生产的地区布局，大力支持新疆加快发展棉花生产，逐步把新疆建设成为我国棉花主要产区，逐步把新疆建设成为我国棉花、纱布以及纺织后加工产品的生产基地，值得有关方面研究。

梅自强提到，1990年9月他曾有机会去新疆访问，到了乌鲁木齐、石河子、喀什、吐鲁番等地，参观过石河子地区和南疆喀什地区的棉田，访问了喀什地区疏附县主管农业生产的领导和植棉专家，看到了新疆棉花生产的大好前景。

1989年新疆生产皮棉580万担，当时预计1990年皮棉产量将达到650至680万担，其中约三分之二产于南疆，三分之一产于北疆。南疆主要产棉区是塔里木盆地的和田、喀什、阿克苏和巴音郭楞自治州等地，喀什地区年产皮棉约200万担，占全疆棉花总产量的三分之一。

据当地植棉专家介绍，南疆属大陆性气候，晴天多，光照好，气温高，无霜期一般有180—220天，阿克苏以南有200天以上，且昼夜温差达摄氏12度以上，有利于棉花生长。由于空气干燥，温差大，红铃虫不易生长繁殖，因而苗期病虫害少，有了虫害也易于防治。棉花中红铃虫、角斑病造成的僵瓣棉少，棉花质量好，品质高。塔里木盆地年降水量一般40—70毫米，农业生产基本上靠灌溉，主要是靠天山山脉融化的雪水。据介绍每亩棉田有350至400立方米水量就可以保证棉花生长。

南疆发展棉花生产的另一个有利条件是土地资源丰富，地广人稀，只要能保证口粮，其余农田都可以种植棉花。在相同土地条件下，按当时粮棉比价，每亩土地种棉比种粮可增加收入30—90元，农民又有种棉经验，因此当地农民都愿意多种棉花。

南疆陆地棉大多是从苏联引进的品种和本地棉种杂交培育的品种，纤维长度27毫米至31毫米，是我国纺织生产的主要大类棉种。新疆还适宜发展长绒棉，我国长绒棉约90%产于新疆，南疆喀什地区和东疆吐鲁番地区是新疆长绒棉的主要产区，早在1956年就开始生产长绒棉。南疆宜种中早熟海岛棉，亩产皮棉 80 斤到 120 斤，纤维长度 33 毫米至 37 毫米，最长可达 41 毫米至 43 毫米。从苏联引进的品种质量好，但晚熟、产量低，亩产仅 30 斤到 40 斤，可纺 160 英支纱，本地改良种新海 3 号亩产可达 120 斤到 150 斤，可纺 120 英支至 140 英支纱。

新疆种植棉花以原建设兵团的国营和集体农场为基础，领导力量强，管理水平也比较高，经验丰富，重视科学种植，大面积采用地膜覆盖技术。新疆已建起一批现代籽棉加工厂，加工质量好，轧棉和籽棉剥绒过程都是在全套密闭设备中自动完成，能有效地防止杂物进入棉包。

据当地农业专家介绍，新疆发展棉花生产的潜力很大，关键是兴修水利，只要有水就能扩大种植面积，就能发展棉花生产。新疆棉田除广泛利用天山雪水自流灌溉外，已大片开发地下水资源，利用“坎儿井”开发地下水，发展棉花生产。

20 世纪 80 年代末到 90 年代中期，新疆发挥得天独厚的天时、地利、人和优势，在全国棉花生产陷入困境的时候，却连续几年大幅度增产，这绝不是偶然的。

多年来，国家为发展棉花生产，保证纺织工业的原料供应，已经并且正采取许多政策措施。但由于种种原因，1993 年全国棉花种植面积依旧比上年减少了约 2000 万亩，致使棉花将有约 2000 万担缺口，再次提高棉花价格，平衡粮棉比价，要稳定棉花生产形势，也不是很容易的。为此梅自强建议从政策上、资金上大力支持新疆加快棉花生产发展，经过各方面几年努力使新疆棉花产量有更大幅度的增长，把新疆建设成为我国稳定的棉花生产和供应基地。把新疆建设成为棉花、纱布以至纺织后加工产品的生产基地，将不仅为纺织工业消除后顾之忧，而且将大大推动新疆经济的发展，这也符合国家加快发展西部的总战略。

现在来看 20 多年前梅自强的建议，仍然感到这是一份既有远见又有实际调查数据支撑的报告。应该说，梅自强当年的报告引起了各级领导的重视，并为此制定了一系列的鼓励政策，大力支持新疆发展棉花种植。20 年后，新疆已经成为中国举足轻重的棉花生产基地，2013 年全疆棉花产量占全国棉花产量的 60% 以上，其中产量的优质长绒棉，新疆占全国产量的

90% 以上。而且，梅自强所憧憬的把新疆建设成为棉花、纱布以至纺织后加工产品的生产基地的设想，也正在实现之中。

沟通两岸交流合作

1989 年 10 月，梅自强率团去日本参观大阪第四届国际纺机展览期间，首次以中国纺织工程学会的名义和台湾纺织工程学会取得了联系。

图 7–3　海峡两岸纺织科技信息工作联谊会会议照片。从左至右为梅自强、陈明、杜燕孙（李椿和提供）

图 7–4　海峡两岸纺织科技信息工作联谊会期间，台湾纺织研究所所长姚兴川与梅自强合影（李椿和提供）

1990 年 2 月，台湾纺织教授大陆旅游探亲访问团应邀来访，梅自强以中国纺织工程学会的名义接洽会谈，在相隔几十年后，台湾学者在国内首次介绍台湾纺织工业情况，引起各方面的极大兴趣。

1992 年 8 月，梅自强筹划和组织了以中国纺织工程学会名义在北京召开的“海峡两岸纺织学术研讨会”。海峡两岸纺织学术研讨会有两岸纺织界的专家、学者和企业家共 100 多人与会，双方签署了共同推动两岸纺织界人士互访的合作备忘录，成为两岸利用民间渠道加强合作的成功案例。海峡两岸纺织界在学术、科技、生产、贸易、职业教育等方面进行了充分的交流探讨，为加强海峡两岸合作迈出了开创性的一步。

1992年底，梅自强应国家科委台湾事务办公室之邀，为《台湾科技要览》撰写文章，较为详细地介绍了当时台湾纺织业的情况。除了客观反映台湾纺织科技方面的成就外，他对台湾以社会团体为主开展技术经济研究的做法比较赞赏，重点介绍了在促进纺织产业发展上有较大作用的社会团体。

台湾的"纺织业外销拓展会"。成立于1975年11月，是台湾纺织业者共同组织的联合机构，对外代表全体纺织业，协助台湾当地与国外政府及纺织业界进行有关纺织品外销的谈判，对内加强合作，收集报道世界纺织品商情，协力拓展国外市场。该会在成立之初曾协助台湾销往欧洲共同市场纺织品出口的配额管理业务，1977年1月又接管了出口美国、加拿大等所有地区纺织品出口配额管理。1978年5月该会成立了纺织品设计中心，并于同年7月开始出版《纺拓会通讯》，报道配额动态、相关法令、国际纺织品市场情报等。1980年4月起将《纺拓会通讯》改名为《纺拓会周刊》。

台湾的"对外贸易发展协会"。该协会成立于1970年，其目的是发展国际贸易，协助厂商拓展进出口市场。该协会有28个海外分支机构，与"台湾经济管理部门"所属40个海外办事处合作，为国内外厂商提供双向贸易桥梁。主要工作内容是提供商情资讯，举办贸易推广活动，协助企业改良产品设计包装，培训贸易人才，协助纺织企业解决贸易业务问题等。

台湾的"纺织学会"。该学会的主要活动为召开学术年会，组织开展纺织、染整、成衣等学术研讨活动，每年推荐青年杰出工程师，颁发纺织工程奖章，出版会刊，编辑出版纺织手册、纺织辞典等。

台湾经济研究院。该院成立于1976年，在纺织方面主要从事宏观经济调查研究，并发表有关的专业主题报告，例如，他们编纂的《2000年纺织工业发展评估与推论》《泰国、印尼、马来西亚、菲律宾纺织工业发展之比较》《香港、韩国、中国台湾三小龙纺织工业竞争发展趋势》《意大利、日本、台湾纺织工业之今昔及未来观》等研究报告对大陆纺织发展有一定的参考价值。

台湾的纺织社团针对纺织业面临的种种问题，也在研究和制订措施，主要内容是强化发展的整体策略、改善企业组织管理体系和提高生产技术水平两个方面。例如行业公会正在积极协助各厂调整生产结构，培训专业人才，成立“制衣科技研究会”和“成衣设计研究会”，以促进制衣技术升级，提高设计能力。纺拓会扩编设计中心以培训设计人才，研究设计发展，推广设计成果。外贸协会也将在德国、法国和意大利等国建立设计中心，收集国外成衣信息，培训设计人才。制衣企业还通过社团聘请欧洲设计师到中国台湾指导产品设计，委托欧洲设计师设计国外流行款式等。

梅自强在文章中还对海峡两岸纺织交流的前景作了展望。

他认为，海峡两岸开展纺织科技的交流合作有很多有利条件。台湾发展纺织工业的经验值得我们借鉴参考，大陆丰富的原料资源、劳动力资源和广阔市场对台湾纺织界很有吸引力。双方在科学研究、产品开发、生产技术、工艺技术、设备器材、商品贸易、情报信息等方面都各有自己的优势和长处，交流合作对双方都有益。

上世纪末，台湾纺织正在调整转型，劳动密集的制造行业越来越难以生存，不少企业已迁厂外移。大陆劳动力资源丰富，工资相对较低，对台湾同胞投资还有许多优惠政策，对台湾纺织业有吸引力。

在纺织原料方面，台湾化纤工业发展很快，产品大部分外销。而大陆每年要进口大量化纤和化纤单体。台湾纺织工业所需的天然纤维如棉花、羊毛全部进口，蚕茧产量也很少。而大陆棉花资源丰富，蚕丝大量出口；大陆还有特种动物纤维如山羊绒、兔毛、驼毛、牦牛毛等，都是珍贵的上等纺织原料；同时，大陆麻类资源品种多，产量大，如亚麻、大麻、胡麻、罗布麻等尚待深化开发利用。海峡两岸仅是一水之隔，交通便捷，原料资源的交流合作既十分简便，又能给双方都带来很大利益。

图 7-5　1992 年 8 月，梅自强在海峡两岸纺织学术研讨会上讲话（李椿和提供）

在纺织机械设备方面，

台湾纺织机械制造行业规模不大，很多设备都要从国外引进，大陆纺机制造规模巨大，门类齐全。台湾制造的纺织机械属中档水平，技术性能和自动化程度不如欧洲产品，但价格适中，比较实用，已有相当数量进入内地的纺织企业。大陆纺机制造工业近年来通过引进技术、合作生产、消化吸收研制开发了一大批具有较高水平的新型纺织机械、纺织专用器材和测试仪器。海峡两岸可以互通有无，选择对各自有利的纺织机械交流合作。

在工艺技术产品开发方面，台湾纺织产品正在向高质量、高档次、高附加价值方向发展。大陆纺织产品，特别是沿海大中城市出口产品基地的纺织产品，也正在向精加工、深加工方向发展。海峡两岸携手合作，交流经验，互通信息，发挥各自的优势，共同提高纺织产品的质量和品种档次，联合起来到国际市场上去竞争，可使双方受益。

在染化料、助剂、油剂、溶剂、浆料等纺织化学品方面，大陆和台湾各有优势和长处，一般产品都能自给，高档产品、特殊产品都需进口。以上原料都是各行各业纺织生产不可缺少的重要原料，领域宽广，种类很多，作用显著，而这些产品的性能、质量、效果差异很大。双方在品种方面，生产技术方面，工艺使用方面交流合作，对提高纺织产品的质量，改进和提高生产技术水平将会有良好效果。

在科技情报信息方面，大陆和台湾都十分重视国际纺织科技情报信息的收集和传送利用，各有自己的网络和渠道，也各有自己的刊物资料。交流合作，互通信息，对双方都有益。

拯救国之瑰宝——丝绸

在 1999 年 3 月 3 日至 11 日召开的中国人民政治协商会议第九届全国委员会第二次全体会议上，梅自强作为第一提案人，提出了编号为第 1866 号的《建议进一步采取措施·拯救丝绸行业》提案。

该提案的内容摘要如下：

我国是丝绸生产大国和出口大国，长期以来，丝绸行业为增加农民收入、安置劳动就业，丰富市场供应、扩大出口创汇、增加财政收入、支援国家经济建设作出了重要贡献。

自1994年下半年以来，我国丝绸行业遇到了前所未有的困难，尤其是1998年，由于受东南亚金融危机和国内市场需求不足的影响，丝绸行业陷入了严重困境。

1998年全国丝绸工业总产值同比上年下降7.88%，丝产量同比下降8.01%，桑蚕丝织及交织品同比下降4.0%。全国20个丝绸工业重点城市企业净亏损6.01亿元，企业亏损面58.11%，同比上年扩大了9.59个百分点。

1998年丝绸产品出口创汇27.45亿美元，同比上年下降13.89%，特别是传统出口真丝产品大幅度下滑。桑蚕丝、真丝绸和丝绸服装出口量分别比上年下降16.37%、24.82%和18.49%。出口金额分别下降21.51%、25.07%和15.39%。

为使我国丝绸行业尽快摆脱困境，重振我国“瑰宝”雄风，建议国家经贸委给予必要扶植支持。

1. 进一步改革茧丝绸经营管理体制，按照党的“十五大”精神，建立起适应我国社会主义市场经济发展需要的丝绸经营管理体制。进一步加强我国丝绸协会职能，在“小政府、大社会”的格局中发挥更好的桥梁作用。逐步放开坯绸出口经营，把一批有实力的生产企业集团推向国际市场。

2. 建议在国家丝绸发展风险基金中拿出一部分设立丝绸新产品科研开发专项经费，主要用于当前制约丝绸产品水平提高的关键技术和代表丝绸行业发展方向的茶农开发和生产技术科研攻关。设立丝绸新产品开发生产流动资金贷款和技术改造贴息专项资金，主要用于扶植新产品开发企业流动资金贷款贴息和技术改造以及设备填平补齐贷款贴息。

3. 建议在国家丝绸发展风险基金中拿出一部分设立丝绸产品宣传专项基金，主要用于开展丝绸产品公益性宣传，由中国丝绸协会具体实施，专款专用。[①]

梅自强在提案的相关说明中指出：

丝绸是中国的瑰宝，丝绸生产有着悠久的历史。改革开放以来，我国丝绸行业迅猛发展，一举成为世界丝绸生产大国和出口大国，为支援国家经济建设、增加农民收入和劳动就业、扩大出口创汇、丰富国内市场、增加财政收入等方面做出了重要贡献。

但是，自1994年下半年以来，我国丝绸行业遇到了前所未有的困难，逐步陷入了严重的困境。尤其是1998年，由于受东南亚金融危机和国内市场需求不足的影响，给我国丝绸行业的发展带来了更大的困难。

据国家纺织工业局统计，1998年全国丝绸工业完成工业总产值（不变价）209亿元，同比上年下降7.83%。主要产品产量丝为5.55万吨，同比上年下降8.01%；桑蚕丝织及其交织品为6.36亿米，同比上年下降4.0%。丝绸行业主导产品真丝产品的产量是近几年来减产后的再度下降。

全行业继续处于亏损状态。1998年全国20个丝绸工业重点城市企业盈亏相抵后净亏损为6.01亿元。亏损面扩大，亏损额增加。企业亏损面达58.11%，同比上年增加了9.59个百分点；亏损企业亏损额比上年同期增加3.24%。

产品出口继续下降。据海关统计，1998年我国丝绸产品出口创汇为27.45亿美元，比去年同期下降13.89%。特别是传统的、在国际市场上占据垄断地位的真丝产品出现大幅度下滑。1998年桑蚕丝、真丝绸和丝绸服装出口量分别比上年同期下降16.37%、24.82%和18.49%，出口金额分别比上年同期下降21.51%、25.07%和15.39%。

造成我国丝绸行业陷入严重困境的原因是多方面的，既有多年沉积的老的、深层次问题，也有近年来出现的情况而产生的新矛盾。

① 梅自强：政协提案：拯救我国“瑰宝”——丝绸。1999年，未刊稿。资料存于采集工程数据库。

梅自强认为，当前（1999 年）存在的问题是：

一是经营管理体制不顺。初级产品出口统得过死，尤其是品种千变万化的坯绸出口，实行一类出口管理的方式已难以适应。

二是随着纺织纤维多样化，蚕丝纤维的地位不断下降，丝绸产品整体“形象”受到冲击。蚕丝纤维易皱、易缩的弱点严重困扰着丝绸产品的消费，致使丝绸产品消费量出现了逐步下降的趋势。

三是中国至今为止还没有一个能在国际、国内市场上具有较高知名度和占有率的驰名品牌。外界评论，当今国际丝绸市场是“中国的丝绸原料，意大利的商标，国际市场的价格”。在大量衣着类品牌崛起的国内市场，真正属于丝绸的却是“榜上无名”。

四是缺乏大型出口生产企业集团。随着产业结构的调整，世界丝绸业生产中心已逐步转移到中国内地，长期以厂丝、坯绸等初级产品出口为主体的现有外贸公司出口能力逐步下降，已很难承担起丝绸行业扩大最终产品出口的任务，培育和发展一批骨干出口生产企业集团直接进入国际市场已势在必行。

五是国有丝绸老企业步履艰难。退休职工多、历史包袱重，加之机制和体制的原因，国有丝绸老企业经营状况出现了恶化的趋势。

梅自强说，当前，尽管我国丝绸业遇到了很大的困难，但是中国依然是丝绸大国，丝绸产出口继续在国际市场上占据主导地位，尤其是随着国际丝绸贸易和丝绸消费格局的变化，中国已经逐渐成为世界丝绸业生产中心，我国应该肩负起重振丝绸之路源头的历史使命。

近几年来，丝绸行业广大干部职工面对不利因素增多的情况，知难而上，千方百计克服种种困难，在逆境中探求发展之路，取得了相应的成效。

梅自强呼吁，要使我国丝绸行业尽快摆脱困境，重振中国“瑰宝”的雄风，还需国家进一步采取措施。

他在提案中提出了一些建议：

1. 加大宣传力度，重塑丝绸产品在消费者中的形象。让广大的消费者更多地了解丝绸产品的舒适性、保健性，树立起丝绸天然“绿色”产品的新形象，扩大影响，提高消费者尤其是当代年轻人对丝绸产品消费的兴趣。

2. 建议设立丝绸产品宣传专项基金，主要用于开展丝绸产品公益性宣传，在国家有关方面的监督指导下，由中国丝绸协会具体实施，专款专用。

3. 加强科研力量，加速新产品开发，拉动丝绸消费。以服装为龙头，以服装面料为突破口，努力开发出一批能够进一步拉动丝绸消费、带动行业发展的新产品。设立丝绸新产品科研开发专项经费，主要用于当前制约丝绸产品水平提高的关键技术和代表丝绸行业未来发展方向的产品开发和生产技术的科研攻关。

4. 设立丝绸新产品开发生产流动资金贷款和技术改造贴息专项资金，主要用于扶植新产品开发企业流动资金贷款贴息和技术改造以及设备添平补齐贷款贴息。具体项目由国家纺织工业局（原纺织工业部、中国纺织总会）通过中国丝绸协会实施。

梅自强的提案受到政协九届全国委员会和有关部门的重视，经提案委员会建议，该提案由国务院交国家经贸委研究办理。

1999 年 6 月，国家经贸委以“国经贸厅外经［1999］201 号文件”的形式，对政协九届全国委员会第二次会议第 1866 号提案给予答复，内容如下：

梅自强等委员：

你们提出《建议进一步采取措施，拯救丝绸行业》的提案，现答复如下：

一、关于对丝绸产品科研开发给予必要的资金支持

设立国家茧丝绸发展风险基金的主要目的，就是给丝绸产品科研开发必要的资金支持。今年初，各地上报了申请发展基金支持的重点科研、开发项目，近期经过专家论证和国家茧丝绸协调小组会议审

定，已确定将一批关键技术科技攻关、丝绸产品的科研开发项目列入国家茧丝绸发展风险基金第二批发展性项目，安排资金约3500多万元批项目实施后将对提高丝绸产品质量档次、加快新产品开发、重塑丝绸形象产生积极作用。

二、关于宣传丝绸产品、开拓国内外市场

加强宣传，重塑中国丝绸形象，扩大出口，拉动内需是丝绸行业今年的重点工作之一。丝绸服装除具有外观雍容华贵、轻柔飘逸的独特风格外，丝绸内衣具有较好的保健功能。过去由于缺乏宣传，尚不能为广大消费者所认识。近期，经行业内专家论证，将采取国家资助方式，通过中国丝绸协会统一组织，在中央电视台黄金时段和有影响的报刊推出联合广告，并在国际互联网上设立中国丝绸宣传网站，加强丝绸新产品和丝绸产品保健功能的宣传，培育市场名牌，引导消费，扩大内需。此外，还将组织丝绸企业参加国内外有影响的博览会。

三、关于茧丝绸经营管理体制改革

1996年底，国务院办公厅转发国家茧丝绸协调小组《关于茧丝绸经营管理体制改革的意见》，提出“自下而上”，推进茧丝绸贸工农一体化改革。各茧丝绸主产省在推动县级贸工农一体化改革方面做了大量的工作，并取得了明显的成效。下一步将在进一步推动县级贸工农一体化的改革的基础上，加快升级茧丝绸贸工农一体化的改革，研究、论证茧丝绸经营管理体制进一步改革的方向。

感谢你们对我国茧丝绸行业的关心和支持，诚请继续提出宝贵建议。

国家经济贸易委员会

一九九九年六月四日

1999年9月14日上午，全国政协提案委员会就政协九届二次会议期间梅自强等委员提出的关于进一步采取措施拯救丝绸行业建议案（第1866号），召开协商办理座谈会，会议由全国政协常委、提案委员会主任、原国家机械工业部部长何光远同志主持，与会者有全国政协副主席陈锦华，全国政协常委、提案委员会副主任、原中国纺织总会会长吴文英，全国政协委员、提案委员会委员、电子工业部信息化工程总体研究中心主任王惠通，全国政协委员、民盟中央常委、北京工美集团总公司副总经理唐克美，全国政协委员、国家纺织工业局科技委常务副主任、中国工程院院士梅自强，全国政协委员、中国纺织工业设计院顾问、高级工程师王广鎏，国家经贸委对外经济协调司副司长杨和荣，国家经贸委茧丝绸体制改革处处长李朝胜，国家经贸委茧行业发展处处长李清华，外经贸部贸管司出口处副处长孟丹，中国纺织品进出口商会副会长钱长永，中国纺织品进出口商会纺织部主任胡敏，国家纺织工业局副局长、党组成员许坤元，中国丝绸工业总公司总经理杨永元，中国丝绸工业总公司副总经理樊迅等。

9 月 20 日政协全国委员会在专门委员会简报（九届）第 151 期对座谈会内容进行了详细介绍。内容如下：

1999 年 9 月 14 日上午，全国政协提案委员会就政协九届二次会议期间梅自强等委员提出的《关于进一步采取措施拯救丝绸行业建议案》（第 1866 号）召开协商办理座谈会，会议由全国政协常委、提案委员会主任何光远同志主持。全国政协副主席陈锦华同志到会并讲话。提案委员会副主任吴文英、部分提案人和国家经贸委、外经贸部、国家纺织工业局等承办单位的有关负责同志出席了座谈会。

梅自强委员作为提案人代表介绍了提案产生的背景，中国丝绸协会会长、中国丝绸工业总公司总经理杨永元详细介绍了目前我国丝绸行业所处的困境以及产生困境的深层原因。作为丝绸行业的主管部门领导，国家纺织工业局副局长许坤元也就目前我国丝绸行业的困难，从蚕茧的生产、经营、技术到市场以及外贸管理体制等进行了分析。突出的问题是：

一、经营管理体制不顺，旧的管理体制已难以适应目前的实际情况。

我国是丝绸的生产和出口大国，在国际市场上占 70% 的份额，丝绸是我国出口的导向产品，在外贸经营上一直管制很严，尤其是生丝和坯绸实行一类出口产品管理，外贸统一经营，这对提高我国丝绸产品的附加值，保护我国丝绸在国际市场上的占有率历史上曾起过很大作用。但也造成了生产企业与国际市场脱节，为了争取出口配额，坯绸的品种越来越少，企业对开发新品种积极性不高，这就形成了企业没有新品种，接不到订单，从而丧失了部分市场的恶性循环。从1994年下半年到1998年出口大幅度下降。1998年全行业净亏损6亿多元，企业亏损面高达58%以上，足见现有的出口体制已经不能适应当前改革开放市场经济形势的要求。对此，外经贸部贸管司的有关负责同志表示，在调查研究的基础上，丝绸行业外贸管理体制改革方案已经出台，有些在年底获得批准，新的方案将努力克服现有管理体制上的弊端，给丝绸企业创造一个崭新的外贸环境。

二、技术手段严重滞后，开发高质量新品种的能力薄弱，降低了丝绸产品的附加值。

近年来，随着科学技术的发展，化学纤维技术也在迅速发展，从而改变了纺织纤维的品种结构，丝绸仅占纺织纤维总用量的0.2%左右，传统的丝绸产品在品种、质量上没有突破性提高，在一定程度上被化纤纺真丝产品所替代。丝绸产品质量下降，中低档产品居多，没有自己的著名品牌等原因造成了消费者不认可、市场不接受的局面。另外，丝绸行业同我国其他行业一样，同样存在多年沉积的深层次问题。

与会者一致认为，要走出困境，首先，要从丝绸产品的总量控制上入手，按照目前的产品结构，在技术、质量、品种上没有重大突破的情况下，生丝产量应限制在6万吨以下。把指导性计划逐步落实到从蚕种抓起、优化品种、控制数量，完善长丝储备制度，加强宏观调控。第二，要加大技术改造、新品种的开发研制力度，增加投入，调整产品结构，增加品种，提高丝绸产品的科技含量和附加值。通过对丝绸企业的兼并破产、减员增效等手段，深化丝绸行业企业的改革改制工作，同时继续推进蚕、茧、丝生产的贸工农一体化。整顿和规范丝绸行业的流通秩序。加大宣传投入、创建丝绸行业的著名品牌，带动市场发展。

全国政协副主席陈锦华同志在会上作了重要讲话。他说，我非常赞同提案委员会关心支持丝绸行业的发展。丝绸产业是我国一个古老的

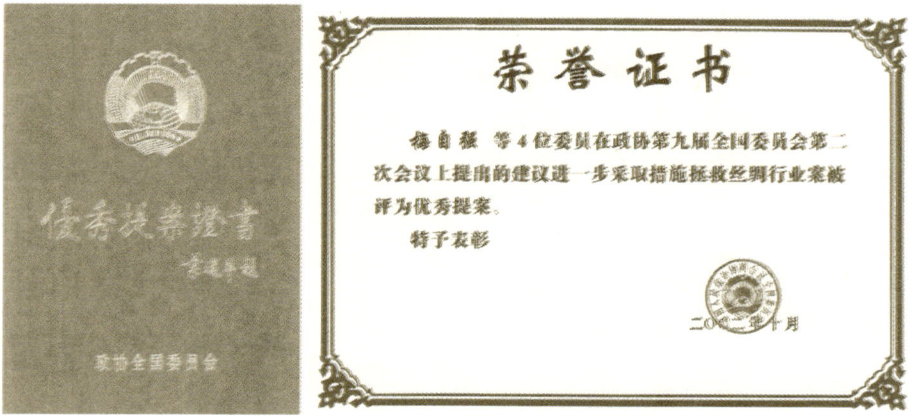

图 7–6 梅自强的提案被政协全国委员会评为优秀提案的证书（李椿和提供）

产业，中国丝绸悠久、辉煌的业绩，在国际上有重大影响。重振丝绸行业，是我们的历史责任。帮助丝绸行业摆脱困境，首先，要提高对丝绸产业重要性的认识。中国经济的发展有一个很重要的指导思想，就是一定要同农村经济、农业发展相联系。丝绸行业与农村经济、农民生活休戚相关，中国是人口大国，吃饭还是占第一位的，养蚕不像种棉、种烟占用耕地。另外，下个世纪人类生活质量的提高与环境因素、绿色产业相联系，丝绸是天然纤维，从可持续发展、人类与环境和谐、保护环境的角度讲，是最有希望的绿色产业，即使面临挑战也不要忽视它的重要性。第二，在产品总量上要加强宏观控制，要增加技术含量，摆脱原始落后的粗放型加工模式，向集约化生产转化。产品结构要优化，要扶持有竞争力的产品。第三，工作重点要放在品种和质量上，选择一批条件好的企业，加强技术改造重点发展，关掉一批落后的企业。

呼吁发展产业用纺织品

1996 年 10 月，以梅自强为团长的中国纺织工程学会组团前往日本大阪，参观考察了“亚洲高技术纺织品展览”，同时对日本的产业用纺织品市场作了一番调查。

“亚洲高技术纺织品展览”由德国法兰克福贸易展览会和日本大阪国际展览会共同主办。之前，大阪分别于 1992 年和 1994 年举行了两届类似展览，这次是第三届。展览的专业性很强，展示了当时国际高技术纺织品的水平和发展动向，是国际公认的高水平展览会。

产业用纺织品是指经专门设计、具有特定功能，应用于工业、医疗卫生、环境保护、土工及建筑、交通运输、航空航天、新能源、农林渔业等领域的纺织品。产业用纺织品技术含量高，应用范围广，市场潜力大，其发展水平是衡量一个国家纺织工业综合实力的重要标志。我国产业用纺织品虽然起步晚，但是发展速度很快，产业规模持续扩大，技术进步成效明显，应用领域不断拓宽，已逐步成为纺织工业新的经济增长点。

梅自强作为传统纺织领域内的资深专家，对高技术纺织品的发展非常关注。他认为产业用纺织品是纺织业步入高科技的通道，是纺织经济增长的新亮点。他在《亚洲高技术纺织品展览参观考察报告》一文中，非常敏感地对当时世界上高技术纺织品做了 6 个方面的总结与介绍。

第一个方面是高功能、高性能纤维的广泛应用。梅自强介绍了几种高性能纤维：

PBO 纤维是采用液晶纺丝工艺制造的一种高强、高模、耐高温、阻燃纤维，是制作防弹服、消防服、炼钢服、安全鞋、运动服、高温过滤制品、复合材料等的优良材料。

远红外纤维，能够吸收人体热能，促进血液循环，对人体无副作用，用它制作衣服，穿着舒适，且能消除疲劳。

高强聚乙烯纤维，高强、轻质，比重为 0.97，断裂强度为钢丝绳的 8 倍，是最轻的高性能纤维。

高吸温聚丙烯腈纤维，吸水性能好，15 秒钟可吸自身重量 70 倍的水。

间位芳纶纤维是一种阻燃纤维，可以加工成面料，制作高温防护方面的服装等。

碳纤维是高技术纤维主要品种之一，它的制品应用范围日趋扩大，上至卫星、导弹，下至日常生活用品。碳纤维用在多轴向织物与树脂混凝土等复合，可加工成各种型材、板材、筒型、角型、部件或整体成型等，用作飞机、火车、汽车、建筑物等材料，具有重量轻、耐燃、耐高温、回弹性能好、隔热、隔音、安全系数高、施工方便等特点。

碳纤维用于日常生活用品也很多，如自行车部件、帐篷支架、体育用品、净水器、空气清洁器、电极材料等。

梅自强在日本考察时发现，日本东丽公司研发的碳纤维具有优良的柔软性能，其特点是易于加工，可加工成织物、毡、纱线、非织造布等。耐高温、耐腐蚀、能折叠，导电性能好，主要用于复合材料，与树脂亲和性能优良。

第二方面是介绍了复合材料、建筑用纤维在基础建设方面的发展：

由于日本高层建筑多用钢铁，地震时大楼容易倒塌，而复合材料具有高强、高弹性、重量轻、断裂伸长较大、地震时耐变形能力好等优良特性，所以日本有关方面在现代化建筑上着力发展复合材料、建筑用纤维。这次会上展出了许多这类产品的照片和样品。如用聚酰胺纤维、对位芳纶纤维制作的公路、铁路高架桥柱、建筑物的柱、梁、筒等；用玻璃纤维或对位芳纶纤维的双轴向织物、多轴向织物，经四氟乙烯涂层处理制作的临时会场、体育馆等大型建筑物的顶篷；用聚酯纤维经聚氯乙烯涂层做的防水顶篷材料；篷盖布、柔性广告材料、储水器、风帆等用的材料多为聚酯、聚酰胺纤维双轴向、多轴向织物经聚氯乙烯或聚乙烯涂层制品；聚酯轴向织物和非织造布复合，称作“定向结构土工布”，是新一代土工布，其强度、隔离性能非常优良，是修建铁路、高级公路的新材料。

第三方面，高技术纤维在非织造布工业中的应用明显增加。

梅自强介绍说：展览会上有近 50 个厂商展出了非织造布产品，在这些产品中，应用高技术纤维的产品明显增加，主要品种有：用于隔热、隔音的硅纤维制品，性能优良，很有发展前途。碳纤维（包括活性炭纤维）和石墨纤维制品，是耐高温、隔热、超滤的重要材料。乳酸纤维作为一种生物降解纤维，具有较好的环保价值。金属纤维制品作为零静电材料，在电子工业上应用前景广阔。烧结纤维，因其优良的机械性能和较小的比重，其制品具有重要的使用价值。

非织造布品种日益增多，其用途日趋扩大。日本力夕了株式会社的功能性非织造布，在工业用水、生活用水的净化、解决海洋污染、环境保护等方面发挥着重要作用。纤维增强非织造布具有透水、过滤、缓冲、高强度、耐腐蚀等特性，主要用于排水工程、保护堤岸、水土保持等。展览会上同时展出了许多具有阻燃性能的非织造布。

第四方面，梅自强介绍了一些功能性的阻燃纺织品、抗菌防臭纺织品的开发和应用：

会上展出了许多阻燃服装和阻燃用品，有用于劳动保护的炼钢服、消防服、电焊服、森林灭火服；有居家和饭店、宾馆用睡衣以及装饰用品、地毯、窗帘、床上用品等；有厨房用围裙、袖套；有飞机、火车、轮船等和公共场所、电影院、剧场等用的各种纺织品。这些用品有纯棉产品，也有化纤织物；有采用特殊整理而达到阻燃功能的，也有用阻燃纤维织造的。日本公司研制的阻燃避难面罩很有新意，轻便，易于携带，既采用了耐高温、阻燃、透明的树脂，又采用了能吸附有毒气体的活性炭纤维，其阻燃指数 L01 值达到 34，非常适于家庭、宾馆、影剧院等使用，发生火灾时人员能迅速、安全撤离火灾现场。

抗菌防臭纤维及其制品在展览会上也不少，有的还展出系列产品、配套产品，如床单、被套、枕头、鞋、袜等。展出的抗菌防臭纤维及其制品具有耐久性、耐洗涤性、耐药品性、对人体无毒、手感好等特点。

第五方面，梅自强介绍了纺织品在水净化技术方面的应用及进展。

地球上的水 97.5% 是海水，可供人们利用的淡水只占 2.5%。由于地球沙漠化和工厂废水等的排放，使有限的淡水遭到污染，水的净化技术和装置成了人们竞相开发的领域。梅自强当年介绍的主要产品有：日本东丽公司反渗透膜装置，采用膜分离技术对水进行处理，经处理的水符合质量标准，取得了 ISO−9001 的认证。小型造水机 AW−7200G，采用活性纤维、中空纤维膜过滤，而且不需要电源，适用于家庭、学校等。

日本森下化学工业株式会社研制的袋式重力脱水处理装置已形成系列产品，可根据不同的用途和要求选用不同的型号。该装置有内袋和外袋，内袋用特殊的非织造布制作。

第六方面，梅自强介绍了适应产业用纺织品的特殊加工工艺：

在展出的众多高技术纺织品中，有许多产品是采用特殊的加工工艺，例如，经编立体编织，利用双针床拉舍尔经编机编织的表面网格状间隔织物，其特点是可以形成三维立体结构。

经编多头衬纬编织，利用拉舍尔经编机多头衬纬技术编织多轴间织物，特点是复合结构。以上为多轴向结构，适宜加工芳纶、碳纤维等较脆性的纤维。

缝编和编织结合，也可作为经编的一种特殊形式，特点与经编多头衬纬编织相类似，属复合结构，应用较多的工艺，适应加工高性能纤维，能较灵活地编织高性能、复杂结构的产品。

将不同性能的纤维、不同工艺制作的产品复合在一起，如合成材料和非织造布、金属膜和非织造布的复合等。其特点是综合性结构，具有更好的性能。有用热黏合的，复合纺丝可为热黏合创造条件；有用黏合剂黏合的，则高性能黏合剂是关键。

梅自强的这篇文章自发表时算起，已经有接近二十年的时间了，在最近十多年里，中国在发展产业用纺织品方面取得了长足的进步。

我国的产业用纺织品行业虽然起步较晚，但近些年得益于广阔的市场空间和纤维材料及相关产业的发展带动，已经开发出种类丰富、应用广泛的新产品。特别是当传统纺织服装领域面临资源、环境、劳动力等要素制约，面临其他发展中国家更低要素成本优势的激烈竞争时，开拓新的应用领域、发展产业用纺织品已是我国纺织工业结构调整、转型升级的重要途径之一，也是我国纺织工业实现由比较优势向竞争优势转变的重要举措之一，在带动上下游相关产业和促进国民经济发展中发挥着重要作用。

医疗与卫生用纺织品是产业用纺织品行业中较大的领域，用于医卫的非织造卷材产能和产量高速增长，近几年成为行业内重点投资的方向之一，在生物相容性原料、非织造设备、产品功能性及应用领域高端化等方面均有很大突破，让更多性能优异的医卫用品替代了功能性不强的传统棉质产品，也为促进伤口愈合、组织修复、器官替代提供了更多可能。

国家加大对环境治理、空气污染源清理整顿力度，给过滤用纺织品，特别是高温滤料产业的发展注入源源动力。行业重点围绕“超细纤维”“高密梯度”“精细过滤”等技术方向开发了多种新型过滤材料，并进行了推广应用。

通过在南水北调等国家重点工程和环境工程等新应用市场的开拓，土工和建筑用纺织品行业的集中度和产品档次均有所提高。高强度、耐顶破、耐摩擦、抗酸碱丙纶土工布应用于高铁轨道滑动层材料，最新研发的PET 长丝纺黏非织造布防水胎基，目前已进入量产推广阶段。

在推进新型城镇化建设中，我国汽车产销量的连年攀升，自然也带动了车用纺织品的发展。其实不只在汽车领域，我国交通运输业的快速发展，使得产业用纺织品在民用飞机和轨道交通方面的应用也更广泛。这类纺织品逐步替代了传统材料，并在交通工具轻量化、节能化、美观化、舒适性以及安全性方面发挥了巨大作用。

随着国家对劳动保护、生命安全的重视，安全与防护用纺织品行业得到较快发展，特别是性能优异的纤维材料的开发成功及量产，加速了技术进步和产品升级。在航空航天工业中日益发挥重要作用的结构增强材料也不断推陈出新，成功应用于“天宫一号”航天器的半刚性电池帆板玻璃纤维经编网格材料，大幅降低了电池翼的重量；立体织造、多轴向经编、管状碳纤和玻纤织物、玻纤 PTFE 涂层织物实现的突破等，都成为我国产业用纺织品高精尖技术及应用的代表。

从全球纺织发展趋势看，在传统纺织向发展中国家转移的同时，发达国家都将发展产业用纺织品作为优化纺织工业结构、保持和增强产业竞争力的重要途径，其发展水平已成为衡量国家纺织工业核心竞争力和科技水平的重要标志。

加入 WTO 与纺织结构调整

2001 年 11 月 11 日，在卡塔尔的首都多哈，当中国代表团团长、外经贸部部长石广生签署《中华人民共和国加入世界贸易组织议定书》文本后，中国加入世贸组织的所有法律程序履行完毕，根据世贸组织的规定，中国于2001年12月11日正式成为世贸组织成员。

中国加入世界贸易组织，并按世界贸易组织的规定履行自己的权利与义务，标志着中国的改革开放已进入了一个更高的阶段，将进一步融入世界经济之中。

加入世界贸易组织，是事关中国命运的战略利益所在，是历史性的机遇。中国加入世贸组织，无论对中国还是对世界，都具有重要的历史意义。

天下没有免费的午餐。加入世贸组织是以我国的经济实力为基础的，也是我们根据世贸组织的原则通过斗争得来的。实际上，加入世界贸易组织不仅对中国有利，对美国、对其他成员、对世界贸易组织、对世界贸易的发展也是有利的。权利与义务是平衡的，利与弊是并存的，我们得到历史机遇获得战略利益的同时，加入世贸组织也会给我国带来巨大的挑战和冲击，我们要付出必要的代价。当年，政府许多部门专门组织班子，重点研究“入世”后面临的变化，正确认识存在哪些挑战与影响，早谋对策，以保障我国国家利益，推动我国经济的健康发展。

2001年，当WTO成为媒体最热门的话题时，身为中国工程院院士的梅自强也不免遭到各种媒体的“围追堵截”。作为学者，对此他表现出足够的审慎和学者的严谨，他没有泛泛地说加入世贸组织会对中国纺织有什么影响，而只是对他终生从事和非常熟悉的棉纺织行业写过一篇实事求是的分析文章，文章的题目是“WTO与中国棉纺织工业的结构调整”。

在文章中，他首先厘清了棉纺织与纺织业的关系。梅自强说，棉纺织工业是我国纺织工业的主要行业。棉纺织行业年加工纤维量约占纺织工业年加工纤维总量的60%，棉纺织品和服装出口创汇占纺织工业出口创汇总额的30%—40%。在2001年纺织工业532亿美元出口创汇中，棉纺织品和服装为174亿美元，占32%。其中棉纺织品出口64亿美元，占纺织品出口总额167亿美元的38%；棉服装出口109亿美元，占服装出口总额365亿美元的30%。棉纺织行业也是我国纺织工业的基础性行业。纱、布等初加工产品的质量、品种直接影响印染、针织、色织、复制、服装面料等后加工产品的质量、品种和生产效率。初加工产品的成本也将直接影响后加工产品的生产成本和企业效益。棉纺织行业也是纺织工业中工艺、技术、装备和管理基础较好的行业。所以，研究加入 WTO 对棉纺织行业的影响，也就可以看出其对整个纺织工业的影响。

梅自强在文章中谈到了加入 WTO 对我国纺织工业的影响。他说，按照纺织品服装 ATC 协议，从 1995 年起的 10 年中将逐步取消配额，可以为扩大我国纺织品和服装出口提供机遇，但近期增长不会很大，这是因为我国纺织品和服装出口的主要市场在非配额地区。2001 年我国向设限国出口纺织品和服装 122 亿美元，占出口总额的 23%；向非设限国出口 410 亿美元，占出口总额的 77%。从出口地区分布来看，在 532 亿美元出口总额中，亚洲 326 亿美元，占 61%。其中日本 137 亿美元，占 25%；香港 106 亿美元，占 20%。欧洲 85 亿美元，占 16%。北美洲 73 亿美元，占 13%；其中向美国出口 61 亿美元，占 11%。

据海关资料，1990 年到 1998 年间，我国纺织品和服装出口增长中有 100 亿美元来自非配额地区，60 亿美元来自配额地区。所以取消配额以后，我国向设限国的出口将有所增长，但出口总额的增长不会很大。

按入世条款规定，2008 年 12 月 31 日以前，我国纺织品和服装对美国出口年增长率不得超过 7.5%，否则美国可以单方面重新设置配额。此外，设限国家还可以通过技术壁垒等措施限制我国纺织品、服装的出口。

配额既限制纺织品和服装出口，同时也保护了输出国在国际市场的份额。取消配额以后，输出国之间纺织品和服装在国际市场上的竞争将更为激烈。

加入 WTO 以后，我国纤维原料、纱、布、纺织品和服装面料等的进口关税将逐步减让。平均税率将由 2001 年的 20.25% 降到 2005 年的 11.4%。关税减让既有利于降低企业生产成本，增强产品竞争力，同时也将加大相关企业的竞争压力。棉花、羊毛由许可证管理改为关税配额管理，并将逐步放开经营和国际市场接轨，这将有利于推进我国棉花、羊毛流通体制改革。原料供应和价格的稳定也将有利于纺织企业的生产、经营和管理。

加入 WTO 以后，我国逐步放开外商投资贸易政策。取消投资审批，放宽股权比例，放宽产品内销和进口许可证等限制，将有利于吸引外资，扩大融资渠道，引进技术装备，提高企业生产技术水平。我国潜在的纺织品市场和众多纺织企业更新改造的技术装备市场都可能成为外商投资热点。外商利用我国低成本劳动力资源投资建厂，发挥他们技术、装备、人才、管理、信息等方面的优势，可以生产出比我国纺织企业更有竞争力的产品，这将是我国相关企业面临的又一种而且也可能是更大的竞争压力。

所以，加入 WTO 既是机遇，又是挑战。从总体和长远发展看，无疑是难得的发展机遇；从当前现实情况看，又将是严峻挑战。应对挑战的关键是增强我国纺织产品的竞争力。

熟悉行业情况的梅自强对我国纺织产品的竞争力充满信心。他认为，我国从纺织大国向纺织强国的转变是不可逆转的，我国纺织品服装的出口正在由以量取胜向以质取胜转变。

当时中国的吨纤维制品换汇水平不断提高，已达到每吨 1.5 万美元，但和欧洲、日本、韩国相比还有较大差距。2001 年欧盟向美国出口服装平均价折 12.37 美元 / 平方米，日本向美国出口服装平均价折 6.33 美元 / 平方米，中国向美国出口服装平均价折 4.72 美元 / 平方米。

2000 年我国出口纱、线 36 万吨，进口 120 万吨；出口坯布 59 亿米，进口 46 亿米。2001 年我国出口纱、线 24.55 万吨，进口 53.55 万吨；出口坯布 30.6 亿米，进口 14.3 亿米。纱、线进口连年大于出口，坯布也大量进口，原因是多方面的，初加工产品竞争能力不强是重要原因之一。和东南亚一些国家相比，我国纱布等初加工产品已经没有明显优势。

我国纱、布总体质量和国际水平有较大差距。2000 年我国无结头纱占 43%，无梭布占 24.4%，精梳纱约占 20%，精梳纱的质量也不如国际上精梳纱的水平。棉纺织行业总体技术装备水平和国际上有较大差距。据统计资料，2000 年全国棉纺纱锭 3443 万枚，其中 20 世纪 90 年代生产的设备约占 1/3，20 世纪 80 年代及以前生产的设备约占 2/3，还有 400 多万纱锭是 70 年代以前所生产的。我国棉纺总体技术装备水平和国际先进水平有 10 年 20 年的差距。

总体技术装备水平低还表现在新工艺、新技术比重小。20 世纪 90 年代以来，我国加快了清梳联、新型精梳、自动络筒和无梭织机的开发研制和推广应用工作，但在总量中的比重仍较低。棉纺生产中采用清梳联工艺的纱锭约占 15%，国际上已占 50%。我国精梳纱比重约为 20%，国际上已达 30%—40%。全国棉纺织行业有各种络筒机 2 万多台，其中自动络筒约占 1/3，发达国家 90% 都是自动络筒。织造的差距更大一些，1998 年世界共有棉织机 22215 万台，其中无梭织机 6712 万台，占 30%。欧洲无梭织机占 77.11%，美洲 60.8%，亚洲、大洋洲 17.17%，非洲 17.19%，而我国据统计资料，2000 年 6515 万台棉织机中仅有无梭织机 611 万台，占 9.13%。工艺、技术、装备方面的差距，将直接在纱、布质量、档次和用工、劳动生产率、产品成本、竞争力等方面反映出来。发达国家棉纺生产万锭用人一般为 30—60 人，而我国一般为 200—300 人。

在研究我国棉纺织差距的同时，梅自强提醒大家应该看到我国棉纺织行业的优势所在。纺织工业在我国国民经济中占有重要地位，是出口创汇的支柱产业。我国人均纤维制品消费水平还很低，还将有较大发展空间。纺织是我国基础较好的传统产业，工程技术、管理和各类生产工人的素质都比较高，还有一整套长期积累、行之有效的管理经验。纺织工业是我国总体竞争能力较强的一个工业部门，有充裕的劳动力资源和低工资成本优势。2000 年国际纺织业劳务工资水平（单位：美元 / 人 · 时）为：日本 26.3，德国 18.1，美国 14.2，台湾 7.23，香港 6.1，韩国 5.32，中国 0.69，印度 0.58，巴基斯坦 0.37，印度尼西亚 0.32。劳务费用在纺织产品成本中一般要占 60%—70%。决定劳务费用的一个因素是劳务工资水平，另一个因素是用工、劳动生产率。

对于加入 WTO 后如何增强我国纺织产品竞争力的对策，他提出：为适应纺织工业融入国际经济的竞争形势，要加快国有纺织企业的转制步伐。有关部门也正在积极创造条件，加快社会保障体系建设，为加快转制创造条件，增强企业适应市场经济的竞争活力。

梅自强指出，20 世纪 90 年代以来，国产棉纺织新设备通过引进技术，合作生产，开发创新，有了很大提高，接近或达到了 20 世纪 90 年代国际同类产品水平，并且有多种机型可供用户选择。

清梳联合机主要是郑州纺机厂和青岛纺机厂制造的两种机型，工艺性能、主要质量指标达到了国外同类产品水平。

并条机主要生产厂有沈阳纺机、天门纺机、宝成纺机、上海纺机总厂等。这些机型生产的棉条重量不匀率、条干不匀率等指标基本处于同一水平，配置国产或进口自调匀整装置以后，棉条重量不匀率和条干不匀率都可以有明显改善，用于精梳后并条可以缩减一道工序。

新型精梳机主要有经纬纺机、经纬合力、上海纺机总厂和常德纺机厂生产的几种机型，工艺速度、产品质量、自动化程度、精梳准备工艺都较棉纺企业大面积使用的老机型有很大提高，但和国际先进水平尚有差距。

天津纺机、宏源纺机和石家庄太行纺机开发研制的由计算机控制粗纱卷绕成形的新粗纱机机型达到了国际同类产品的先进水平，简化了机械结构，为适应高速创造了条件，成纱质量也有较大提高。FA425 型粗纱机还配置了粗纱张力在线自动检测控制装置，质量更为稳定。

国产几种新型号细纱机的工艺性能、自动化程度都有较大改进，可适应棉纺企业更新改造的要求。

青岛纺机和上海二纺机在 20 世纪 90 年代初通过引进技术国产化专项合作生产的两种自动络筒机，工艺性能达到了国际同类机型的水平，正在开发研制新机型，以跟踪国外自动络筒技术的发展步伐。

以上国产棉纺新设备已有较大批量在生产上应用，工艺质量、使用性能可以满足生产和更新改造要求，使用管理适合国情，价格低于国外同类产品水平，备品配件立足国内，使用厂无后顾之忧。

织造是我国纺织生产的薄弱环节，无梭织机的比重小。国产无梭织机的开发研制工作有很大进步，这从历年在北京和各地举办的纺机展可以看出来，但和国际先进水平还有较大差距，不能适应纺织企业增强产品竞争力的要求。高档无梭织机近年大量进口，据海关统计资料，2000 年进口各类无梭织机 14145 台，2001 年进口 16608 台。用好无梭织机、发展无梭织机的作用，还有很多工作要做。

为适应加入 WTO 以后增强我国纺织产品在国际市场竞争力的新形势，

他建议各地纺织企业认真研究入世条款、规则，从实际出发确定企业和产品在市场经济中的定位，提出技术进步、更新改造、调整结构、产业升级的目标和方案。

抓住历史机遇期

从20世纪80年代到21世纪的第一个10年，连续30多年，是中国纺织高速发展期。据统计，梅自强在这段时间里发表的论文、考察报告、专题报告和建议材料有80多篇。

经济学家林毅夫的比较优势理论，对中国放弃赶超战略，低下头来以“世界工厂”的角色融入国际分工做过系统的阐述。

比较优势理论认为，经济发展是一种循序渐进的过程，在经济发展的每一个阶段都要充分发挥当时资源禀赋的比较优势，而不是脱离比较优势进行赶超。随着经济发展、资本积累、人均资本拥有量的提高，资源禀赋结构也得到提升，产业的主导产品会从劳动密集型逐渐向资本密集型、技术密集型乃至信息密集型转变。

在改革开放初期，高度强化的二元结构使中国经济发展面临着工业结构高级化和农业劳动力转移争夺资金的矛盾。面对困局，中国有几种选择：一是优先发展农业、轻工业，补上农村劳动力转移这一课，但由于国内市场容量有限，消费水平低下，经济建设还处于高积累阶段而无法实施。二是走拉美国家借取外债谋求发展的道路，但中国是大国，按人口规模和人均外债水平计算，外债总额要达到1万亿美元以上，出口规模和还债能力无法平衡。三是发展机电产品出口，通过国际交换为重工业的发展积累资金，但机电产品基本属于发达国家之间的圈内贸易，落后国家难以涉足。在当时的历史条件下，第四条道路，以劳动密集型产品切入“国际经济大循环”，为工业发展快速积累资金的同时，解决农村劳动力转移的问题，就成为了既符合国情又有国际视野的新思路。于是，中国纺织工业成为了发展外向型经济、承接国际产业转移的先锋产业。

90年代，中国纺织曾经经历了一次痛苦但是有效的结构调整。从1997年开始，历时2年，销毁了占总产能近1/3的落后设备，导致上百万国企职工下岗，大批国企倒闭，或者改变所有制形式。到2000年，国有企业数量占行业总企业数量不到5%，中国纺织工业成为中国制造业中最早完全开放和市场化的行业，用达到国际先进水平的装备武装起来的中国纺织企业（其中民营企业约占90%）如上弦之箭，直指长期被发达国家操控和垄断的国际纺织品市场。

中国于2001年12月11日正式成为世贸组织成员，为中国纺织在中国融入世界经济一体化进程中的卓越表现提供了更大的舞台。因此，从20世纪90年代起连续20多年中，中国纺织业始终保持了两位数的增长，既是一个奇迹，也是一种水到渠成的必然。

2011年我国棉花产量达718万吨，占世界棉花产量的近30%，比第二名的印度多130万吨。

2011年，中国化纤产量3362.36万吨，占世界总量的60%以上。新中国成立之初，我国化纤工业一片空白，到1962年，我国的化纤产量只有1.36万吨。改革开放后，国内化纤工业进入一个快速发展阶段。随着中国加入WTO，在中国经济高速增长、国内外纺织市场需求快速扩大的形势下，化纤工业连续10年出现了每年近20%的高速增长，取得了举世瞩目的巨大成就，形成了世界化纤产量85%在亚洲，亚洲化纤产量80%在中国的局面。

2011年，中国纺织品服装出口金额达2479亿美元，比2001年增长了3.6倍。中国纺织品服装出口保持较强的竞争力，占据了世界1/3的市场份额。

2011年，我国的纺织生产能力已经占世界的50%以上，稳居世界第一。新中国成立初期，我国的纺纱能力为561万锭，到2009年国内纺纱能力已超过1亿锭，超过部分的零头数量比新中国建立初期的拥有量还多。同时，中国拥有完善成熟的纺织产业链和大批熟练工人。2011年纱产量2920.2万吨，比2001年增长了3.19倍。梅自强从年轻时起。一直追求的让中国成为名副其实的纺织超级大国之梦早已实现。

第八章
学者本色

1995 年 6 月，梅自强当选为中国工程院院士。6 月 26 日，他收到了中国工程院院长朱光亚在 6 月 20 日签发的通知，7 月 10 日到 14 日，梅自强出席了中国工程院第二次院士大会。

当选院士后，梅自强面临着社会活动增多的烦恼，他给自己及身边的工作人员定了规矩，只有涉及科技的活动他才会参加，其他活动一律婉拒，因为一些重要的、日常性的行业科技工作耗费了他大量的时间和精力。

学会领导中的实干家

梅自强与中国纺织工程学会有很深的渊源，是纺织学术活动的优秀践行者和杰出领导者。

1947 年 9 月，梅自强考入南通学院纺织科不久，就加入了中国纺织学会，多年来，他在学会的刊物上发表了 100 多篇论文，还有多篇论文在学会组织的全国学术年会上交流，是学会活动的积极分子，也是工程技术人员中的佼佼者。1979 年 10 月，在中国纺织工程学会第三届代表大会暨学术年会上，他当选为全国理事。之后，他又相继被选为全国常务理事，学术委员会副主任、主任。1992 年 11 月，在中国纺织工程学会第二十届全国代表大会上，梅自强当选为副理事长，之后，他担任中国纺织工程学会副理事长、学术委员会主任、陈维稷优秀论文奖评审委员会主任等职务直到他逝世。

中国纺织工程学会于 1930 年 4 月 20 日在上海成立，当时的名称是中国纺织学会。学会从成立到 1949 年的 19 年间，共举行过 14 届年会，可分为三个时期：一是从成立到 1936 年抗日战争爆发前，举行了 6 届年会；二是抗日战争时期，8 年中举行过 5 届年会；三是抗日战争结束到中华人民共和国成立前，4 年中举行过 3 届年会。每届年会的活动内容大体是：宣读学术论文，讨论会务，发行年刊，交流参观等。《纺织年刊》载有学术论文、会务动态和会员名单。另外，学会还出版《纺织周刊》，刊载纺织技术文章、学会活动消息、述评性短文和纺织工商动态。中国纺织学会的会员，创立时只有 60 余人，到 1949 年发展到近 2000 人。理事长是朱仙舫①。

1949 年 8 月举行的中国纺织学会第十四届年会决议把学会改组为中国纺织染工作者协会，开展了一系列科学普及工作。1950 年 11 月在北京召开的中国纺织染工作者协会代表会议决议恢复原名。1951 年 2 月，中国纺织学会加入中华全国自然科学专门学会联合会（1958 年并入中国科学技术协会）。根据联合会的要求，学会在原有基础上，合并中国原棉研究学会和中国染化工程学会，筹组中国纺织工程学会。1954 年 2 月召开的中国纺织工程学会第一届代表大会宣告中国纺织工程学会正式成立，总会设在北京。1984 年前，中国纺织工程学会历任理事长是陈维稷，之后，理事长分

---

① 朱仙舫（1887–1968），原名升芹，江西省临川县长乐乡百源朱村（今属进贤县长山晏乡）人。中国第一代纺织工业管理专家、实业家，江西民族纺织工业的奠基人，中国纺织学会的发起人。长期从事纺织工业管理和纺织科学技术的研究与实践，编著我国第一部纺织科技书籍《理论实用纺绩学》，开创早期纺织工业教育；设计建设 2 万锭纱厂，成为江西省民族纺织工业的奠基人；是中国纺织工程学会的前身——中国纺织学会的创始人之一。新中国成立后，朱仙舫担任纺织工业部计划司司长，中南军政委员会委员。

别由季国标[①]、杜钰洲[②]、王天凯[③]等担任。

目前，全国除西藏自治区和台湾省外，28 个省、市、自治区都已建立了地方纺织工程学会，全国 150 多个大中小城市中也建立了纺织工程学会组织，会员遍及企业、研究院所、高等院校、社会团体、管理部门等，学会现有个人、企业、机构会员 5 万多个。中国纺织工程学会设有秘书处、学术委员会、组织部、普及部、出版部、对外联络部、基金管理委员会、《纺织学报》编委会、陈维稷优秀论文评审委员会、中国科学技术专家传略纺织卷编委会等办事机构。下设棉纺织、毛纺织、麻纺织、针织、化纤、染整、丝绸、纺织机械器材、纺织设计、家用纺织品、服装服饰、标准与测试、空调除尘、产业用纺织品、技术经济、信息、环保、新型纺纱等 18 个专业委员会。

1979 年 10 月，中国纺织工程学会在广西南宁举行第三届代表大会暨学术年会，收到各地推荐的学术论文 759 篇，是纺织学会历史上规模最大的一次全国性盛会。在这次全国代表大会上，梅自强当选为全国理事。

1982 年 1 月，中国纺织工程学会成立学术工作委员会，梅自强任副主任。

1883 年 11 月，中国纺织工程学会第四届全国代表大会经通讯选举，梅自强当选为全国理事。

1988 年 5 月，中国纺织工程学会在陕西西安召开第十九届全国代表大会，梅自强当选常务理事，学术委员会主任。

---

① 季国标，1932 年出生，江苏无锡人。化学纤维工程技术和管理专家，我国化纤工程技术带头人之一，中国工程院院士。参与主持了保定化纤厂、南京化纤厂、兰州化纤厂和仪征化纤联合厂的建设。曾任纺织工业部副部长，中国纺织工程学会理事长，纺织工业部科技委主任，全国政协科教文卫体委员会副主任等职。

② 杜钰洲，1942 年出生，满族，黑龙江齐齐哈尔人。历任纺织工业部纺织工业设计院院长、纺织工业部副部长、中国纺织总会副会长、国家纺织工业局局长、中国纺织工业协会会长、中国纺织政研会会长。

③ 王天凯，1946 年出生，曾任陕西省经委副主任、党组成员，纺织工业部科技发展司司长，国家纺织工业局副局长、党组成员，国有重点大型企业监事会主席（副部级）。中国恒天集团公司总经理、中国纺织工业协会副会长（副部级）。2011 年 11 月，中国纺织工业协会正式更名为中国纺织工业联合会，出任会长。

1990 年 1 月，梅自强组织召开了中国纺织工程学会 1989 年全国学术会议。

1991 年 11 月，在中国纺织工程学会常务理事会上，梅自强任陈维稷优秀论文奖评审委员会主任。

1992 年 11 月，在中国纺织工程学会第二十届全国代表大会上，梅自强当选为副理事长、学术委员会主任、陈维稷优秀论文奖评审委员会主任。

自 1992 年起，梅自强在历次换届选举中均当选为副理事长、学术委员会主任、陈维稷优秀论文奖评审委员会主任。

梅自强自 1947 年加入中国纺织学会，到 2010 年去世，在长达 64 年参与学会的学术活动中，他的多篇学术论文在全国学术年会上交流，多篇论文在学会的期刊上发表。早年，作为学会的普通成员，他被誉为“学术活动的优秀践行者”，多次被评为学会活动积极分子，是工程技术人员中的佼佼者。担任学会领导职务后，他被誉为“推动学会工作发展的杰出领导人”。他主持学会学术工作后，建立健全学会所属各专业委员会的组织，发挥各专业委员会下属学组的作用，开展多层次、各种形式的学术交流活动。每年都有 20 多项活动列入总会重点学术交流计划，连同专业委员会所属学组以至三级学组的学术交流活动，每年多达一二百次，为中国纺织工程学会的发展作出了重大贡献。

梅自强认为，中国纺织工程学会汇聚了纺织行业的学术带头人和资深专家，在国内外具有一定的学术权威性。学会要把活跃学术思想，促进科学技术发展作为责无旁贷的使命，坚持不懈地把学术交流搞好，不断提高质量和水平。要以创新作为学术交流的主线，坚持“双百”方针，创造宽松的学术交流氛围。他提出学会工作的根本是学术交流活动，把日常的关注力放到学术上，“我们的灵魂是学术”，“我们是科技社团，我们天天要跟搞科技的科技人员打交道，我们不能没有这个灵魂。”为科技工作者服务不是一句空话，要建设学术平台，让学术平台为科技人员服务，推动全行业的技术进步和发展。

中国纺织工程学会原副秘书长兼秘书处处长、高级工程师曾斌平在回忆梅自强的文章中说，梅自强主抓中国纺织工程学会学术交流活动近 20 年时间，他重视和热心学术交流活动，认为学会开展学术交流活动是体现学会属性的基本方面，学术交流活动是教学、科研工作的重要环节之一，是科研工作的延伸，是展示、推广科研成果的重要形式。

梅自强对学术交流工作常抓不懈，不断创新工作方法和组织形式，不断开创学术交流工作的新局面。开展多层次、多形式的学术交流活动，拓宽活动空间和地域，在广度和深度上下功夫，不断提高学术活动的质量和水平。每年组织、领导学术活动数十次，他不但是学术交流活动的组织、领导者，还在许多学术交流会议上作学术报告。梅自强提出了用高新技术改造传统纺织工业的观点，为加大宣传和付诸实施，他亲自商请中国工程院农业、轻纺和环境工程学部、国家纺织工业局规划发展司、中国科协学会部和中国纺织工程学会联合举办“21 世纪中青年论坛——高新技术改造传统纺织工业学术研讨会”。为了开好此次会议，他亲自拟定了征文提纲，包括征文主题、征文要求等，并邀请有关主管部门领导、中国工程院有关院士等出席并作报告。该会于 1999 年 11 月 11 日至 13 日在北京召开。梅自强院士在大会上作了主题演讲。他强调，我国用高新技术改造传统纺织工业势在必行。与会代表形成了“初步摆脱困境的国有企业必须把发展的重点转移、转向应用高新技术，开展技术改造，调整产品结构，推动产业升级上来”的共识①。

在梅自强院士的组织领导下，中国纺织工程学会的学术活动开展得风生水起，有声有色，为推动我国纺织科技进步，提高劳动生产率，提高产品附加值，创自主品牌，结构调整，产业升级，加速纺织工业的发展发挥了重要作用。

严谨公正的评审者

梅自强是中国纺织工业协会科学技术奖（2011 年更名为中国纺织工业

① 曾斌平：梅自强院士潜心参与组织、领导卓有成就的几项技术学术性工作。2014 年，未刊稿。资料存于采集工程数据库。

联合会科学技术奖）评审委员会委员、副主任，每年参加和主持奖项的评审工作。

纺织作为重要的民生产业，从新中国建立起就受到中央的高度重视。1949 年 10 月，中央人民政府设立政务院纺织工业部，是新中国第一批成立的 5 个工业部门之一。1954 年 9 月成为国务院的组成部门，全称为“中华人民共和国纺织工业部”。为鼓励和发展科技进步，纺织部自 50 年代起设立了科学技术奖，在“文化大革命”期间中断。1977 年 12 月纺织部从轻工业部分出，重新恢复纺织科技奖评选。1993 年 3 月纺织工业部撤销，成立中国纺织总会，为国务院直属事业单位。1998 年 3 月，中国纺织总会改组成国家纺织工业局，由国家经济贸易委员会管理。2001 年 2 月，国家纺织工业局撤销，中国纺织工业协会成立。纺织行业自此进入了由社会中介组织进行服务、协调的行业自律的新阶段。原来的纺织科技奖在 2003 年经中华人民共和国科学技术部、国家科学技术奖励工作办公室重新审查批准设立，由中国纺织工业协会主管。2011 年 11 月，中国纺织工业协会更名为中国纺织工业联合会，纺织科技奖也由“中国纺织工业协会科学技术奖”更名为“中国纺织工业联合会科学技术奖”。

中国纺织工业联合会科学技术奖每年评审一次，旨在奖励在全国纺织行业基础研究、科技成果开发、创新及推广等方面做出突出贡献的单位或个人。对获得中国纺织工业联合会科学技术一、二等奖的项目，择优向科技部国家科学技术奖励工作办公室推荐，参加国家科学技术奖的评审。

纺织之光科技教育基金会为获得年度中国纺织工业联合会科学技术奖的一等奖、二等奖项目颁发奖金，一等奖奖金 5 万元，二等奖奖金 1 万元。

纺织之光科技教育基金会是中国纺织工业协会发起，国务院国有资产监督管理委员会主管，在中华人民共和国民政部登记注册的社团法人。

纺织之光科技教育基金会的前身是 1997 年成立的钱之光科技教育基金。基金由一批拥有高度使命感和责任感的纺织企业和企业家捐资筹建完成，注册资金 2000 万元，实有资金 4500 万元。当时取名“钱之光科教基金”，是为继承和发扬钱之光开拓的新中国纺织业的艰苦创业精神，推动科学和教育进步，振兴中国纺织工业。

纺织之光科技教育基金主要用于奖励在纺织行业科技进步、提高行业创新能力等方面做出突出贡献的单位或个人，奖励在纺织教育战线上的优秀教师和优秀学生，发挥他们在全行业的典型和引导作用，并在可能的条件下支持一些对纺织行业产业升级有重大影响的基础性科研项目。

中国纺织工业联合会科学技术奖是纺织业内最重要的奖项。2003 年经中华人民共和国科学技术部、国家科学技术奖励工作办公室重新审查批准设立后，2004 年开始评审工作。

纺织科技奖评审委员会设主任委员 1 人、副主任委员 2—3 人、秘书长 1 人、委员若干人。主任委员由纺织科技奖励办公室主任担任。评审委员会委员实行聘任制，由纺织科技奖励办公室根据当年申报项目的情况，从纺织科技专家库中遴选聘任。

从 2004 年开始评审起，梅自强一直担任纺织科技奖评审委员会的评审委员和评审委员会副主任之职。

梅自强亲自参与制定的纺织科技奖评审委员任职条件是：学识渊博，熟悉本学科（专业）领域国内外科学技术发展动态，有较强的综合判断能力，具有高级专业技术职称或相当职务；认真负责，具有良好的科学道德和职业道德；身体健康，年龄一般不超过 65 岁；热心纺织科技奖励事业，有能力全程参加纺织科技奖评审和有关活动。评审委员须履行的职责是：全程参加会议评审，特别在表决时必须出席，如无特殊理由不得请假。参加纺织科技奖的评审工作，不受任何组织和个人的非法干涉。评审时，应当严格按照《中国纺织工业协会科学技术奖励办法》及其实施细则规定的奖励条件和标准，科学、公正、实事求是地评审纺织科技奖的申报项目，不得弄虚作假、徇私舞弊。对评审中涉及的技术内容及评审情况，须严格保守秘密。认真学习国家科学技术奖励及纺织科技奖励政策和评审有关业务知识。对纺织科技奖奖励工作及有关政策提出建议和意见。

梅自强在履行职责方面堪称模范，每年从纺织科技专家库中遴选聘任的专家们对他的工作态度和学术水平交口称誉，引以为榜样。

根据评审工作需要，纺织科技奖评审委员会设立若干专业评审组，其主要职责是：负责各自专业范围内的纺织科技奖初评工作，并将初评结果报纺织科技奖评审委员会。各专业评审组设组长 1 人、副组长 1—2 人、成员若干人。评审组成员实行资格聘任制，其资格由纺织科技奖励办公室认定。评审组成员实行轮换制，每年轮换 1/3—1/2。作为中国工程院院士，梅自强历年担任棉纺织专业评审委员，他在小组评审工作中，谦虚谨慎，注意倾听项目单位及其他评委的意见，服从组长的工作安排，被专家们视为工作的楷模。

纺织科技奖励委员会及其各级评审机构的评审会议应当有 2/3 以上多数（含 2/3）成员参加，会议表决结果有效。一等奖应当由到会委员的 2/3（含 2/3）多数通过；其他奖项应当由到会委员的 1/2 以上多数通过。

纺织科技奖评审实行回避制度，当本届评审委员及所属单位申报纺织科技奖时，在评奖过程中全程回避。梅自强在这方面以身作则，表现突出。梅自强曾经担任过中国纺织科学研究院院长，虽然早在 1987 年就到纺织部任科技委副主任了，从 1995 年 1 月起也不再担任纺科院的顾问，但是，凡在纺织科技奖的评审工作中遇到讨论和评审纺科院的项目时，梅自强总是自觉回避。出于对老单位的关心，他每次都是从评审席转到答辩席上旁听，在专家们讨论和投票表决期间也主动回避。在梅自强的带头作用下，纺织科技奖评审委员会执行回避制度非常严格，许多委员对有亲属关系、师生关系，是利益共同体或者合作伙伴等关系，都能自己主动提出并做到全程回避。

梅自强担任评审委员会副主任期间，每年负责纺织科技奖的评审工作，为完善纺织科技奖励工作提出过不少真知灼见。梅自强在评选过程中发现，一些企业的科技成果，尽管创新性、技术水平都不低，经济效益也很好，但是由于项目参与人员长期在企业一线从事生产工作，在项目的总结特别是理论性的分析研究方面容易有欠缺。而一些高校的科研人员，其初步的研究成果可能在产业化过程中尚有大量研究要完成，也就是一个“半成品”，有时候连半成品也算不上，但是凭借理论基础好，文章写得漂亮，数学模型、理论分析也做得好，往往特别容易得到评委们的青睐。因此，梅自强提出科技奖评审中要注意向企业倾斜的政策，得到了评审委员会中全体工程院院士及资深评委们的首肯。纺织科技奖现在成为中国纺织企业竞相参与的奖项，在企业界拥有很高的权威性。

关注前沿技术的桑麻科技奖

桑麻纺织科技奖是香港桑麻基金会每年颁发的奖项。除科技奖外，香港桑麻基金会每年还在纺织专业大专院校中对学生和教师颁发桑麻奖学金和桑麻奖教金。

在梅自强院士参与的诸多奖励表彰项目的评选工作中，他对陈维稷优秀论文奖和香港桑麻纺织科技奖花的精力最多。他是桑麻基金会的受托人，分管自 1997 年设立的香港桑麻纺织科技奖一年一度的评选工作。梅自强院士参与了奖项的设立筹备工作，是奖项的组建人之一。万事开头难，梅自强首先抓立章建制，评审委员会、评审条件、评审程序等各项工作一一落实，扎实有序地开展。他执笔和组织起草了《香港桑麻纺织科技奖评选条例》《香港桑麻纺织科技奖提名推荐书（样式）》等。

在具体组织实施中，梅自强殚精竭虑，深入细致地抓好申报、提名推荐、汇总、资格审查、专业委员会评审（初评）、终评审等各个阶段的工作。在他的组织领导下，奖励项目的评选工作每年都进展顺利，梅自强其他工作再忙，都要对评审材料认真审改，并为《香港桑麻会刊》撰写评选综述等文稿。

香港桑麻基金会是著名实业家、爱国人士、为香港回归做出巨大贡献的香港特别行政区大紫荆花勋章获得者查济民先生于 1992 年创建的。查济民生于 1914 年 4 月，是我国纺织界耆宿，从 20 世纪 30 年代初开始，为发展中国纺织工业倾注了大量心力，成绩卓著。查济民年臻耄耋还在为中国纺织的发展殚精竭虑，他以一位成功实业家的丰富经验和智慧，认为科技进步和培养人才是纺织发展的根本问题。因此他于 1992 年率先出资成立了桑麻基金会，以奖掖后进，发掘人才。查济民先生于 2007 年 3 月逝世后，桑麻基金会主席一职由其女儿查美龙接任。查美龙秉承查济民的遗愿，大幅度增加对基金会的投入，大幅度提高桑麻科技奖和教育奖的奖金标准。

香港桑麻基金会之所以命名“桑麻”，意在缅怀现代纺织起源于中国。中华远祖在四五千年以前就能植桑育蚕，制丝织绸，种麻采葛，不断发明各种天然纤维的纺织染技术，中国纺织品曾经在很长的一段历史时期中，通过丝绸之路惠及全世界。

桑麻基金会的基金经查济民不断增加捐赠，已由成立初期的 200 万港元扩大到 3000 万港元。在他的努力下，从 2000 年开始，接受香港工商团体的资助。2008 年，查氏集团又捐赠 1500 万港元，基金总额由 3000 万元增加到 4500 万元，有力地推进了奖金标准的提高。从 1994 年开始，香港桑麻基金会先后在天津纺织工学院（现天津工业大学）、中国纺织大学（现东华大学）、浙江丝绸工学院（现浙江理工大学）、北京服装学院和西安工程科技学院（现西安工程大学）设立奖学金。基金会又于 1998 年起，在上述院校先后设立了奖教金。2008 年后，5 所院校一年的奖教金、奖学金总额从人民币 70 万元提高到 103 万元，各校的奖教金、奖学金标准相应提高。截至 2008 年，5 所院校共奖励优秀学生 3514 人次、优秀教师 366 名，奖学金累计人民币 821 万元。

桑麻基金会于 1997 年开始设立桑麻纺织科技奖。到 2008 年，共有 168 人获奖，奖金累计 366 万元。1998 年至 2001 年间曾设立桑麻纺织杰出青年学者奖，先后有 7 人获奖，累计奖助 19 万美元。2002 年起桑麻纺织科技奖评选和奖励办法做了调整，桑麻纺织杰出青年学者奖暂停。同时较大幅度提高了桑麻纺织科技奖的奖金，设特等、一等、二等三个等级，奖金分别提高到 10 万、5 万和 2 万元人民币。2008 年该项奖金分别提高到 10 万元、6 万元和 3 万元人民币。年度实发科技奖奖金总额由 2008 年之前的 43 万元增加到 66 万元。

中国纺织工业联合会会长王天凯在回忆与梅自强共同创建桑麻纺织科技奖经历时说：

我跟梅自强院士交往最多、最密切的共同经历，就是香港桑麻基金纺织科技奖的创建与评审过程。

桑麻科技奖1992年设立，那时我刚到纺织工业部科技司当司长，主管科技工作的副部长季国标找到我，说要把这个基金建立起来同时要运转好。当时的内地受托人是季国标、杜燕生和我三个人。这个奖项怎么运作，起步时候确有一定的难度。我具体负责来管理这件事情，那么一个奖项的评估，这么大一个行业的评审，怎么申报，怎么筛选，怎么评审，怎么奖励，都是要设计和实际做工作去落实的。

当时，面上是我负责，而具体工作就由梅自强和年事已高的老科技工作者李鸾贤来做，从评审、申报，整个程序设计，梅自强都做了大量具体而细致的工作。从1997年开始，桑麻基金会又从内地增补了梅自强和梁善两位同志为受托人，梅自强负责科技奖项，梁善负责教育。

当时地方很多机构变动了，省市的纺织厅局也没有了，后来纺织部也撤销了。梅自强以地方纺织工程学会、纺织高等院校和科研院所作为奖励项目申报的基本来源，这个方法和渠道沿用至今，说明它具有代表性、合理性。

评审共分五个组，有纺织、印染、化纤、装备和新技术。每个组随机抽调有代表性的专家，少则三四人，多则七八人。申报的项目要经过五个组的初评，然后进入终评，终评的评审工作我来组织，行业中的工程院士、受托人，还有部分香港地区的学者、专家来评审。

程序讲起来非常简短，但实际评审工作非常烦琐。每年全国大量的科技评审项目的筛选工作尤为复杂，这个工作主要就是梅自强在做。在评审过程中，我深感梅自强对所有项目都非常清楚，哪些项目上来是什么原因，哪些项目没有评审又是什么原因，哪些项目建议进入一等奖，这个项目因为什么原因建议特等奖，评审当中大家关注的一些问题和疑问，他都了如指掌。

在评审过程中，我看到有相当多的项目都得到过梅自强的支持和帮助。他对项目的整个成长过程如数家珍，因为中间也有他的心血。经常看到有些项目是他前期辅导过的，后来又给过一些什么指导。特别是他当选院士之后，去了那么多地区，深入那么多企业，给那么多项目做指导。可以这么讲，梅自强献身于行业的科技工作，付出了毕生的精力。

梅自强的工作方法也很有特点，你看不到他有急躁的时候，总是非常温文尔雅；也看不到他以学者自居，对别人的意见不屑一顾；从来不摆架子，总是一种和蔼亲切的学者风度；还有，在他身上表现出来的是做学问非常公正，没有门第派别的偏见，对所有项目的来龙去脉都实事求是，这也是他在学术界享有较高声誉的原因之一。

从 1992 年到今天，已经 20 多年了，我与梅自强一起工作的时间有 18 年，1995 年以后，他成为中国工程院院士，又是全国政协委员，在地位和成就都不如梅自强的一些人眼中，这些事都是繁杂琐事，是小年轻干的跑腿的事情，但他没有一次跟我反映过工作太琐碎，太烦琐，或者说我没有时间来做。作为科学家，用埋头苦干的态度来推进一项对行业科技发展有重要作用的事业，我们看在眼里，敬佩在心上。

如果要我总结他留给我的印象，那么首先是一种态度，对工作认真负责的态度；是一种作风，对科学谦虚谨慎的作风；是一种胸怀，对学术精益求精，包容各派的胸怀；还有一种精神，就是献身行业的技术进步，忘我工作，不计报酬，勇于付出的精神。

另据曾斌平回忆，在梅自强提议下，为了了解从 1997 年至 2008 年荣获桑麻纺织科技奖项目实现产业化、技术转让、销售收入等情况，中国纺织工程学会于 2009 年 2 月给所有获奖人和获奖人所在单位发出《请报送历年来荣获香港桑麻纺织科技奖项目实现产业化情况的函》，并附有调查问卷表。问卷发出后，经催办和各方面了解，汇总统计主要情况为：已实现产业化 70 项，占获奖项目总数的 82.3%。其中大学 31 项，占 36.5%；科研院所 17 项，占 20%；企业 22 项，占 25.9%。正在产业化过程中 12 项，占 25.9%。其中大学 10 项，占 11.8%：企业 2 项，占 2.4%。未产业化 3 项，均为大学科研项目占 3.5%。累计转让 331 个企业。新增销售收入 1120.3 亿元，技术转让收入 2568 万元[①]。

① 曾斌平：梅自强院士潜心参与组织、领导卓有成就的几项技术学术性工作。2014 年，未刊稿。资料存于采集工程数据库。

从以上这些数据可以看出，桑麻纺织科技奖获奖项目技术比较成熟，产业化率达 80%以上。企业和科研院所获奖项目全部实现产业化，大学获奖项目有些没有实现产业化，主要原因是项目的成熟度不够，受进口同类产品的冲击等。

主持陈维稷优秀论文奖评审

“陈维稷优秀论文奖”是经中国纺织工程学会第十九届全国会员代表大会决议，于 1989 年设立的纺织行业最高学术活动奖。“陈维稷优秀论文奖”的设立是为了纪念为我国纺织工业和纺织学会工作作出卓越贡献的原纺织工业部副部长陈维稷，同时为鼓励广大纺织科技工作者及其有关行业的科技工作者积极从事纺织科技学术活动，促进纺织工业学术水平提高和科学技术进步，使学术活动更好地为纺织工业生产建设服务；发现和培养优秀的中青年纺织科技人才，鼓励他们不断努力，加速成才。自设奖以来，每两年一届，已连续举办 13 届。

陈维稷是我国现代纺织科学技术奠基人、教育家和社会活动家。中华人民共和国建立后，任纺织工业部副部长长达 33 年之久，在建立纺织工业完整教育体系，领导制定纺织科技发展规划，推进纺织科技进步，支持棉花良种培养，建立和健全纤维检验机构，发展纺织出版事业以及加强国际合作等方面作出了卓越贡献。他又是中国纺织工程学会的组织者和主要领导人，曾主编《中国大百科全书·纺织卷》和《中国纺织科学技术史（古代部分）》等重要著作，是我国纺织界与科技界一位深受尊敬的领导人和专家、学者①。

“陈维稷优秀论文奖”自设立以来，严格按标准执行，始终坚持宁缺毋滥，保证了论文的高水准及其实践性，在行业中享有盛誉。

1989 年，“陈维稷优秀论文奖”设立时，梅自强任首届陈维稷优秀论

① 薛庆时、蔡静渊、卜大乾:《陈维稷传》。北京：中国纺织出版社，1997 年。

文奖评审委员会副主任。

1991年11月，在中国纺织工程学会常务理事会上，梅自强任陈维稷优秀论文奖评审委员会主任。

1992年11月，在中国纺织工程学会第二十届全国代表大会上，梅自强当选为副理事长、学术委员会主任、陈维稷优秀论文奖评审委员会主任。

作为陈维稷优秀论文奖评审委员会主任，梅自强自论文奖设立伊始，就立章建制，将评审委员会组建、评审条件、评审程序等各项工作一一落实。《陈维稷优秀论文奖评选条例》《陈维稷优秀论文奖评选条例实施细则》《陈维稷优秀论文奖评审委员会及专业委员会评审组织条例》都是梅自强执笔起草的，这些条例在2006年进行修改时，也是梅自强逐字逐句审改定稿完成的。

在《陈维稷优秀论文奖评选条例》中，梅自强提出了他心目中优秀学术论文的标准：

1. 论文内容限于为纺织工业服务的和纺织业中为其他行业服务的新技术、新工艺、新设备、新材料、新产品的开发应用、理论研究及技术经济研究。

2. 论文应具有较高学术水平，有所创新发展。涉及范围应有相当深度、广度和难度。

3. 论文对纺织科学技术和生产建设发展应有实际指导意义和推动作用，实践后具有较好的经济效益和社会效益。

4. 论文应主题突出，有明确的论点，足够的论据（如相应的可靠的统计数据，正确的理论依据，实践证明等），严密准确的结论意见（论文不同于一般的生产、研究报告、经验总结、信息汇总、历史资料综述、会议发言稿等）。要求文字简洁流畅、逻辑性强、不宜过长（一般在8000字以内），亦不宜过于简短（必须能说清楚，保密不可过分），引证他人资料及数据要注明出处。设备要写正式型号，不要写“仿××”。

5. 文中所用标点符号、计量单位、名词术语、外文译名等都应按国家和本行业的标准要求书写。

在奖项的实施细则中，梅自强对奖项进一步做了规定：

1. 有关纺织科技方面的新工艺、新技术、新设备、新材料、新产品的开发应用和理论研究。

2. 有关纺织技术经济方面的战略、决策、预测、规划的研究及现代化管理研究。

3. 有关纺织标准、计量、测试技术的研究。

在上述奖励范围内取得创造性成果，有明确的学术观点，在理论上有所创新，有一定指导意义，实践证明有显著效果，能推动学术水平提高、科技进步、促进生产建设发展的优秀论文。

本奖励不包括不直接应用于纺织技术的计算机软件、纺织图书、历史资料等。对于已获得其他社会团体或其他行业以及省部级及以上国家的专门奖励，如科技进步奖、自然科学奖、发明奖，其理论部分与本论文相似者，则不再奖励。

奖励等级标准如下：

特等奖：论文水平应达到国际先进，理论上有所创新，能推动学术水平提高、科技进步，对生产建设的发展和宏观决策有很大作用，经实践证明有很大的经济效益和社会效益者。

一等奖：论文水平应达到国内领先，理论上有一定发展，能推动学术水平提高、科技进步，对生产建设的发展和宏观决策有较大作用，有较大经济效益或社会效益者。

二等奖：论文水平应达到国内先进，理论上有新的见解，能推动学术水平提高、科技进步，对生产建设的发展和宏观决策有一定作用，且以后有可能产生一定经济效益或社会效益者。

表扬奖：论文应有独到之处，对科技进步、生产建设有较大参考价值者。

论文作者（包括合作）可以担任当届评委、评审组成员。但涉及本人论文时，应予回避。

评定论文采取无记名投票表决，分两次投票，初投时打分法及评等法并用，再汇总分析，评委复议，进行终投。打分表分两种，分别适用于技术性论文和技术经济性论文。专业评审组应有出席评审员的二分之一以上通过有效，评审委员会应有三分之二以上出席，二分之一以上通过有效。

获奖论文由评审委员会发布公告，发布之日起三个月内无异议者，才可授奖。

对获奖论文的一般性争议，如作者增减、排名次序等，由申报部门负责处理并报评审委员会备案，信函申诉以发出日邮戳为凭。

凡属内容方面的争议或有弄虚作假、剽窃抄袭等情况，由申报部门研究，提出处理意见。二等奖及以下由专业评审组裁决，特、一等奖由评审委员会裁决。

对获奖论文提出争议者，必须在规定期限内采用书面形式提出明确的理由、具体证明材料。

各级评审组织应及时处理争议，如争议未能在授奖前处理完，应暂缓授奖，或另作处理。处理争议应秉公负责，实事求是。

在具体组织实施中，梅自强深入细致地抓好申报、提名推荐，汇总，资格审查，专业委员会评审（初评）、终评等各个阶段的工作。在他的组织领导下，陈维稷优秀论文奖第一届至第十一届（1989 年至 2009 年）共评选出一等奖 11 篇，二等奖 140 篇，三等奖 424 篇，表扬奖 999 篇。

领导重要期刊及科普活动

《纺织学报》是我国纺织界最高学术水平期刊之一，在国内外享有很好的声誉。根据国家新闻出版总署的有关规定，由中国纺织工程学会秘书处承办编辑部各项工作，组建并注册了《纺织学报》杂志社，从 2006 年 1 月开始由双月刊改为月刊。梅自强是中国纺织工程学会第二十三届理事会《纺织学报》编委会主任，他在百忙中，经常深入《纺织学报》编辑部办公室，与编辑部的同志打成一片，了解情况，商定、研究有关事项，帮助解决有关问题，为提高《纺织学报》的质量、影响力和声誉付出了很大精力，受到《纺织学报》编辑部同志们的尊敬和爱戴。

《纺织科普》是一份以刊登国内外纺织高新技术、纺织科技知识等的科普读物，长期以来得到广大纺织科技工作者和各地纺织工程学会的欢迎和大力支持。在梅自强的直接参与下，经过调整编辑力量，改进了版面，提高了质量，加大了宣传力度，增加了刊登企业技术进步等内容。梅自强要求中国纺织工程学会各部门认真学习《中华人民共和国科学普及法》，结合实际工作认真贯彻执行。例如，在 2004 年学会参加了由中国科协组织的围绕主题“营造讲科学、爱科学、学科学、用科学良好氛围”的全国科普日北京广场科普活动，在广场展示《纺织科普》展板，发放科普资料，并积极参加企业的咨询工作。

《纺织学会动态》是中国纺织工程学会加强与各省、自治区、直辖市纺织工程学会等单位和广大会员的联系，刊登上级主管部门重要文件精神及沟通各地学会情况等的重要工具。在梅自强的关心下，《纺织学会动态》通过改版，加大了信息量，特别是增加了转载中国科协有关领导对加强学会改革的指导性文章和地方学会的消息，团体会员介绍等，增强了可读性和导向性。后来，又进一步从内部刊物发展到利用网络技术定期更新的网站刊物。

除了这三种常年出版的期刊，梅自强还组织力量，编辑出版《陈维稷优秀论文奖论文汇编》（每届一册），《中国纺织工程学会全国会员代表大会专辑》（第二十一届至二十三届每届一册），以及《国外纺织染料助剂使用指南》《中国纺织染料助剂使用指南》《中国毛纺织行业实用指南》《中国丝绸行业服务指南》《中国印染行业服务指南》《国内外化纤行业产品指南》《中国棉纺行业服务指南》等专业性、实用性很强的技术资料汇编。此外，学会所属有关专业委员会编辑、出版了一批刊物或通讯，如空调除尘专业委员会的《纺织空调除尘》、产业用纺织品专业委员会的《中国非织造布和产业用纺织品》等，都得到了他的指导。

梅自强深谙编辑出版学术期刊的重要性，他把编辑出版学术期刊与召开学术会议比作技术进步的车之两轮、鸟之两翼。

梅自强多次组织中国纺织工程学会学术委员会及所属各专业委员会，针对我国纺织工业各行业的现状，面临的矛盾和问题，国际纺织业发展趋势，我国纺织工业各行业的差距，今后的发展方向及对策等。进行调查、分析、研究。1990 年和 1997 年他组织力量，先后编写出版了《纺织工业“八五”科技发展战略研究》和《“九五”纺织科技发展战略研究》，受到国家及各地纺织工业主管部门和科技人员的好评和欢迎。

梅自强为了充分发挥全国学术会议的作用，组织力量将每年召开的数十个重点会议中通过评审的学术论文，汇编成《学术论文集》出版，并被清华同方收入“中国重要会议论文全集数据库”中。据不完全统计，在梅自强院士担任中国纺织工程学会学术委员会主任期间，共编辑出版各类学术论文集 500 多种。

编纂《中国大百科全书·纺织卷》

1978 年，中国大百科全书总编辑委员会和中国大百科全书出版社成立，先后组织 2 万余名专家学者，历时 15 载，终于纂成《中国大百科全书》这部皇皇巨著。全书按学科或领域分成 74 卷，共收 7.8 万个条目，计 66 个学科、1.26 亿字，并附有 5 万余张图片，册叶浩瀚，内容宏富，适于高中以上、相当于大学文化程度的读者使用。全书出版后，深受学术界和广大读者推许，1994 年获第一届国家图书奖荣誉奖。

《中国大百科全书》由胡乔木任总编辑委员会主任，姜椿芳、梅益先后任总编辑，1993 年 8 月出齐。梅自强作为中国工程院院士，参与了《中国大百科全书》中纺织卷词条的撰写、校对、审稿工作。

《中国大百科全书》纺织卷共收条目684个，插图820幅，计104万字。内容包括纺织史、天然纤维、化学纤维、丝绸、纺织、机织、针织、染整和纺织品等。

按照国际惯例，百科全书通常每间隔若干年出版一个新的版本。

《中国大百科全书（第二版）》经国务院批准于1995年12月正式立项。之后，新闻出版总署将其列入“九五”“十五”国家重点图书出版规划，并组织成立了以周光召为主任的《中国大百科全书（第二版）》总编辑委员会。2006年，《国家“十一五”时期文化发展规划纲要》又将《中国大百科全书》列为“国家重大出版工程”。在以周光召为主任的总编辑委员会的领导下，全国各界专家、学者历经十余年努力，终于完成了这一皇皇巨著。《中国大百科全书（第二版）》于2009年8月出版。

《中国大百科全书（第二版）》是第一版的修订重编版，是面向21世纪反映国家科学文化水平的新一代百科全书。全书内容包括哲学、社会科学、文学艺术、文化教育、自然科学、工程技术以及军事科学等各个学科和领域古往今来的基本知识。不仅涵盖了全人类的科学文化成果，而且注重对悠久的中国各民族历史文化遗产和科学技术成就的传承，尤其是充分反映了中国人民在建设中国特色社会主义道路过程中取得的重要成果，形成了具有鲜明中国特色和风格的百科知识宝库。

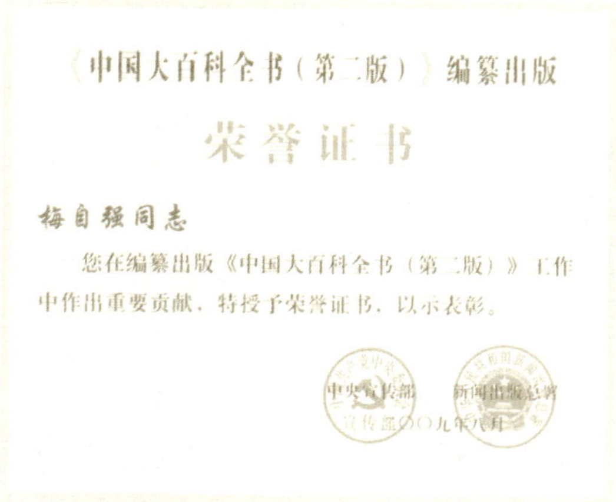
《中国大百科全书（第二版）》编纂出版
荣誉证书
梅自强同志
您在编纂出版《中国大百科全书（第二版）》工作中作出重要贡献，特授予荣誉证书，以示表彰。
中央宣传部 新闻出版总署

图8-1 《中国大百科全书（第二版）》编纂出版荣誉证书（李椿和提供）

《中国大百科全书（第二版）》在编排上遵循了当代世界各国编纂百科全书的通行做法。第一版是按学科分类陆续分卷出版的，是当时历史条件下的权衡做法。第二版的编排按照国际上的通行做法，全书的条目标题全部按其汉语拼音顺序统编排列，更加方便了读者的寻检查阅。从这一意义上说，它是中国第一部符合国际惯例的大型现代综合性百科全书。

《中国大百科全书》的作者选择始终坚持“让最合适的作者撰写其最擅长的条目”的原则。《中国大百科全书（第二版）》作为第一版的修订重编版，条目的撰写人在尽可能保留第一版仍健在的作者的基础上，又聘请了在各学科领域崭露头角的中青年专家学者为作者。30 年来，为《中国大百科全书》撰写条目的作者累计约达 30000 人。其中既有学界泰斗、国学大师，又有一流专家、资深学者。中国科学院和中国工程院院士 1100 余人，中国社会科学院首批学部委员 47 人中的 25 人，荣誉学部委员中的多数人，都参加了编撰工作。可以说，目前中国自然科学、科学技术和人文社会科学方面最具代表性的重要专家学者及各学科带头人多数参加了该书的编撰工作。《中国大百科全书（第二版）》共收条目 60000 个，约 6000 万字，插图 30000 幅，地图约 1000 幅。全书内容以条目形式编写，在继承第一版的编纂原则和编写理念的基础上，设条和行文更注重综合性和检索性，介绍知识既坚持学术性、准确性，又努力做到深入浅出，具有可读性，适于中等及其以上文化程度的读者查检和阅读。

2007 年 11 月 30 日，作为《中国大百科全书（第二版）》纺织学科主编的梅自强在接受新闻媒体采访时说,《中国大百科全书》第一版是我国第一部百科全书。它按学科分类分卷出版。其中纺织卷于 1984 年 6 月出版。大百科全书是一部代表我国科学文化水平的大型综合性百科全书。纺织卷全面反映了我国几千年来纺织工业发展的历史、纺织科学技术的成就和达到的水平，是一部有很高历史文化价值的传世之作。纺织卷的出版受到我国纺织业界各级领导、广大工程技术人员、科研单位及大专院校专家学者的重视，对普及科学技术知识，促进我国纺织业界和世界各国的联系与交流发挥了重要作用。

《中国大百科全书》第一版纺织卷出版以来已经过去 20 多年了，世界科学技术有了很大进展，传统纺织技术进入了现代化发展阶段。新工艺、新技术、新设备促进了纺织新纤维的开发和应用，促进了我国纺织新产品的开发和生产。我国已是世界第一纺织生产大国和出口大国。我国纺织工业正处于加快结构调整、推进产业升级的新时期。

大百科全书第二版是按照国际上编纂百科全书的通行做法，全书条目按字母顺序排序。全书预计出版32卷，颇为壮观，适宜大型图书馆收藏供公众阅览。建议逐步编纂专业分卷，以便专业人士收藏查阅。再有，当今科学技术的发展突飞猛进，日新月异，大百科全书的修订、补充应受到有关部门的重视。

大百科全书第二版纺织学科共有条目239条，其中新增条41条，占纺织学科条目总数的17.2%；共137113字，115幅配图。

大百科全书是科学技术和历史文化的宝库，国家投入了大量物力和财力，是众多专家、学者劳动和智慧的结晶。大百科全书第二版的出版应作为我国科技文化界的一件大事、盛事广为宣传，受到社会各界的重视和支持，使这一历史性文献发挥它应用的作用。[①]

《中国大百科全书（第二版）》编纂的1995—2009年，是中国完成从计划经济体制到社会主义市场经济体制、从封闭半封闭到全方位开放的历史转折时期；是中国综合国力迈上新台阶，人民生活总体上达到小康水平、人民精神文化需求日益增长的时期；是社会主义核心价值体系建设、马克思主义思想理论建设取得重要成效的时期；是社会和谐稳定得到巩固和发展、祖国和平统一大业迈出重大步伐、全方位外交取得重大成就的时期。同时，这些年也是世界大变革、大调整、多极化不可逆转、经济全球化深入发展、科技革命加速推进、全球和区域合作方兴未艾的时期；是世界局部冲突和热点问题此起彼伏、全球经济失衡加剧、南北差距拉大、传统安全威胁和非传统安全威胁相互交织、世界和平与发展面临诸多挑战的时期。《中国大百科全书（第二版）》的整体内容力图反映国内国际的新变化、政治经济的新格局、思想文化的新发展、科学技术的新成果、工作生活的新需求。

梅自强作为中国工程院院士，全程参与了《中国大百科全书》和《中国大百科全书（第二版）》中纺织卷词条的撰写、校对、审稿工作。在《中国大百科全书（第二版）》出版的时候，他写了如下感言：

---

① 梅自强：大百科全书采访稿。2007年，未刊稿。资料存于采集工程数据库。

编纂出版《中国大百科全书》是我国科学文化事业一项重要的基础工程。在总编委、学科编委和众多专家学者历经14年的共同努力下，终于胜利出版了，这是我国科技文化界的一件大事、喜事。

大百科全书第一版纺织卷出版以来已经过去20多年了，科学技术有了很大发展，传统纺织技术进入了现代化发展阶段。新工艺、新技术、新设备促进了纺织新纤维的开发应用，促进了纺织新产品的开发和生产，为我国社会经济的发展和人民生活水平的提高作出了贡献。

第二版纺织学科在条目筛选、内容编写事务体现了20多年来国内外纺织科学技术发展的新进展。在纤维材料方面除各类天然纤维外，重点介绍了各种高技术纤维、高性能差别化纤维、高性能功能性纤维以及再生纤维素纤维方面的进展。在纺织、染整加工技术方面，重点介绍了各种新型纺纱、新型制造、新型染整技术。在纺织产品方面除比较全面地介绍了各种传统纺织品外，重点介绍了用于医疗卫生、土木建筑、过滤织物等产业用纺织品。在服装设计、加工技术方面重点介绍了近年发展起来的计算机辅助设计等新工艺、新技术。

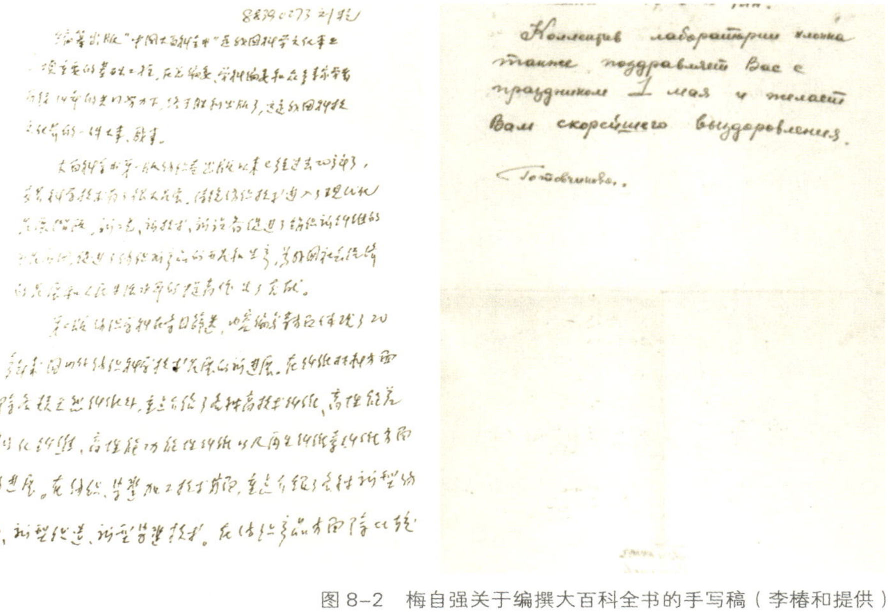

图 8–2　梅自强关于编撰大百科全书的手写稿（李椿和提供）

我国纺织工业正处于加快结构调整、推进产业升级的新时期。希望大百科全书第二版的出版能为我国纺织工业由纺织大国向纺织强国的发展发挥应有的作用。

《中国大百科全书（第二版）》是一套必备的工具书，它不仅为贯彻科学发展观提供了全面的知识储备，也有利于帮助提高全民科学文化素质，在推进改革开放，推进建设创新型社会过程中必将发挥重要作用。因此，《中国大百科全书（第二版）》的出版，对于建设社会主义核心价值体系，提高民族科学文化水平，继续推进改革开放和各项事业的创新，具有重要意义。

编纂《中国科学技术专家传略》

《中国科学技术专家传略》（以下简称《传略》）的编纂出版工作，是由著名科学家周培源教授在1986年召开的中国科学技术协会第三次全国代表大会上率先倡导的。其宗旨是以近现代中国杰出科学技术专家为主线，昭彰他们做出的重大贡献，弘扬他们高尚的道德风范，记述中国近现代科学技术发展史实，倡导"尊重知识，尊重人才"的社会风尚。

《传略》由中国科学技术协会主持编纂。总编纂委员会主任委员先后由钱三强、朱光亚、周光召担任；理、工、农、医四大学科编纂委员会主任委员先后由林兰英、张维、裘维蕃、吴阶平等担任；300余位中国知名科学技术专家、学者、教授和编辑出版人士组成涵盖各分支学科的卷编纂委员会。

《传略》是中国科学技术协会组织我国众多专家、学者编纂的一部以介绍中国近现代科学技术人物为主线，反映中国近现在科学技术发展史实的大型文献性套书。编纂《传略》的目的是为中国著名科学技术专家立传，记载他们对祖国，特别是在世界科学技术发展史，乃至对人类科学技术、经济、文化和社会发展做出的开创性贡献；为中国近现代科学技术史的研究和科学技术人物的研究提供史实；为科学技术创新、科教强国，建设有中国特色的社会主义强国提供经验与动力。

《传略》的入传专家是对中国近现代科学技术发展做出重大贡献、热爱祖国，具有高尚道德风范，且在世界科学技术发展进程中有影响的中国科学技术专家。“入传人”由科学家，全国性学会或工作单位推荐，由卷编纂委员会采取“背对背”方式进行资格认定，报总编纂委员会批准方可入卷。

《传略》的入传范围为，迄自 1840 年鸦片战争前后至 1949 年中华人民共和国成立之时出生的中国科学技术专家。《传略》分为理学编、工程技术编、农学编和医学编，自 1991 年起陆续出版。总体编纂出版规模与目标分为三期工程：1840 年鸦片战争前后至 1920 年出生的中国科学技术专家入传为一期工程；1921 年至 1935 年出生的中国科学技术专家的入传为二期工程；1936 年至 1949 年出生的中国科学技术专家的入传为三期工程。理、工、农、医四编，每编按相关分支学科领域立卷。第一期工程已经完成，共计 27 卷 29 册，1073 万字，记载了 1840 鸦片战争前后至 1920 年出生的中国杰出科学技术专家 1392 名。第二期工程已经出版 12 卷 13 册，563 万字，记载 1921—1935 年出生的中国杰出科学技术专家 744 名。第三期工程记载 1935—1949 年出生的中国杰出科学技术专家。

《传略》的工程技术编分为：力学、机械、交通、航天航空、电子电工、能源、化工、冶金、自动化及仪器仪表、土木建筑、纺织、轻工等 12 卷。

1992 年 11 月 18 日，按照中国科协的部署，中国纺织工程学会成立纺织卷编委会，梅自强任编委会主任。经过三年多努力，先后召开了 10 次编委会议，纺织卷第一卷于 1996 年 4 月由中国纺织出版社出版。有 51 位 1920 年以前出生（包括两位台湾纺织专家）的知名纺织科技专家入编第一卷。

梅自强作为《中国科学技术专家传略》工程技术总编纂委员会委员，《中国科学技术专家传略·工程技术编·纺织卷》编纂委员会主编，从筹组编委会，征集提名，确定入传人，组稿、审稿、定稿、出版，直至筹集出版资金，他都一丝不苟，事必躬亲，付出了巨大的精力。

1996年2月，中国科协决定启动《中国科学技术专家传略》二期工程，1935年以前出生的科技专家入传。纺织卷二期工程仍由梅自强任编委会主任。经总编委会同意，纺织卷二期工程将同时编写第二卷和第三卷两卷。第二卷以1921年—1930年间出生的专家为主，第三卷以1931年—1935年间出生的专家为主。又经过十年的努力，在梅自强孜孜不倦的领导组织和亲力亲为的参与下，这两卷传略分别于2004年1月和2007年12月出版。

在《中国科学技术专家传略》二期工程实施过程中，梅自强遇到了不少困难，比如在征集提名的过程中，有老工程师的遗属找梅自强理论，要求把亲属纳入名录；也有已经纳入名录的老工程师遗属找梅自强，认为对老工程师的评价不够高，要求梅自强亲自来写等。每次遇到这种事情，梅自强总是亲自接待，并且把编纂的工作流程和规定向亲属耐心解释。对入传的每一个人的文字介绍内容，梅自强都是一篇一篇逐字逐句仔细审阅。连项目的经费问题，也是梅自强亲自去纺织企业一笔一笔落实的。

按计划,《中国科学技术专家传略·工程技术编·纺织卷》第四卷应该收录1936年—1940年出生的纺织专家，但因梅自强的去世，工作一直被搁置至今。一些老工程技术人员在接受采访时表示，现在已经很难找到像梅自强这样的学者了，他不仅对历史人物熟悉，对纺织工程科技进步的轨迹也熟悉；不仅有组织协调能力，还能自己带头、亲力亲为；所以今后《中国科学技术专家传略·工程技术编·纺织卷》的继续编纂和出版工作，可能遥遥无期啦。

第九章
桃李无言

“桃李无言，下自成蹊”的成语，比喻为人诚恳，有强烈的感召力而深得人心。用这个词来形容梅自强非常恰当。

梅自强当选为中国工程院院士后，许多高校都聘请他担任博士生导师，担任学校科研方面的顾问。他深知在追逐名利日益浮躁的社会环境下，纺织科学技术的发展需要年轻的科研人员具有奉献精神来专注科研潜心治学。他用自己近 60 年如一日兢兢业业的工作，为纺织科技进步默默耕耘，身体力行为年轻人做出表率，充分展示了一位令人尊敬的长者的克己敬业和锲而不舍的精神，成为激励年轻科研人员的学术楷模与精神导师。

桃李遍天下的老师

据不完全统计，梅自强在长达近 60 年的从业生涯中，先后与东华大学、南通大学、天津工业大学、浙江理工大学、西安工程大学、武汉纺织大学、苏州大学、青岛大学、中原工学院等大专院校建立了密切的工作关系。特别是他当选中国工程院院士后，通过担任客座教授、博士生导师，担任学术委员会主任，担任科研顾问，通过定期讲学，主题报告和专题讲座等形式，加强对纺织专业师资的培训；他还通过参与学科建设，参与制定大学发展规划，通过指导大学科研项目等形式，致力于国内纺织专业大专院校的学科建设和人才培养。

东华大学是国家教育部和上海市共建的高校，学校原为创建于1951年的华东纺织工学院，其历史渊源最早可上溯至清代实业家张謇于1912年在江苏创办的南通纺织染传习所。东华大学于1960年被正式确定为中国重点高校。1972年4月更名为上海纺织工学院。1979年，学校重归纺织工业部领导，1980年恢复华东纺织工学院校名。1985年，经纺织工业部批准，学校更名为中国纺织大学。1999年8月，经教育部批准，中国纺织大学更名为东华大学，是教育部直属的72所高校之一，也是全国唯一一所以现代纺织为特色进入“211工程”重点建设的高校，同时也是国家高等学校学科创新引智计划高校之一和教育部“援疆学科建设计划”40所重点高校之一。

梅自强与东华大学渊源深厚，他在学校担任过博士生导师，是东华大学2004—2006年，2006—2009年，2009—2012年度的“双聘”院士，一直担任东华大学现代纺织研究院学术委员会主任职务，先后参与了8个高技术攻关项目，在他指导下，多项科研成果荣获国家级科技奖项。

南通大学是梅自强的母校，是江苏省人民政府与国家交通运输部共建重点综合性大学。学校的办学历史最早可追溯到近代著名实业家、教育家张謇先生于1912年创办的私立南通医学专门学校和南通纺织专门学校。创建于1912年4月。1913年9月更名为南通私立纺织专门学校，是我国第一所纺织高等院校。1927年改为南通纺织大学。1928年与医科、农科合并为私立南通大学。1930年改为南通学院纺织科。1952年全国高等院校院系调整时，南通学院纺织科迁至上海并入华东纺织工学院。1977年12月经江苏省人民政府同意复建，成立南京工学院南通分院。1979年1月经国务院批准，改称南通工业专科学校。1980年7月江苏省政府报经教育部批准，改名为南通纺织专科学校。1985年1月江苏省人民政府报经国务院批准，升格为南通纺织工学院。1995年9月经国家教委批准，更名为南通工学院。

图 9–1　梅自强主持和考察南通大学科研成果汇报（南通大学提供）

2004 年 5 月经教育部批准，由南通医学院、南通工学院、南通师范学院三所公办本科大学合并组建成南通大学。

梅自强与母校渊源深厚，是南通大学的“双聘”院士。十多年来，梅自强每年至少到母校进行一次讲学。其间，他多次到学校指导，在指导学科建设，组织学术会议，邀请专家来校讲学方面做了大量工作。在学校申报硕士点的工作中，他也提供了很多帮助，倾注了大量心血。南通大学专门设立了梅自强工作室，将他列为“杰出校友”永志纪念。

天津工业大学也是梅自强的母校之一，在他赴苏留学前，曾以调干研究生的身份在学校进修一年。天津工业大学在历史上继承北洋大学的传统，最早的系建于 1912 年，为北京专业专科学校机织科；1929 年更名北平大学工学院机织科；1938 年更名西北联合大学西北工学院纺织系；1946 年改为国立北洋大学纺织系。1950—1951 年，河北工学院纺织系并入，组成天津大学纺织系；1958 年成立新的河北纺织工学院，正式建校，隶属于纺织工业部；1968 年改为天津纺织工学院。2000 年，天津经济管理干部学

图 9-2　2006 年 3 月梅自强在天津工业大学作学术报告（天津工业大学提供）

图 9-3　2009 年 9 月 18 日梅自强应邀来天津工业大学纺织学院参加纺织工业协会科技指导性项目“数字化小样纺纱系统”鉴定会，参观了学院学生作品竞赛展及实验室，并给予指导（天津工业大学提供）

院并入，正式更名为天津工业大学。梅自强是天津工业大学聘任的顾问教授和兼职博导，长期以来对学校教学成果评估、学科建设、科研发展规划等方面进行指导，天津工业大学多项科技成果荣获国家级科技奖项。

“对学术的那一种庄重，对纺织教育的那一份慈爱，都被梅院士展现得淋漓尽致。”天津工业大学原校长邱冠雄教授的评论，代表了该校许多教师的心声。

浙江理工大学是一所办学历史悠久的浙江省属重点建设大学，其前身“蚕学馆”，是清末杭州知府林启为实现实业救国、教育救国于 1897 年创办的，是我国最早创办的新学教育机构之一。1908 年，因办学成绩卓著，被清政府御批升格为“高等蚕桑学堂”。辛亥革命至新中国成立前夕，因时局动乱，学校几度易名，数迁校址，风雨沧桑，历经磨难，但始终坚持办学。新中国成立后，1959 年开始招收本科生，1964 年由国务院定名为浙江丝绸工学院，1979 年开始招收硕士研究生，1983 年获硕士学位授予权。1999 年，经教育部批准，更名为浙江工程学院。2004 年，经教育部批准，更名为浙江理工大学。

梅自强是该校的“双聘”院士、聘任的顾问教授和兼职博导，多年来为学校学科建设和科研成果转化付出了巨大精力。在他的辅导支持下，该校一大批科技成果荣获国家科技成果奖。

西安工程大学是我国西部地区唯一以纺织服装为特色的高等学校。其前身为 1912 年创办的北京高等工业专门学校机织科，其后历经国立北平大学工学院纺织系、西北联合大学纺织系、西北工学院纺织系等发展阶段。学校始建于 1978 年，即当时的西北纺织工学院，1998 年划转为中央与地方共建，2001 年 2 月更名为西安工程科技学院。2006 年 2 月，经教育部批准，学校更名为西安工程大学。

梅自强与该学校的合作源远流长。在梅自强担任中国纺织科学研究院院长的时候，纺科院与西北纺织工学院就开始了多项合作，在科技研发、成果推广，产学研结合方面成绩卓著。梅自强当选院士后，受聘于该校，在学科建设、教学成果评定、科研计划、科技成果鉴定推广等方面都做出了贡献。

武汉纺织大学的前身为 1958 年成立的武汉纺织工学院和湖北轻工业学校，后在艰难奋进中几经调整：1978 年成立武汉纺织工学院，隶属于纺织工业部；1998 教育管理体制调整后划转为中央与湖北共建，1999 年更名为武汉科技学院；2002 年，湖北省对外贸易学校并入武汉科技学院；2010 年 3 月，经教育部批准，更名为武汉纺织大学。2012 年武汉纺织大学入选国家“中西部高校基础能力建设工程”建设高校。梅自强是大学的“双聘”院士，聘任的顾问教授和兼职博导，在他的指导帮助下，武汉纺织大学徐为林教授的科研项目获国家科技进步一等奖，曾庆福教授的科研项目获国家科技发明二等奖，一大批科技成果荣获国家科技奖，还有一大批项目现在正进入收获期。

在武汉纺织大学党委书记尚钢教授和校长韦一良教授的心目中，梅自强是学校遇到问题和发展机遇时“第一个想起要找的尊师”。梅自强逝世后，武汉纺织大学把学校内部的一个湖北省的拔尖人才培养模式改革试点班以梅院士的名字命名为自强班，足见他在武汉纺织大学师生员工心目中的地位。

江南大学享有“轻工高等教育明珠”的美誉，源于1902年创建的三江师范学堂，历经国立中央大学、南京大学等发展时期；1952年全国高校院系调整时，由原中央大学、复旦大学、武汉大学、浙江大学、江南大学的有关系科组建南京工学院（现东南大学）食品工业系；1958年该系整建制东迁至无锡，建立无锡轻工业学院，1995年更名为无锡轻工大学；2001年1月，经教育部批准，以原无锡轻工大学为主体，合并江南学院、无锡教育学院，组建江南大学。

在梅自强指导下，江南大学经编专业发展为纺织业的经编工程技术研究中心，最后成为教育部的经编工程技术研究中心。梅自强对江南大学的民间服饰传习馆给予过很多具体的指导。现在该项目已经得到了国家社科基金的支持，而且江南大学因为民间服饰传习馆拿到了教育部的人文社科奖，成为江南大学纺织服装学院一个突出的亮点。

苏州大学，国家“211工程”重点建设高校、“2011计划”首批认定高校，是江苏省属重点综合性大学。该校始建于1900年，时称东吴大学；1982年，经国务院批准，更名为苏州大学。经教育部和江苏省人民政府批准，1995年苏州蚕桑专科学校、1997年苏州丝绸工学院、2000年苏州医学院先后并入该校。苏州丝绸工学院的前身是1903年史量才[①]先生创办的上海私立女子蚕业学堂。后经过几次调整，1960年定名为苏州丝绸工学院，1997年并入苏州大学。2008年，学校专业调整，材料工程学院更名纺织与服装工程学院。纺织科学与工程是国家重点学科。纺织工程学科为江苏省省级重点学科和品牌专业。

梅自强与苏州大学也有很深的渊源，在2008年学校专业调整前，梅自强对苏大纺织学科进行过指导，在他的指导和推荐下，一批科研成果获省部级科技奖，不少项目获国家级科技奖。他对学校组织的学术交流活动多次给予支持，也经常去学校指导和讲学。

---

① 史量才（1880–1934），杰出的商人、教育家和报业大亨，20世纪初中国最出色的报业经营者。1912年起任《申报》总经理，1934年11月13日死于国民党特务的暗杀。

山东纺织工学院的办学历史可以追溯到1950年，创办的纺织技术训练班，其中经历青岛纺织干部学校、青岛纺织工业学校、青岛纺织专科学校、山东省纺织工业学校等不同的办学阶段。1978年4月经国务院批准建立，山东纺织工学院历经29年。山东纺织工学院是省属普通全日制工科高等本科学校，也是山东唯一的纺织高校，直属山东省纺织工业厅。1993年原青岛大学、山东纺织工学院、青岛医学院、青岛师范学院合并组建新青岛大学。1994年，青岛大学被山东省委、省政府确定为全省7所准备进入国家“211工程”重点建设的高校，“211工程”扶植对象建设费每年1000万元。同年，青岛大学正式被国务院学位委员会、国家教委列为硕士学位授予单位。

梅自强在青岛大学一些重大课题方向的把握上，往往亲力亲为。他多次不辞辛劳地前往学校指导，为学校推荐项目，提供资料，也培养起一大批年轻的科学人才。不少教授在成长的过程中，包括当时一些选题方面的研究，都得到过他很多的支持和鼓励。

中原工学院，1955年建校，前身是“榆次纺织机械工业学校”。1957年，学校迁往郑州市，更名为“郑州纺织机械制造学校”，隶属纺织工业部管理。1958年，学校划归河南省管理，更名为“河南纺织机械学院”，实行本科、中专并存。1960年，纺织工业部报经国务院批准，更名为“郑州纺织机械学院”，升格为本科院校。1961年因国民经济调整，学校停办，更名为“郑州纺织机电学校”。1980年，经国务院批准，更名为“郑州纺织机电专科学校”。1987年，学校升格为“郑州纺织工学院”，成为面向全国招生的普通本科院校。2000年7月，经教育部批准，更名为中原工学院。

中原工学院领导与梅自强比较熟悉，多次邀请他前往讲学。梅自强在教师的学术交流、师资培养，学校的学科建设，以及学校科研项目的指导、鉴定、推荐等方面做出了贡献。

当上述大学得知国家“老科学家学术成长资料采集工程”计划后，许多大学的领导邀请采集小组前往，并提供了有关梅自强在学校工作的丰富资料。

年逾古稀之后，梅自强把相当一部分精力和时间用来对高等院校纺织学科建设及纺织技术的创新进行扶持。面对各种各样的活动邀请以及来自企业的新产品、新技术鉴定会的邀请，他始终坚持非科技活动不去，项目技术条件不成熟的不去，成果推广时机不成熟的不去，而对于高等院校、科研单位和企业在科研技术、项目攻关方面的求助，他却有求必应。多年来，他充分利用一切资源为高校及企业年轻工程技术人员的技术创新铺路搭桥。

梅自强待人诚恳、惜才重教，注重培养年轻人，实事求是、是非分明，把严谨的科学态度放在第一位，受到大家的爱戴和尊敬。因为一生为人正直，严谨治学，他被许多大学的领导和教师视为尊敬的师长。他帮助过的科技人员多得难以计数，各学校师生在谈到梅自强的时候满怀深情，至今怀念不已。

感受大师风范

东华大学副校长俞建勇教授 2013 年当选为中国工程院院士。他认为，梅自强作为业界泰斗、学术前辈，在为我们国家纺织科技工程事业做出巨大贡献。同时，他的大气谦和、高瞻远瞩的人格魅力，也深深地影响了包括他在内的后辈的学术成长。

俞建勇说，他和梅自强 1993 年认识，特别是他出任东华大学纺织学院院长，及后来担任东华大学现代纺织研究院常务副院长期间，得到了梅自强的言传身教，受益匪浅。

俞建勇说：“梅院士不仅是杰出的纺织科技专家，更重要的是长期的工程实践，将他锤炼成了纺织行业的战略科学家。作为战略科学家，他注重前瞻性地思考纺织行业科技水平的整体提升，指导布局纺织科技发展方向、重大技术攻关、核心企业扶持、产学研合作、推进行业科技进步等。在梅院士职业生涯后期，他具体承担某个科研项目已无关紧要，但他对项目的立项指导、科技攻关及创新引领等方面发挥着举足轻重的核心作用。”

俞建勇说：“与梅院士相处时时会受到这种战略思想及思维方法的熏陶。他与东华大学有非常深的渊源，一直站在加快我国纺织科技走向世界一流的高度，关注东华大学的发展。东华大学的战略规划饱含了梅院士的意见和建议，东华一些教师的发展也曾得到梅院士的指点。”“比如东华大学的国家‘211 工程’项目立项，东华大学的‘九五’、‘十五’和‘十一五’发展规划，都曾得到梅院士的指导。他洞悉国际上纺织科技发展的前沿和方向，又熟悉我国纺织产业发展的需求。对我们学校来说，他的这些优势帮助我们厘清了发展脉络，指导我们在特色发展中构建起既符合国家纺织产业发展战略，又符合自身优势特色的发展框架。”

俞建勇把梅自强称为自己学术成长中的师长，认为在他的身上可以体会到一种大师的风范。俞建勇回忆，当年他在纺织学院的时候，就得到梅自强的许多指点。他说：“梅院士非常关心爱护年轻纺织科技工作者，言传身教，帮助他们更快、更好地发展。在专业上，他会指导你怎样围绕国家经济社会发展的重大需求，聚焦行业技术发展的瓶颈，去寻找课题；指导你如何跟踪世界纺织科技前沿，集成创新，做出我们自己的创新成果。”经过梅自强的指点，俞建勇十几年来聚焦天然纤维资源的深度开发与利用、生物质纤维的产业化发展、高品质纺织品加工技术，以及国家战略急需的产业用纺织材料等几个领域深入开展科研攻关，取得了一系列成果。

“科学研究中会有许多未知，承认不知道是为了知道。科研中有很多问题稍纵即逝，你不注意就闪过了。一旦研究成果出来，被市场所接受，成果中自己没有搞清楚的问题就会因此被掩盖。唯有严谨、求实，研究成果才会完美。”俞建勇说，与梅自强相处，可以深深感受到他追求完美的这种严谨、求实精神。

一次俞建勇参加一个产业用纺织品工程中心的验收工作。在验收会现场，一位科技人员就如何撰写新型土工布研发报告与梅院士探讨，梅自强径直问道：土工布很重要，已经发展了十几年，你说说新的土工布现在到底要解决什么问题？现在治理河道，还有南水北调，需要大量土工布，那治理河道到底要土工布解决什么问题？高铁现在需要大量用土工布，高铁的土工布到底要解决什么问题？机场跑道也需要大量土工布，到底需要解决什么问题？一席话，其实已经在耐心引导并指导对方报告该如何写了。因为只有深入研究、严谨思考，才能够真正聚焦需求，解决问题。

纺织科技研究从理论研究、技术研究到工程应用，一是形成产业链，二是研究力量的协同，要多方力量形成合力。俞建勇认为，梅自强为此非常重视科研成果的工程化、产业化，以及依托企业开展纺织科技攻关和人才培养。在梅自强的指导下，东华大学开展行业关键技术攻关都积极吸收企业及其技术人员参与，学校的力量与企业的力量形成产学研用协同攻关，并且在关键技术攻关的同时，依托项目培养企业的杰出人才。

俞建勇还谈到在科研本质能力提升方面梅自强对后辈们的教诲和提携。科技人员的职责是研究工程项目的关键技术在哪里，现有技术怎么提升。因此一定要善于总结和提出问题，然后聚焦解决其中的关键技术问题。梅自强为此非常注重抓住技术的关键。在梅自强的指点下，俞建勇他们更善于抓科研的本质。不管是技术、产品，还是装备研发，他们更加努力去突破别人长期攻而不破的核心关键技术，研发具有不可替代性的成果，科研能力也因此不断得到提升。

在梅自强的影响下，俞建勇他们对严谨、求实有了更深层次的理解。那就是对于新兴技术不但要知其然，还要知其所以然。科研的关键往往就在于多问几个为什么中，要由表及里，由点及面，要开拓思路，放宽视野。俞建勇说，这种严谨、求实的科学态度确实是老一辈科学家的传家宝，梅自强这种言传身教对促进后辈人才的成长非常重要。

如何去做环保型的纺织

武汉纺织大学教授曾庆福从三个方面谈了他对梅自强的认识。

第一个是从行业发展的角度。曾庆福在恢复高考后因所学专业进入纺织行业，从刚刚进入这个行业就听到过梅自强的大名。那个时候纺织行业是在吃不饱穿不暖的时候为国家的民生做贡献，改革开放后又是出口创汇最多的产业，成为在全球范围有较强竞争力的行业，这个领头地位是怎么构建的？应该是梅自强他们这一批老科学家做起来的。要追溯历史的话，应该把这个背景交代清楚。

曾庆福说：“现在学术界，也包括社会上很多人，一说纺织就是低技术，不是高技术。我亲历的一件事很有代表性。”

几年前，梅自强来武汉指导，当时有一些课题是纺织机械设备智能化项目，要求比较高，要与机械、计算机及编程人员合作。中国工程院院长周济在当教育部长前曾是武汉华中理工大学的校长，他和华中理工大的领导、机械学院领导打了招呼，要他们配合梅自强一起工作。华中理工大的化工机械非常有名，合作开始时，他们对与武汉纺织大学的项目不是很在意，觉得纺机水平都不是很高的，但因为中国工程院的周济院长说了，他们就来跟梅自强合作。在两个学校商讨方案时，他们说这个好办，那个也好办。正好那时候在上海举办国际纺机展，他们派了一个队伍去看了一下，看完以后觉得很诧异，说纺机怎么这么难？因为纺织是柔性加工设备，跟他们刚性的加工设备概念完全不一样。从上海回来后，华中理工大的教授们口气完全变了，觉得项目比他们想象的难很多，最后还是确认这个项目他们搞不了。

华中理工大的机械学科在全国排名前三，是国家领先的科研团队，他们自己说纺织机械让他们觉得头疼。所以，无论从国家大局、行业发展来说，还是从个别技术本身的难度上说，并不是人们所认为的，只有航空航天才是高科技，电子行业才是高科技，纺织领域也是有高科技的，而且还是不容易突破和创新发展的。

武汉纺织工学院从建立开始，包括学校后来的发展，都有梅自强的心血。曾庆福自英国利兹大学博士毕业后，一直在学校教书、做科研，后来成为分管教学与科研的副校长。在学校科研创新方面，可以说每一步，从开始怎么布局，项目设定，到后面的发展，都得到了梅自强的指点和帮助。尤其是后期，武汉纺织大学的更名，一些重大项目鉴定，都有他的功劳。梅自强是武汉纺织大学的双聘院士，也是学校科研工作的领军人物。

曾庆福说："梅自强作为长者，他在我们学校工作时表现出来的胸怀，已经不是一个简单的学术界宗师，他已经超脱了简单的技术层面，是站在很高的层面来指导学校的发展和指导年轻人的发展。他对年轻人的指导，包括对我的指导和教育，让我终生难忘。"

曾庆福在几年前开始苎麻新材料的产业化研究项目。这个项目在初期设定和论证期间，他多次到北京向梅自强请教。梅自强认为，苎麻项目的要点不要光从纺织的角度说，要从环保的角度，生物质资源的角度去说。为什么呢？研究实验证明，苎麻是具有超强生态功能的生物质材料，是固碳减排性能最好的植物。它的干物质生产量是棉花的两到三倍，也就是纤维产量是棉花的两到三倍，亩产达到 1.5 吨。因为它耐贫瘠，不与粮棉争地，和棉花比，它不用化肥，也不用农药，病害少，是多年生植物，管理方便，所以苎麻被水利部定为我国南方地区水土保持的首选植物。梅院士非常清楚这一点对纺织行业未来发展的影响，他站在全局的高度提示曾庆福，苎麻项目有三个目标，要为了改善环境去生产，为将来纺织的长远发展提供优质的原料，还要把有生态功能的可纺材料高度利用起来。

之后，由中国纺织工业协会会长杜钰洲和梅自强共同署名，给国务院领导人写了一份苎麻项目的推荐信，项目得到科技部领导的重视，副总理刘延东还专门有一个批示，对这个项目推动作用很大。后来由科技部牵头，把全国做苎麻的有优势的研究机构和产业整合起来，成立了一个"中国苎麻产业技术创新联盟"，一次性给了 3000 万元的研究经费。苎麻产业技术创新联盟也得到了梅自强的支持。在梅自强的倡导下，国内第一次把农业、纺织业、环保业联合起来做。

曾庆福说："过去苎麻纺织是一个传统产业，脱胶的污染很大，纤维的品质较低，穿着时还有刺痒问题，生产设备也很落后。但是在梅自强的指导下，我们现在这个行业得怎么样呢？首先实现了规模化种植，实现了机械化收割，可以分早熟品种和晚熟品种轮收。过去苎麻一年收割两次或者三次，现在一年可以收割七次。有效地提高了纤维品质，解决了穿着时的刺痒问题。然后实现了农产品工厂化的无废加工，包括麻叶、麻皮，苎麻脱胶的废水，过去这些认为是废物的东西，我们也解决了综合利用的问题。”①

让曾庆福感到遗憾的是，梅自强没有亲眼看到整个项目的成果展示。曾庆福说，梅自强在晚年一直强调，未来要从有利于生态发展的角度去做纺织，而不是简单地让人们穿得漂亮而去把环境破坏掉。现在不但要让人穿得漂亮，要让环境也漂亮，从这个角度去做纺织，会让各界人士认为纺织不是一个夕阳产业，而是一个新的朝阳产业，或者说是一个有高科技技术的产业。

高屋建瓴的指导老师

高卫东教授，江南大学副校长，和梅自强认识有二十多年了，最初他是通过参加全国性的会议认识了梅自强，曾经一起参加东华大学的研究生答辩，还一同参加过一系列的科技成果鉴定和行业里权威性的会议，到后来就非常熟悉了。

高卫东举了三个例子，来说明梅自强对江南大学的关心、指导和贡献。

一个是江南大学经编专业在梅自强指导下发展为工程技术研究中心，最后成为教育部的经编工程技术研究中心。

江南大学经编工程技术研究中心成立于 2002 年，当时在一个老校区，规模很小。从一开始，梅自强就给予了很多关注，从开始立项研讨到建设方案，全程指导。在梅自强的联络和推动下，江南大学就这个项目和国外的卡尔迈亚公司合作了几年，外企希望大学成为他们在中国的技术培训和技术推广的中心，但是江南大学的目标是要搞研发，二者的目标不一样。学校的科研人员在几年的合作中完成了从跟踪到超越的过程，实际上到了合同的后期，江南大学的某些自有技术在某些方面已经超过了合作对象，也因为技术先进，后来合作终止后，双方一直保持良好的关系。高卫东说：

① 武汉纺织大学访谈，2014 年 4 月 30 日，湖北。资料存于采集工程数据库。

"可以说我们的经编中心从开始的时候就得到梅自强很多方面的指点，到现在已经发展成为国内这个领域最强的一个中心。"

第二个是梅自强在学术上有深厚造诣，思维敏捷，对年轻人非常关心；他为人高风亮节，有非常好的亲和力，他利用自己的资源为江南大学推动产学研过程做了大量的工作。

高卫东回忆，自己第一次与江苏同和纺织机械制造有限公司领导的见面与合作，就是梅自强牵的线。同和纺机是行业内的明星企业，梅自强曾多次指导帮助，公司董事长崔桂生对梅自强非常敬佩。一次他们公司的一个项目要鉴定，涉及高卫东的专业，梅自强提议崔桂生邀请高卫东参加专家组。就是在那次会上，梅院士促成同和纺机与江南大学的合作，校企合作卓有成效，后来双方合作的项目还获得了江苏省的科技成果转化支持，这是江苏省支持力度较大的一个科研项目，总金额达 1000 万元 . 从那以后，同和纺机作为江南大学的一个研发基地，双方的精诚合作一直延续到现在。

高卫东认为，江南大学在产学研方面是做得比较好的，江南大学现在一个学院的科研经费就有四千多万。一些大学的领导曾经说过，在纺织高校中，江南大学从学院的角度筹集和获得的科研经费是最高的，在毕业学生的就业构成中，有 2/3 以上的职位都是由企业直接提供的，高卫东认为这些都是梅自强指导的结果，尤其最近几年，学校认准了和企业密切合作，将大学教育与为纺织行业、为纺织企业服务结合作为江南大学的发展路线并始终坚持。现在，江南大学的本科生在毕业前必须到企业待一个学期，从暑假就开始，8 月到 12 月，将近半年的时间。年轻的教师也陪同学生进工厂，通过这种方式提高他们的实际工作能力。大学已经有了一批相对稳定的合作伙伴。同时，学校对企业技术人员的培训方面也做得非常好。像江南大学经编工程技术研究中心，在 8 年时间里已经在全国培训了 3000 人次。

第三个例子是梅自强对江南大学民间服饰传习馆的指导。

高卫东说："梅院士是纺织工程技术领域里的专家，他为什么对这个服饰传习馆这么关心？我觉得梅院士有传统文化的背景或者深厚的功底，他对民族文化精粹的这种喜爱和重视出乎我们的意料，始终激励和鼓舞着我们。”

2003年，时任江南大学纺织服装学院院长的高卫东，把毕业于江南大学的两个校友从其他学校招回学校，当时两人都是年轻的讲师，但是在服饰文化方面很有想法，两个人才的到来带动了民间服饰传习馆的建设。创建初期，完全是凭着学院拨的一点经费，每年支持他们几万块钱。他们不辞辛劳地到各地去采集，深入少数民族地区去收购一些民间服饰及有代表性的手工作品，年复一年，逐步发展起来。当时梅自强到江南大学来讲学，高卫东领他看了民间服饰传习馆，梅自强非常感兴趣。后来，梅自强每次来江南大学都给传习馆的发展提出很多具体的指导意见。现在，江南大学的民间服饰传习馆作为研究项目已经得到了国家社科基金的支持，而且江南大学因为民间服饰传习馆获得了教育部的人文社科奖，成为江南大学纺织服装学院一个突出的亮点。

高卫东还提到一件令他印象深刻的事情。一次，他和梅自强到江西一个叫樟树的地方，参加当地有关部门组织召开的一个项目鉴定会，因为是应行业部门、省级科委的邀请，对项目的情况并不是太了解。开会后，梅自强觉得这个项目还不具备鉴定条件，提议暂缓鉴定。他诚恳地提出了一些建议，所谓建议，都是针对项目疏漏提出的充满真知灼见的努力方向和补救措施。半年以后，通过各方面的努力，他们的产品和技术条件成熟了，梅自强作为鉴定委员会的主任公正地通过了专家鉴定。高卫东说：“这件事让我看到了一个老前辈严谨的治学精神和诚心诚意帮助企业提高水平的仁者之心。”

高卫东说，梅自强对江南大学纺织服装学院的关心、帮助、指导是一贯的，学校一些大的进步，都与得到他的指导和帮助有关。比如2009年在江南大学评审当年的纺织行业科技奖，2010年江南大学的科研项目获得国家科技进步二等奖，都和梅自强的关心和指导有关。除了江南大学，梅自强对他的母校南通大学纺织学院也非常关心。有一次在东华大学，梅自强专门跟高卫东交代，南通大学正在开展纺织硕士点建设工作，要他给予关心。后来经过努力，学科建设各方面的工作做得不错，南通大学最后顺利通过评审，成功拿到硕士点。之后，两个大学在许多方面一起合作，梅自强也特别高兴地给予指导。

高卫东说："江南大学纺织服装学院在很多年前就得到梅院士的亲自指导，他很多的教诲我们深深牢记，而且把它付诸实践。应当说梅院士的很多远见卓识，我们已经帮他实现了，我想这样才是对他最好的报答。"

科学的精神和灵魂

程隆棣，东华大学教授，我国纺织产品开发领域的专家，1982 年大学毕业后曾在中国纺织科学研究院工作过，后来调到中国纺织大学（现东华大学）任教。在纺科院工作的 5 年里，他做的课题的总负责人都是梅自强，那时候梅自强先是纺科院的副院长，后任院长。

程隆棣说，梳棉是纺织的一个关键工序，梅自强是我国在这方面当之无愧的首席专家。梳棉技术体系其实是两大体系，一个是装备体系和器材体系，这是硬件；还有就是工艺体系，这是软件。梅院士在硬件体系和软件体系方面都做了非常深入和系统的研究，他是留苏的副博士，理论上的深度非我们可比，丰富的实践经验也使他在技术上有非常深厚的沉淀。

回忆在梅自强手下做课题，程隆棣说，梅自强的强项是把科研工作的软件和硬件有机结合。软件就是工艺。什么叫工艺？工艺就是所有设备正常运转的所有的参数结合在一起，结合的这个参数包，我们就称为工艺，或者称为软件。先进的机器没有软件配合，机器是开不好的。就像计算机一样，没有适当的软件，性能再高的主机也没用；当然，软件很好，机器不配套也不行，就像现在的 Windows 10 配 20 年前 286 的机芯根本装不进去，这就是不配套。这点上梅自强做得非常到位，无论是在早年他领衔攻关，还是在晚年他从事科研项目的指导。他要求手下注重原理性的研究，学术上非常严谨，动手能力强，就是能说能做，不能光说不能做，也不能只做不能说。在他的指导下，年轻人得到了在比学校更加坚实的系统化训练。他把你的知识面拓展延伸，把基础的研究和产业化的工作两者很好地结合起来。

在程隆棣看来，现在很多高校，包括研究单位，并没有把基础的研究和产业化的工作两者结合好，这是一个非常悲哀的现实。程隆棣说；“梅自强非常强调基础研究，更加强调基础研究的产业化应用，这对我和周边的人是一个良好的示范，同时也是对一些思想偏激的人的一种警示。现在高校比较多的就是做理论研究，理论研究做到最后还是束之高阁，也就是这种所谓的研究的产业化是不可能实现的。但越是这样的人还越是自以为是，文章满天飞。梅自强是非常蔑视这样一种‘科研’态度的。我们看到，尤其是他到纺织工业部科技委以后，基本上是站在整个纺织行业的科技前沿。所以从他身上能看到一个真正的科学家，做了院士以后，不但拓宽了自己从事和熟悉的产业体系，还向更广阔的空间延伸了，把纺织的产业体系与其他学科、高新技术相互之间有机地关联起来了。”

程隆棣调到东华大学教书、搞科研之后，和老领导的接触反而频繁起来了。在十多年里，国内许多列入省部级计划的纺织科研项目，都是程隆棣作为助手陪同梅自强完成鉴定任务的。梅自强作为专家组的组长，程隆棣是成员，负责资料、数据的验收，以及现场的检测工作。

每一次的鉴定验收，都充分体现出了梅自强严谨的态度。程隆棣说：“他从不轻易下结论，他可以给你很高的评价，但是在给出评价之前，对于很多疑问他一定要问个水落石出，一切都要弄得非常清楚，使开发项目的课题组真正感觉到这个结论是恰如其分的。”所以，在程隆棣看来，跟着梅自强做项目鉴定是一种学习，看老前辈系统地表达自己的学术思想也是一种欣赏和享受过程。

程隆棣说，跟着梅自强做事，首先学会的是严谨。所以对每一个要测试的项目，程隆棣总是做得非常详细、系统，还要有针对性地提出项目的优势所在和努力的方向。这是梅自强在科研项目的验收和鉴定过程当中要求的一贯态度，他的严格要求促使手下工作人员形成了严谨的工作习惯。第二个，在纺织产业技术体系里面，梅自强也引领了一些概念的创新。在这个过程当中，看一个人的水平，不能只看发表了多少篇文章。以梅自强为例，文章仅是他整个知识体系的缩影而已。在程隆棣看来，给他感觉最强烈的是梅自强对产业科技发展的一种影响，是他身上的一种不断学习不断创新的精神。

程隆棣认为，梅自强在晚年到了资深院士这个层次的时候，已把名利看破，把工作当成了一种享乐。梅自强平时到企业去，从来不带夫人（其实他夫人也是毛纺领域的著名专家）或带随从，因为他觉得那样会给企业增加负担，所以哪怕是八十岁的高龄，他也是独往独来。程隆棣曾经为这个事情当面批评过梅自强，说他这种精神令人敬佩，但是这种做法绝对不应该提倡。

在一起出差的过程中，很多次程隆棣看到梅自强和大家一起去机场，其实他的飞机要晚一些起飞，但梅自强宁可早一点走，在机场等着，也不愿意当地单位再派一辆车专门送他。程隆棣说："我在机场 VIP 通道碰到过好多官员，还有一些院士，他们可以因为些许小事情对着人家大声吼，教训那些机场地勤人员，但是梅自强从来不会，也从来不会想到这些事情。他不会对人家有任何不满，他会很耐心地去排队，别人能等，他会更有耐心去等。""和梅自强在一起，时间一长，你会学到一种精神，你会具有一种灵魂。"

程隆棣还对采集小组的工作及梅自强传记的撰写提出了自己的意见，他说："顺势而为是梅自强做科研的一个精髓，科研的过程是很微妙的，是我们认知的辩证过程，针对出现的问题，去找寻它的瓶颈所在，瓶颈的攻克要去寻找它的抓手所在。所以郑重建议你们要找所谓专业一点的人来做采集，不然的话，教授们跟你们讲的很多话，特别是专业上的东西，你们是很难理解的。哪怕全部录下来，你写出来都写不详细，因为这是个系统工程。从材料的选择到形态的选择，到加工工艺的选择，从应用过程中的准备过程，到最后在应用过程中产品的各种反应，这是一个系统工程。还有一个是科研项目的整体结构，跟你们讲你们也不一定理解。科研对象的各个控制点都要有极大的改善，每一步走过来以后，整个体系就会更加丰满。所以这种思维方式的变化才是对梅自强科研思想体系的精神传承。我这两天一直在想这个事情，我觉得采集工程的报告，应该有个专业基础较深的人士来参与做，这不是一个简单的采访和编撰的事情，有专业人士的参与才能写出灵魂来。不然的话，仅仅是个文字堆积记录，我觉得不是很合适。”

梅自强在诸多大学的讲学、座谈、评审、项目指导，在推进学校的人才培养模式探索与实践、课程体系建设、校企合作等方面贡献突出，为许多纺织学科大学领导们交口称赞。许多教授更是通过与梅自强一起工作的经历，学习到他致力于深化产教融合、校企合作，推动专业设置与产业需求对接、课程内容与职业标准对接、教学过程与生产过程对接，体现出“做中学、做中教”的纺织专业的教学特点和教育思想。梅自强在各个大学的实践活动，对大学教师及纺织大专院校以促进就业为导向，适应技术进步和社会服务的需求，提高纺织服装教育教学水平和教学质量的实践，都产生了积极的影响。

用科技进步引导企业发展

作为中国纺织杰出的科学家之一，梅自强对企业在科技进步中的主体地位及重大作用深信不疑，他在致力于推进纺织行业科技进步的过程中与众多企业建立了良好的互动关系。可以毫不夸张地说，现在中国纺织工业各专业

图 9-4　2007 年梅自强在同和纺织机械制造有限公司调研
（李椿和提供）

图 9-5 梅自强在岱银集团考察（岱银集团提供）

图 9-6 梅自强考察青岛即发公司 PTFE 膜材料（即发公司提供）

中的排头兵企业，或多或少都得到过他的帮助。许多企业的董事长、总经理和总工程师，在谈到梅自强的时候都深怀敬意。

山东康平纳集团有限公司成立于 1998 年，从一个规模不大的毛纺厂，发展为集纺织新材料、染整装备与数控机床制造、现代物流服务于一体的综合性企业，和梅自强的指导帮助密切相关。现在的康平纳集团已经成为中国纺织企业转轨变型、升级换代的典型企业之一。

山东康平纳集团有限公司董事长陈队范说："今天康平纳的成绩得到了行业主管领导、专家及社会各界的高度认可，与梅院士的关心、支持分不开。按照我的说法，梅院士应该算是我们康平纳集团一个核心的领军人物。"

陈队范认为，梅自强对康平纳的帮助和指导持续了很长时间，每每都是在康平纳集团发展的关键时刻发挥了巨大作用。康平纳集团和梅自强的交往，大致可以分为三个阶段。

2000 年，康平纳集团开始与中国纺织科学研究院合作。2000 年到 2002 年期间，梅自强曾经多次来企业进行指导，当时他的工作重点是对企业产品的创新开发做出了很大的贡献。在他的指导下，2002 年康平纳集团被任命为山东唯一的一家纺织品科学技术研究院。梅自强那个时候来，都是匆匆忙忙的，在现场指导一两天就走了，来了很多次，在产品设计、新工艺、新技术、新产品开发生产和推广方面，做了很多的指导。在他的启发和指导下，康平纳先后承担了国家“863”计划，国家“火炬”计划，技术创新计划，使康平纳集团的视野、能力有了很大的提高。

图 9-7　山东康平纳国债项目投产暨成立五周年

图 9-8　梅自强考察山东康平纳国债项目（康平纳集团有限公司提供）

2002 年，在梅自强的指导下，康平纳集团作出了将生产装备进行更新改造的方案。2003 年，康平纳集团的技改项目列入国家计划，在政策和资金上得到了国家的支持。在项目引进中，从引进设备工艺技术先进性的论证，一直到设备的安装、调试，梅自强都非常关心，中间也抽空来康平纳现场指导。

陈队范认为，那次技改工程是康平纳集团脱胎换骨的关键和标志，康平纳因此拥有了国内（包括国际上）最高水平的染整及后整理平台。在这之前，梅自强指导企业通过承担国家重点新产品开发、国家级的科研项目，锻炼的是企业的软实力；后来通过技改项目，在硬件方面也取得了重大突破，使康平纳的产品品质达到了国际优等水平。

梅自强对企业发展第三个阶段的重大贡献，是最终促成了康平纳在产业转型升级方面的决心和决策。

在引进、消化、吸收、再创新方面，梅自强为康平纳集团提供了一个很好的思路。梅自强说，国际最先进的设备一台就需要三四百万，钱都让国外赚了，能不能把引进的东西去消化吸收呢？这促使康平纳集团走上了先进装备引进、消化、吸收、再创新的道路，由设备的使用者变为设备的设计制造者。陈队范认为，这是梅自强对整个纺织界做出的贡献，而且是一个很大的贡献。为什么这样说呢？一是这个事情首先是他提出来的；第二，技术创新关键点的突破，也是他的点子。梅自强从一开始就强调既要借人家的思路，还要突破人家现有的技术。他说，国外设备应用的是射频技术，我们不要完全仿人家的，我们是不是用微波工艺就可以解决？陈队范感慨地说，能用简单的、可靠的技术来解决复杂问题，这就是大科学家与一般科技人员的差别，也是大学问家的风范。

在梅自强的帮助下，今天的康平纳集团依托传统主营业务成为国内外知名企业，主要产品包括高档粗纺呢绒、半精纺呢绒、精纺呢绒，有十二个系列上千个品种。集团麾下的康平纳机械有限公司专业从事高端数控纺织机械及数控机床的开发制造，主要产品包括自动化染色成套设备、多功能湿整设备、数控化后整理设备等染整系列设备。

公司拥有国家认定企业技术中心、纺织数字化染整装备国际科技合作基地两个国家级研发平台，建有山东纺织新材料工程技术研究中心、山东省首批院士工作站、山东省现代数字化染整装备工业设计中心、山东中荷纺织数字化染整装备合作研究中心四个省级研发机构，研发实力居国内同行业领先地位。先后承担完成了“863”计划、科技支撑计划、国际科技合作计划等国家及省部级科研项目，荣获中国纺织工业科技进步一等奖两项，山东省科技进步二等奖两项、三等奖三项。公司是科技部认定的国家“863”计划成果产业化基地、国家高新技术企业、中国纺织工业首批3A级信用企业、中国毛纺行业竞争力十强企业、山东省首批创新型企业、中国专利山东明星企业。

陈队范说：“看到康平纳集团现在这样的欣欣向荣，我在心里特别怀念梅院士。为什么？因为听说梅院士在进医院抢救前还在家里仔细地看我们的材料，就是那个属于国际领先的微波烘干机，我们按计划是2010年8月25号鉴定，老人家是要来主持鉴定会的。他在进医院抢救时还和医生说，下个星期他要出差，就是为了我们康平纳集团。有的时候，一想起来，一说起来，真的要掉泪，许多成果老人家没看到，真是一个很遗憾的事情。

梅院士为中国纺织做的贡献很多，在我这里看起来很大的事情，在梅院士一生中可能就是很小的一部分。我代表我们公司永远怀念我们的梅院士，用企业不断登上更高的层次来告慰老人家。”

用高新技术武装纺织企业

纺织虽然是一个传统产业，但是产业技术创新的步伐从未停止过。伴随着化工、机械、电子、现代材料、生命科学等相关产业的发展，新型纤维材料、高技术纺织品、高端装备等领域的先进技术不断涌现，大大丰富了纺织产业的发展资源。为加快科技创新成果转化为市场价值，企业深入开展技术开发、成果转移等经营活动，一方面促进了开拓国际、国内市场的能力，另一方面也借助技术外溢效应带动了自身的产业提升。应该说，自我国改革开放以来，纺织业一直将科技进步作为转型升级的首要着力点，行业主管部门和现在的行业协会，一直提倡提高企业科技创新在产品结构中的贡献率。以基础研究、科技创新体系建设以及创新人才培养为重点，进一步提升全行业的自主创新能力，在共性、关键技术研发应用方面取得更多的进展。

长期以来，由于纺织业整体还是比较依赖我国固有的资源优势，例如在一些天然纤维的生产量上占有绝对优势，有比较优质而充足的劳动力等，大部分企业主要是通过资金、人力投入来实现量的扩张，通过上规模来增加效益。而以科技进步为主的内涵式扩大再生产，虽然经多年大力提倡，但还是没有成为企业发展的主要战略。

梅自强在纺织科技领域工作多年，深知企业的生存和发展本质上取决于企业的技术创新、吸纳科技成果的能力和经营能力，因此他常年深入企业，不断提高对企业是科技成果转化主体的认识，让产学研这种合作方式为企业带来经济效益，让企业把科技成果运用于产品开发和发展生产中，真正成为科技成果转化的主渠道。

北京华宇创新科贸有限责任公司（下简称北京华宇创新）成立于1988年，是注册于中关村科技园的北京市高新技术企业。23年来，公司一直致力于生产用于化纤湿法纺丝的高硬度镀膜钽喷丝头，以取代传统的金铂铑喷头。经梅自强大力推荐，产品在国内拥有很高的市场占有率，并出口到多个国家和地区。公司拥有多项国内和国际专利，成果获国家科技进步二等奖。公司董事长兼总经理刘寓中曾经专门撰文，回忆梅自强对公司的巨大帮助。

2001年，梅自强向中国工程院院士季国标、郁铭芳、周翔、孙晋良和蒋仕成写了书面材料，郑重推荐北京华宇创新的“钽经熔盐电化学反应直接生成钽酸锂膜及其在喷丝头的应用”项目参加2001年国家科学技术奖励的评选。

梅自强在他的评价推荐书中写道：“该技术内容丰富，属国内外首创，技术上有实质性特点和显著进步，经较长时间和较大面积应用，已取得显著经济效益和社会效益。”①

梅自强的推荐书，不只是2001年他亲自到该公司详细了解情况，并了解有关用户单位使用情况后写出来的，事实上，他对该项目的了解最早开始于1987年巴黎第四届国际纺织机械展览会。当时北京华宇创新董事长刘寓中还在电子部十一所工作，以他的发明“高硬度镀膜钽喷丝头”，由纺织部推荐参加了中国展团，当年中国纺织代表团的团长正是梅自强。参展期间，梅自强来到展台，仔细观看并详细了解展团中唯一拥有多国发明专利（当时有的还在审批中）的高硬度镀膜钽喷丝头。1988年刘寓中组建了北京华宇创新，推广该专利产品，由纺织部推荐，又多次参加了德国汉诺威、意大利米兰、日本大阪等国家的纺织机械展览会，每次在国外展出，都能见到梅自强来展台了解情况。

梅自强在推荐书中写的“该技术内容丰富”，是指该项目当时有三个方面的成果：

第一，刘寓中在1980年首创用钽经熔盐电化学反应直接生成钽酸

① 2001年北京华宇创新科贸有限责任公司评价推荐书。资料存于采集工程数据库。

锂膜，并研制成具有一定性能的多晶钽酸锂薄膜热电探测器，学术成果发表在 1981 年的《科学通报》上。

第二，采用该方法研制出与钽基体热接触良好和热导快的耐高压绝缘膜，为国防科委某基地研制大剂量 X 射线量热计解决了重要问题。

第三，采用该技术研制出的高硬度镀含有钽酸锂膜的钽喷丝头，不但硬度高，抗划伤、抗变形能力强，更重要的是经过特殊处理后的镀膜钽喷丝头获得的合适的电极电位，显著减少了如黏胶、碳素纤维、芳纶等生产中喷丝头对纺丝中胶体状废弃物的吸附，减少了堵孔，显著改善了可纺性，为化纤湿法纺丝喷丝头以钽代金铂解决了一个关键问题，为喷丝头以钽代金铂开辟了广阔前景，取得了较大的经济效益和社会效益。

2001 年该项目被推荐时，已在中国、美国、欧洲、日本等获得多项发明专利，后经六位工程院院士一致同意推荐，又经国家科学技术奖励工作办公室的评审，及国家科委奖励办答辩后，刘寓中的项目获得 2002 年度国家科学技术进步奖二等奖。

在公司科研成果获得国家科技进步奖以后，梅自强更加关注北京华宇创新的产品，2006 年刘寓中的另一项发明问世，硬度更高、微孔光洁度更好的“复合镀膜钽喷丝头”又获得了国家发明专利，至今，公司已累计向国内外销售了 236 万多只镀膜钽喷丝头，其中出口数量达到 20 多万只。

近年来，北京华宇创新在镀膜钽喷丝头多项工艺改进上取得了突破性进展，例如，过去一根冲针冲孔数量还打不到 200 次，现在经过多项工艺改进，一根针可冲孔 2000 多次，而且微孔的精度及一致性取得显著提高。此外，在设备自动化方面也取得了显著进展，如实现了冲针大小的数控自动化检测和头道（导孔）冲孔的自动化，使微孔的精度和一致性得到进一步提高，二、三道（直孔）冲孔的自动化也取得了长足进展。冲孔的自动化设备是国内首创，国外也买不到此类设备。

现在，北京华宇创新已建成钽片生产线，以解决镀膜钽喷丝头生产的关键材料——钽片供应中存在的厚度、纯度、表面硬度、晶粒度等存在的各种问题，大幅度提高了镀膜钼喷丝头的质量。最近，北京华宇创新扩建了 8000 多平方米的新厂房，还引进了更先进的技术和设备。

谈到梅自强院士，刘寓中说："我永远感谢梅院长及其他领导的大力支持，我也一直牢记他的教诲，致力于镀膜钼喷丝头的研究和发展，并决心用更多的可喜成绩来告慰老人家。"

"老年志愿者"

2007 年我军装备了新式军服，当时项目主要研究人之一施楣梧教授在总后军需装备研究所士兵系统研究中心工作，他自 2005 年开始就进行新军服面料的研发工作，在 07 式军服的衬衫面料开发中得到了梅自强的精心指导。

事情是这样的。施楣梧当时对新衬衣面料的设计有两种思路，一种是延续原来的 97 式衬衣的设计，以涤纶为主，以便保持易洗快干的特点。但涤纶成分高达 91%，穿着舒适性造差。后来施楣梧提出了采用长绒棉外包涤纶异型截面长丝的设计思路，希望由涤纶异形截面长丝起到骨架作用，造成挺括手感和抗皱性，可以随便洗，并由异形截面建立良好的导湿性。再由外包的长绒棉使与身体接触的材料是棉花，提高舒适性。这样的设计要求长绒棉的比例要恰到好处，否则，少了舒适性差，多了强度和抗皱效果差。

施楣梧他们试制的面料虽然已经通过系列规格的试制，达到了比较兼顾的水平，但还是担心，是否会存在意想不到的问题。虽然已经采用各种仪器检测了各种性能指标，也请战士试穿考核和提修改意见。但战士们试穿时通常将注意力集中在服装结构上，对面料性能，战士一般提不出意见来。

在一次全国纺织学术会议上，施楣梧找到梅自强，将他的设计思路和面料指标情况向梅自强详细做了汇报。耐心细致地听完施楣梧的介绍后，梅自强提出要考核棉感，要保证含棉量适当，且要将棉纤维主要分布在织物表面，让身体感觉出棉感，而又不能因棉纤维的存在而导致洗涤快干性下降、抗皱性下降。施楣梧请求梅自强亲自试穿考核，梅自强很乐意地接受了请求。

施楣梧将样布和衬衣样衣交给梅自强后，整整三周的时间，此间梅自强没有与施楣梧联络，施楣梧以为他因为工作忙，来不及试穿，也不敢催促他老人家，不料三周后梅先生电话通知施楣梧去找他。

施楣梧到梅先生的办公室后，梅先生拿出了试穿了三周、期间专门洗涤了十次的样衣及样布的测试报告，一一点评。

令施楣梧特别感动的是，梅先生为了连续考核样品衬衣，隔天就洗涤一次，且分别采用不同的洗涤方法进行考核，还做了记录。老先生最后的结论是：有全棉的手感和穿着使用的感觉，又有挺括抗皱的外观效果，适合作为军服衬衣使用。

施楣梧说："梅自强院士是纺织界的泰山北斗，我在到北京工作之前，只在报纸和电视屏幕上见到过梅先生，及在学术期刊上看到梅先生的论文。因此，长期以来对梅先生存在敬畏之感。那次担负全军军服升级换代的重担，职责所在，斗胆向老人家求教，不料，不仅得到了学问上的指点，还让梅先生亲自试穿，参与面料的性能评判工作，老先生还开玩笑说，他在晚年还当上了老年志愿者。现在装备全军的内穿衬衣，就是经梅先生亲自考核的产品。"

造福乡梓的心愿

江苏丹阳毛纺织股份有限公司（以下简称"丹毛"）对梅自强来说，是家乡的纺织企业，公司领导曾经趁梅自强到常州开会的便利，邀请他到企业做指导。

公司领导徐荣芳、黄晓亮等在回忆梅院士来企业的情况时说："见到他的第一印象，我从心里觉得企业就是小学生，院士都是泰斗。他来了以后，希望他能多指导指导企业的发展方向。实际一接触，他的平易近人，谦谦君子风度，让我们有一种相见恨晚的感觉，后悔没能更早地请他来。"

"2008年、2009年曾经听过他讲话，觉得对企业和自己帮助很大，他教我们的是一种思路和方法。"

"凡是这样的科学家、学术大家，反而很低调，很谦虚，很敬业。梅院士给我留下深刻印象，后来想再去邀请他，没想到他突然就去世了，那么好的身体怎么会一下就没了？我们很悲痛，很长时间都缓不过来。"

2009年，梅院士在常州开会时曾到公司来做指导，那天他来了以后一分钟也没有休息，直接去车间看生产现场，样品间，看了所有的样品，总经理徐荣芳说，每次见到梅自强，感觉他总是风尘仆仆、马不停蹄，非常敬业。我们在技术上有什么问题请教他，他都孜孜不倦地教导我们。

在徐荣芳看来，梅院士在几个方面为企业指明了发展之路。

一是梅自强要求"丹毛"走差异化道路，产业升级，这个思路确实对企业帮助很大。当时国内毛纺的龙头企业如阳光、如意等，他们的强项是男装，"丹毛"避开锋芒专业做女装面料。现在女装占"丹毛"产品的比例是50%—60%，出口占80%。梅自强提出，一个是要做产品开发，一个是要做产业链延伸，"丹毛"就沿着这个思路打造自己的服装品牌，这样就坚定了企业的信心和目标。"丹毛"现在不仅仅是面料生产商，也是女装供应商。

梅自强告诉徐荣芳"丹毛"要增加内销比例，他分析了国内外市场形势，认为国内市场的发展潜力巨大。"丹毛"按照他的指导，外销产品由原来的80%以上降至现在的不到60%。内销市场开拓以后企业的附加值更高，因为外销经营是找代理商，内销经营是直接找客户。

梅自强来"丹毛"指导的时候，正值企业计划实施技改项目，他指点"丹毛"领导班子要从哪些方面来考虑，去引进什么样的设备。2009年，"丹毛"成为中国毛纺业第一家引进紧密纺设备的企业。因为梅自强给他们分析过，单经单纬产品是一个很好的发展思路，市场会越来越热。所以，"丹毛"毫不犹豫地引进了紧密纺设备，做轻薄型的产品。后来又在紧密纺设备上添加了一个莱卡喂入装置，生产出来的单经单纬双弹毛纺产品风靡全国，畅销海外。直到今天，业内人士一提到单经单纬双弹毛纺产品就首推"丹毛"的产品。

徐荣芳说，梅自强对颜色和纺织方式的不同搭配方式的看法，对现在产品的生产都有指导意义。当企业对未来发展的看法发生摇摆的时候，梅自强的意见就好像及时雨，使企业的发展更快更准更稳。“丹毛”领导班子牢记他的教诲，把“丹毛”做成时装基地型企业，把服装做成基地品牌，现在，丹毛时尚创业园已经在规划中了。梅自强曾经希望“丹毛”专注做纺织，要求企业在本行业发展，现在有很多纺织企业在做房地产，做其他生意，但是“丹毛”会记住梅自强的话，专注于一个领域，做深、做透、做好、做精。

《记事》的秘密：高效勤奋的一生

梅自强无论在求学还是在工作中的勤奋精神，是所有与他接触过的人有目共睹和深刻感受到的，这种精神日久天长也成为了他的生活习惯。每隔一段时间，他就要把自己所做过的工作简要地记录下来，形成了反映他每一年的主要工作，包括因公出差的地点、目的和会议内容等的一份《记事》。这份他亲手整理的《记事》无疑为采集工作提供了丰富的线索。

看了《记事》我们得知，从梅自强回国担任国产高产梳棉机的攻关任务开始，他在办公室的时间不多，在试验基地、生产企业一蹲就是几个月。唯一很少出差的时间段，就是“文化大革命”中下放干校劳动改造期间。自从“借调”回到纺织工业部以后，他又过起了与家人离多聚少的生活，到企业去进行技术改造和“帮扶”活动，也养成了他深入一线真抓实干的作风。

按《记事》中的记载，梅自强每年出差的时间平均在 100 天以上，到了年逾古稀之后，更是高达 150 天以上，一些年份甚至在 200 天以上。而且许多活动、会议都是在周末召开，多年以来，他已经没有了周末要休息的概念。有些年，比如 2006 年，从 1 月 2 日开始出差，最后一次出差回京日期是 12 月 31 日。

图 9-9　2006 年 11 月梅自强在常州一中向优秀学生赠书（常州一中提供）

《记事》像一面镜子，是梅自强从苏联留学回国以后多年的工作记录，客观反映了他以旺盛的精力和忘我的精神为中国纺织工业奋斗的历史。其中，从 2009 年 10 月到 2010 年 8 月 19 日 8 时梅自强在北京去世，因为奔波劳碌，他没有时间整理和记录自己的工作行程。梅自强亲笔记录的《记事》就停止在 2009 年 9 月。但是，纺织界的许多人都清楚地记得，在《记事》没有记载的近一年的时间里，梅自强依然和往常一样地奔波拼命，为推进中国纺织工业的科技进步事业不遗余力。

在他去世前的一个月中，他在东华大学指导工作，冒着高温酷暑，从山东、江苏、上海一直到浙江，调查生物质纤维的发展情况；在去世的当月，到家乡常州最后主持了一个企业的科技创新成果鉴定，又从常州转辗湖南，在高温酷暑中考察苎麻产业化情况，考察从事苎麻新产品开发的企业。

2010 年 8 月 16 日凌晨，梅自强心脏病突发被送进北京医院抢救时，他对医生说："我下周要出差去参加会议，还要发言，发言稿还没有写好。"

医生惊讶地回答："你的病情非常严重，参加会议肯定不行的。"因抢救无效梅自强逝世后，人们在清理遗物时发现，他的工作计划安排已经从逝世的当天排到了 9 月 26 日。

从《记事》的内容来看，我们惊讶于梅自强过人的精力和工作的繁忙程度。除了日常的重要工作，行业发展规划的制定、重大科研项目的论证、重大研究成果的鉴定，还有科技奖项的评审工作要占去他大量的时间。这么大的工作量，一个年逾古稀的老人是怎么完成的？

熟悉他的人都知道，梅自强有自己的生活规律：每天晚上 9 点就寝，凌晨 3 点起床，3 点到 6 点是他学习和查阅资料、写作的时间，6 点以后吃早饭上班，开始一天忙碌的工作。这种习惯几十年如一日，就是出差、开会期间也是如此，所以他能保证每天有 10 小时以上的工作时间。

中国纺织工业联合会会长王天凯回忆梅自强时说："在评审过程中，我看到有相当多的项目都得到过梅自强的支持和帮助。他对项目的整个成长过程如数家珍，因为中间也有他的心血。经常看到有些项目是他前期辅导过的，后来又给过一些什么指导。特别是他当选院士之后，去了那么多地区，深入那么多企业，给那么多项目做指导。可以这么讲，梅自强献身于行业的科技工作，付出了毕生的精力。"

王天凯说："梅自强的工作方法也很有特点，你看不到他有急躁的时候，总是非常温文尔雅；也看不到他以学者自居，对别人的意见不屑一顾；从来不摆架子，总是一种和蔼亲切的学者风度；还有，在他身上表现出来的是做学问非常公正，没有门第派别的偏见，对所有项目的来龙去脉都实事求是，这也是他在学术界享有较高声誉的原因之一。"

王天凯说，"如果要我总结他留给我的印象，那么首先是一种态度，对工作认真负责的态度；是一种作风，对科学谦虚谨慎的作风；是一种胸怀，对学术精益求精，包容各派的胸怀；还有一种精神，就是献身行业的技术进步，忘我工作，不计报酬，勇于付出的精神。"

第十章
上善若水

梅自强去世后，他的女儿梅昉在美国写下充满情感的短文，怀念她心目中的父亲梅自强，其中提到一些家庭生活中的小事，读来令人感动。

梅昉提到，梅自强非常喜欢动物，家里曾养过小松鼠，一养就好几年。高兴时谁都逗松鼠玩，烦忙时就像松鼠不存在一样，只有梅自强从不忘记它，吃喝清洁都照顾到。后来梅昉的哥哥梅昕收养了出生不久的小狗 Donny，随着小 Donny 慢慢长大，需要的照顾越来越多，每天要有户外活动，梅昕高兴时带 Donny 出去遛弯，更多的日子里是根本顾不上 Donny，那时 Donny 就会在家坐立不安。梅自强每当看到 Donny 烦躁就带它出去。接下来的几年里，无论寒冬夏暑刮风下雨，梅自强只要在京，每天总领 Donny 出去散步，出差回来即使很累也尽力带它遛弯，因为他知道 Donny 出去有多么开心。梅自强还定期给 Donny 洗梳毛发修剪指甲，就这样他成了 Donny 的好朋友，Donny 最爱吃的饭也出自梅自强之手。

Donny 发脾气时在家任意随地小便，搞破坏，久而久之家人对 Donny 的厌烦情绪慢慢掩盖不住了。那年搬新家，大家为是否带 Donny 去新房子纠结了好久，梅自强更多的是担心 Donny 离开这个家后的命运，就这样，Donny 跟着梅自强李椿和夫妇生活了十多个年头，直至它生命的最后一刻。①

① 梅昉：我的父亲。2014 年，未刊稿。资料存于采集工程数据库。

终身伴侣的相识与相知

梅自强的家庭是一个充满彼此信任的和谐家庭。在梅自强的夫人李椿和的眼里，她和梅自强的结合是一种极为平淡而自然的事情，虽然没有浪漫的戏剧情节，但是，就像春天来了花一定会开，秋天到了叶一定会落一样。

1953 年 6 月，由于梅自强在北京俄专留苏预备部的专业课考试成绩不理想，达不到出国要求，组织上决定让他在国内进修一年，梅自强到天津大学纺织系进修纺织专业课程，恰好分到李椿和所在的班级一起学习。

对天津大学纺织工程系 56 届本科生来说，当时梅自强更像是一个临时的插班生。从大学一年级下学期的期中开始，到二年级下学期的期中离开，前后不到一年的工夫。

图 10-1　1959 年梅自强、李椿和在北海公园（李椿和提供）

梅自强平时不爱多说话，也不会主动和同学们开玩笑，之所以引起同学们关注，是因为他的留苏研究生身份，而且因为身份不一样，所以梅自强在学校的食宿与同学们不在一起，只是每天在一起学习和活动。

图 10-2　1965 年梅自强全家照（李椿和提供）

李椿和在中学就加入了新民主主义青年团，在大学里学习成绩优秀，是团支部委员，经常组织团员们活动。当时梅自强已是党员，因为和班上同学之间关系融洽，所以平时只要时间不冲突，他也会应邀参加团员们的一些活动。还有节假日，梅自强总是参加班级组织的各种活动。直到李椿和在二年级（1954 年）入党后，和梅自强一起参加党组织的各项活动。在组织活动中，李椿和发现，梅自强特别善于倾听别人的意见，说话不多，但都说在点子上。这一点让李椿和对他产生了好感。

李椿和在回忆这一段经历时说："我跟老梅之间，应该说从相识到相知到最后相爱，整个过程时间是很长的。他在 1953 年到天津大学进修的时候，因为听课，因为过党的组织生活，就知道有这么一个人，而且知道他每天早上很早就跑出宿舍在天台上看书。因为都是在一个学校一个系，反正走过都能够看到。几个月当中，有时候下课以后，课间操大家文体活动的时候，也会在操场见面。""我跟他认识，主要是在学校听课，还有业余做操，还有业余的劳动，体育锻炼。学校推行劳卫制，大家都要围绕有劳卫制的项目进行锻炼，那时候是三好，学习好、身体好、思想好。老梅的体育很好，篮球打得很好，我在毕业时是校级三好学生之一，我跟黄淑珍两个人，我们全系 100 多人，就我们两个人是学校的三好学生。所以，和梅自强认识，就是在这种学习的环境、文体活动的环境下自然的事。当然，组织活动开会的时候我们会有一点接触。"①

当时有很多苏联的专家在大学里教课，那时候学校都会在周末专门为专家组织一些文娱晚会，像这种活动和场合，梅自强从来不会参加和出现，倒是身为团支部委员的李椿和，经常带领女大学生们去跳舞唱歌。

李椿和说："我对他这个人感觉印象不错，反过来，我觉得他对我也很好。因为我是班干部，又是党员，而且还是我们系里唯一的模范学习小组组长。"

据旁观者看来，梅自强对李椿和的"很好"，至少还应该有其他两个原因。

一是两个人都是出身寒门，靠自己的努力才进入大学之门。那时候李椿和家里很困难，她自幼丧父，母亲在部队被服厂做女工，家里四个兄弟姐妹，生活非常拮据。李椿和在大学四年期间，因为没有钱，没有回过

① 李椿和访谈，2014 年 8 月 14 日，北京。资料存于采集工程数据库。

家，寒暑假都在学校里度过。这样的经历，让梅自强觉得她小小年纪，学习这样好，真是不容易。回顾自己的家庭，父母拉扯五个兄弟姐妹成长之辛苦，感同身受，有恻隐之心是必然的。

二是李椿和与各位老师的关系融洽，她年纪最小，书念得不错，老师自然喜欢。加上家境贫寒，寒暑假都没钱回家，自然得到许多老师的呵护。那时候学校里师生关系好像家长和子女，老师爱学生，学生尊重老师。梅自强因为是来校进修的留苏研究生，除了跟李椿和这样的本科同学接触之外，更多的是跟系里的助教、教授们单独请教和探讨，老师们对李椿和的印象不错，那么在他们谈论过程中也不免对她有所夸奖。所以师兄妹共处的学习时间不到一年，但是彼此都留下了美好的印象。

在李椿和的回忆中，唯一的一次比较带有私人友谊色彩的事情，发生在 1953 年 9 月。她升入二年级刚刚开学的时候，梅自强对她说他妹妹梅自英考上了天津大学化学工程系，邀请李椿和一起去看望一下妹妹。李椿和就带了一个女同学，和梅自强一起去梅自英的宿舍玩。梅自强把李椿和介绍给妹妹，并拜托李椿和对他妹妹给予关心和帮助。

李椿和说，20 世纪 50 年代是一个充满积极向上精神的时代，在大学生活中的同学关系，是彼此充满信任、非常阳光的关系，她和梅自强都十分怀念那些充满青春气息，为共同理想奋发读书的日子。

梅自强离开天津大学纺织系时，将自己使用的一本俄语词典送给了李椿和，这是一本当时最权威的版本，很厚重的那种，印数很少，市面上买不到了，所以李椿和一直珍藏着，可惜在“文化大革命”中遗失了。

带有时代特征的恋爱和婚礼

1954 年 8 月，梅自强到莫斯科纺织学院棉纺教研室开始了他四年的研究生学习。李椿和还在学校念书，1956 年毕业时，因为品学兼优，她被分配到刚刚组建的中国纺织科学研究院，成为纺科院第一批应届大学毕业生。在这段时间里，两个人基本没有联系。李椿和回忆说：“大概在四年的时间里，我们就有两三次的通信，内容都是问候，简单介绍自己的变动和互相鼓励。大概在56年到57年之间，梅自强给我写了一封信，寄了一个在莫斯科召开的世界青年联合会的纪念章，他寄给我的纪念品，唯一的也就是这个。”①

缘分的真正建立，是在1958年7月以后。梅自强从苏联学成归来，被分配到纺科院棉纺研究室，被领导任命为高产梳棉机工作组的副组长，李椿和在毛纺研究室，当时也承担了课题，是国产毛纺设备定型设计工作。李椿和回忆：“那个时候在研究院学习的气氛比较浓厚，年轻科技人员压力也大一些，外语上甚至数理化上都要补习。研究院嘛，科研单位总觉得在这一方面要加强。那时候院里也创造条件，补习班都是院里派的老师，教外语，都是院里的翻译上课。所以我们晚上时间也不是很多，经常有一些课程，绝大多数人都会自觉去上课，单身的人住在院里，每个星期去上英语课，给自己充充电。”②

浓厚的学习气氛，促进了梅自强与李椿和的交往。在李椿和的眼中，这个从苏联留学回来的“大师兄”，在纺织基础理论方面的水平高过自己很多。棉纺和毛纺虽是两个研究室，其实专业的基本原理相同，自己有什么不明白的，在梅自强那里都可以搞清楚。另外，他在东北的纺织企业、苏联的纺织企业都有实际的工作经验，所以，有专业上的疑问，有搞不懂的理论问题，甚至是外语方面的事情，她都喜欢请教这位“大师兄”。

事情慢慢有了微妙的变化，原来是师妹遇到困难去请教师兄，后来变成了每天晚上，只要没有上课或者开会，师兄总是主动跑到师妹的办公室去坐坐。那时候纺科院年轻人学习风气很浓，晚上大家都留在办公室看书学习。时间一长，李椿和所在办公室的同事们开始回避了，吃了晚饭以后，人家就主动走了，不在办公室待着，把办公室留给他们。

没有花前月下，没有浪漫情节，在“大跃进”期间，连谈恋爱都成了速决战。好在梅自强和李椿和已经认识了五年多，彼此都有比较好的印

① 李椿和访谈，2014年8月14日，北京。资料存于采集工程数据库。

② 同①。

象，所以再次相逢之后，在相互吸引的感情方面没有什么波折，在不到一年的时间里，多数是梅自强到李椿和办公室来，所谓谈恋爱，也就是很简单的在办公室里聊聊天，说说话，谈谈工作，谈谈学习。

回忆起谈恋爱的情节，有一件事令李椿和难忘："老梅这个人就是非常朴实，待人诚恳。他跟我结婚之前，别的都没有说很多，因为两个人相识过程中，都觉得挺可以的，所以都没有再说什么。但是他主动告诉我，我工资虽然不低，但是我家庭负担很重，我有几个弟妹在上学，我还要负担家庭，每个月得给家里寄钱。他这么一说，就提醒了我，我说这没有关系，我也要给家里寄钱。所以我们两个人虽然在那个年代看起来经济收入不低，但是我们各自的家庭负担很重，两边家庭都要寄钱。老梅这个人在这一方面是做得很好的，他知道我家庭情况以后，结婚前我是每个月寄 15 元，后来他提醒我，你是不是寄少了？可以再多寄一点。结婚以后，每月加了 10 元，变成 25 元，这还是他提出来的。这个人婚前告诉我他有家庭负担，婚后提醒我要给自己的家庭多负担一点，所以我有的时候想想就非常感激他，同时也觉得这样的人品才值得托付终身。"[①]

1959 年 9 月 26 日，梅自强与李椿和喜结连理。结婚那天挺有意思的，纺科院团委的同志们组织了一帮人，敲锣打鼓，骑着一辆平板三轮车，到宿舍去把新郎新娘接到院里。在研究院二楼的一个会议室里，团委的同志们操办好了像茶话会一样的场地，桌子上摆了花生、糖果，举行了结婚仪式。大家一起唱歌，起哄，半个多小时就结束了。参加婚礼的全都是院里的同事、朋友，仪式结束后又把他们俩敲锣打鼓地送回新房。

所谓新房，是和另一家新结婚的工程师合住的一套宿舍。梅自强专业技术级别高一点，就住 17 平方米的大屋，另一家住 13 平方米的小屋，厨房厕所两家共用。那时候年轻人结婚分房子，这种情况很普遍，它还有一个好听的名字，叫"团结户"。

新房的家具是院里提供的，一个小的书架，一个四方桌，一张双人床。床上铺着梅自强妈妈寄来的两床棉絮，由于梅自强在结婚前还在青岛

---

① 李椿和访谈，2014 年 8 月 14 日，北京。资料存于采集工程数据库。

出差，他给李椿和寄了100元钱。李椿和说：“我这个印象很深，那个时候东西真是便宜，我买了两条被面，都是软缎的，买了一套枕头、床单，100元钱足够我买这些东西了。桌子椅子是单位分的，就这样，非常简单。”他们自己唯一的“家具”，是梅自强从苏联带回来的两个大木箱。木箱原来装了很多书，因为1958年的时候国内正准备搞化纤，所以梅自强带了两箱从苏联所能买到的化纤方面的书籍，那个时候没有电脑，都是手打打字机，他把每一篇书籍的名称、目录打好后就送给了院里的图书馆，因为他的专业不是化纤。腾出的这两个箱子，就成为他们俩新婚时自己的家具。空箱子叠起来，上面铺一个床单就可以用了。

有一个细节也很有意思，就是这对新婚夫妇家里的空箱子上有一台电子管收音机，家里还有一个照相机，在20世纪50年代，这绝对是“奢侈品”。这些都是梅自强从苏联带回来的，照相机是他读研究生的时候热衷于给同学们义务拍照而购置的，收音机是远在异乡，为了听国内中央人民广播电台专门买的。此外，在李椿和记忆中，结婚的时候梅自强还带来了一把口琴和一支笛子。

梅自强和李椿和结婚的时候，专门到王府井的中国照相馆拍过一张婚纱照，一直挂在家里。直到“文化大革命”时，纺科院有人贴出大字报，说他是修正主义培养的，说婚纱照是资产阶级生活方式的暴露，甚至说李椿和穿白色婚纱是给苏修披麻戴孝，贴了很大的大字报，还使用了侮辱性的语言，这件事把梅自强搞得很紧张，当天他们就把婚纱照，还有李椿和珍藏的结婚时穿的高跟鞋全毁掉了。婚纱照没有底片，无法再现，李椿和到现在都觉得非常遗憾。

为工作离多聚少的家庭

结婚后第二年的12月，儿子梅昕出生了，梅自强的母亲从老家到北京来帮忙。那时候梅自强正在研制高产梳棉机，很少时间能回到北京。李椿和也有科研项目，在孩子 10 个月的时候，她忍痛让婆婆将孩子带回老家，由爷爷奶奶抚养。两年后，女儿梅昉出生，也是梅自强的母亲到北京来帮忙，然后将孩子带回老家。

原来计划在各自的科研项目完成以后就把孩子们接回北京的梅自强夫妇怎么也没有想到，突如其来的“文化大革命”及下放干校，使孩子们不得不在爷爷奶奶的抚养下成长起来。

在常州长大的儿子女儿学习成绩一贯优秀，梅自强夫妇把这归结于在常州爷爷对他们的影响。国家恢复高考后，虽然当时大学录取率很低，不到 5%，但梅自强的儿子以优异的成绩被中国科技大学录取，毕业后被中国科学院录用。李椿和说：“两个孩子的高考、毕业分配我们一点也没有操过心，他们学习很用功，应该是要归功于他们的爷爷。到了我女儿上大学以后，他们兄妹俩每年寒暑假探亲，总是先回到常州去看爷爷奶奶，看完爷爷奶奶才到北京来看我们，这很自然的，我们也觉得很正常。因为是爷爷奶奶带他们带大的，学习上生活上我们都没有操心，老梅会把把关，就是谈一些大方向的事情。”

直到现在，李椿和在谈到她的公公——梅自强的父亲的时候，总是充满了崇敬。李椿和说：“原来我对他父亲真的没有理解这么深，结婚后通过了解，父亲这个人真是家庭的表率，影响了梅自强他们几个兄弟姐妹，很肯吃苦，很会吃苦，很会念书。诚恳待人是他父亲的品德，父亲比梅自强他们都能干，不要看父亲没念过多少书，他写的家训，都是怎么做正直的人，做有品位的人，怎么艰苦朴素，怎么实干。父亲这一套东西，以及他这一辈子的为人，让我觉得真是值得人人敬爱，值得人人尊敬的一个老人。”

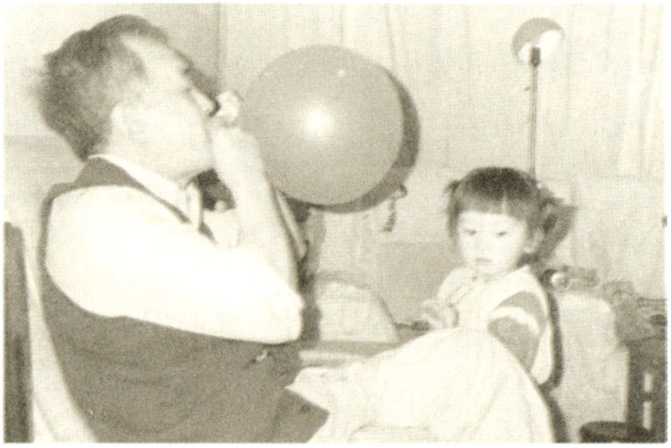

图 10-3　1993 年，梅自强为外孙女吹气球（李椿和提供）

1990 年 11 月 26 日—12 月 11 日，梅自强担任团长，率中国纺织科技考察团访问朝鲜人民民主主义共和国。11 月初，他父亲生病住院，刚好组织上安排他带团去朝鲜考察，那个时候家里人告诉他父亲不仅病重住院，而且医生下了病危通知书，但是他考虑到组织上的安排，因为在 90 年代初带团出国考察都是很谨慎的，他不好意思因为父亲生病去推掉这个出国任务，而且他还是团长。所以他临走的时候再三叮嘱李椿和，有什么情况，一定要及时通知他。梅自强是硬着头皮去的，他害怕回来见不到父亲了。可就在他出国期间，他父亲梅国芳还是去世了。那时候出国考察都要写总结报告，作为团长，梅自强在回程的火车上夜以继日地把考察材料写好后交给同事，准备到京后立刻请假回老家探望父亲。

李椿和知道梅自强的父子情深，梅国芳已经去世的消息也不敢告诉他，实际是他在朝鲜时他父亲就走了。直到梅自强回到北京，才让家里人从常州打电话告诉他。当天，梅自强带着李椿和连夜赶往常州。回到家一推门，见到父亲遗体，已过花甲之年的梅自强当着众多亲戚朋友和街坊四邻的面，像个孩子一样的号啕大哭了。李椿和与他共同生活了多年，从来没有看见梅自强如此伤心过。

这是梅自强一辈子唯一一次号啕大哭。

梅自强的女儿梅昉在怀念她父亲的文章中，也提到一些平时的家庭生活。

女儿眼中和印象中的梅自强总是特别忙，步子走得亦很快，转战南北，出差尤其频繁，常常飞机火车回来在家一个晚上第二天又匆匆上路。

梅昉记得他们家刚搬回研究院的头些年，梅自强忙到了极点，白天在单位里忙，回家晚饭过后常常有院里的同事来家谈工作谈房子，总是谈到很晚。那段时间里梅自强烟越抽越多，觉睡得越来越少，皱纹多了很多，头发也白了许多。他总是凌晨两三点醒来阅读材料撰写讲稿，久而久之成了习惯，常常每天工作十余小时。

在女儿的印象中，梅自强很少有和孩子们促膝谈心的机会。1981 年梅昉高中毕业那年，记得一天梅自强坐下来认真地和梅昉聊她的志愿，了解女儿的想法及对今后的打算，这让梅昉有些受宠若惊。

梅昉说她对生物医学、生命学科比较感兴趣，梦想当一位白衣天使，梅自强表示非常支持。他告诉女儿做医生当护士会比较辛苦，急诊室上夜班，节假日也会加班，但是治病救人是个令人尊敬的崇高的职业，而且提醒女儿，医生、护士都不错，医学院和护士学校都应该填报。

当梅昉收到医学院录取通知书时，梅自强正在广州出差，回来时送给女儿一件当时很时尚的裤裙以示祝贺。33 年后的今天，远在美国生活的梅昉仍然保留着父亲送她的这件礼物，因为她知道父亲这辈子很少逛商店购物。

行业中的“有口皆碑”

1989 年 4 月，梅自强 60 周岁生日时，中国纺织科学研究院一些老同事给他祝寿，大家凑了几句贺词，让擅长书法的高级工程师夏鹤龄写成一幅中堂，内容是：“一身正气，两袖清风；博学多识，建功立业；花甲之年，壮心更红。自强同志六十寿辰。张永椿、华用士、范翔、王至薰、梅建华、费青、夏鹤龄贺。”

梅自强非常喜爱这件礼物，一直珍藏在家中。

一晃时间过去了 25 年，当年的寿星作古了，贺寿的同事中亦有 2 人已经去世。这次，采集小组采访当年和梅自强一起创业的耄耋老人们，在回忆和评论梅自强的时候，

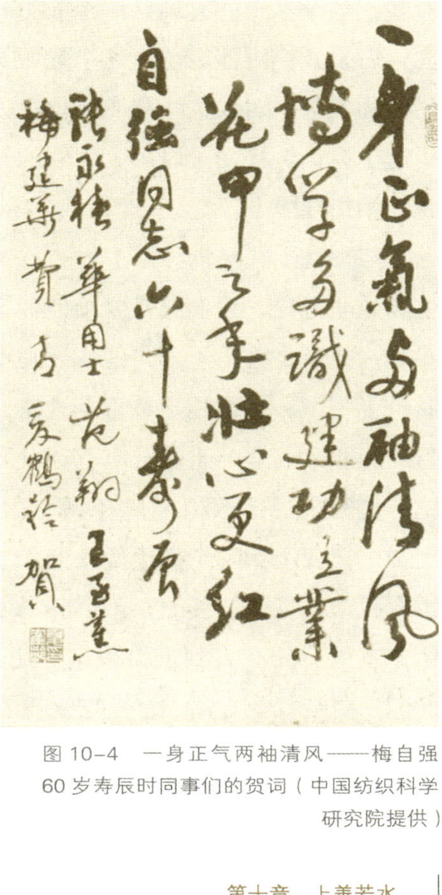

图 10-4　一身正气两袖清风——梅自强 60 岁寿辰时同事们的贺词（中国纺织科学研究院提供）

大家还是和当年一样的评价：梅自强是老一辈知识分子勤俭敬业的典型，一辈子兢兢业业，堪称一身正气，两袖清风。

晚年的梅自强为了中国纺织的科技进步事业，可谓“鞠躬尽瘁，死而后已”，与他一起工作过的人都敬佩他的为人勤奋。中国纺织工业协会及中国纺织工程学会的领导曾经以开玩笑的方式，说梅自强的特点是：一身正气，两袖清风，三餐吃饱，四大皆空。

晚年的梅自强除了对纺织领域的新技术、新工艺、新材料、新设备保持敏锐的兴趣外，对生活中的衣食住行似乎没有任何要求。东华大学的教授们给他们熟悉的梅自强下了一个结论，说他是“学术上的高标准，工作中的严要求，生活上的低标准，个人待遇方面没要求”，颇为精准。

东华大学教授郁崇文在他担任纺织学院院长的时候，曾聘请梅院士做大学的博士生导师。郁崇文回忆说：“我们当初请他来做兼职博导，是想对我们这个学科的发展做一个有力的推动。梅院士开始是犹豫的，没有答应，后来我们跟他说明，这个兼职实际上是没有什么报酬的，主要是想利用他的名声来对我们学科有所促进。梅院士也觉得这是一种奉献，就接受了这个邀请。接受了以后，后面的一两年里，就有学生报考他的博士，他就开始指导博士。”①

与梅院士共同辅导博士生的黄秀宝教授说：“梅院士在我们这里做博士生的兼职博导，我们总是要给他一定报酬的，但是年终给他钱的时候非常艰难，他总是推，不要，他说无功不受禄，每次都很困难。后来我们开会商量了一下，觉得还是尊重老人家，干脆就不给了，省得他不肯拿，推三阻四的非常艰难。他说无功不受禄，实际上对我们帮助是很大的。”

黄秀宝说：“那几年除了博士生的事情，还有大学其他的工作要梅院士指导，我说梅院士你也像其他人一样，在我们这里拿套房子吧。我们学校有政策，是很方便的，不会犯错误。我还说，像这样你每个月来来回回住，家里有什么人到上海来也方便。他说，我要这个干什么，我每次来，你们只要给我地方住，有饭吃就够了。”②

① 东华大学郁崇文访谈，2013 年 12 月 10 日，上海。资料存于采集工程数据库。

② 东华大学黄秀宝访谈，2013 年 12 月 10 日，上海。存地同①。

另一位东华大学的老师郑千钧说："我与梅院士认识是在2004年，那时梅院士受聘为我校双聘院士、现代纺织研究院学术委员会主任。我被安排至现代纺织研究院担任办公室主任，主要负责院士来沪期间全方位的服务工作。有幸与梅院士接触六年，深刻感受到中国纺织科学研究院对梅院士'一身正气，两袖清风'评价的贴切和准确。梅院士除了在学术道德、科学研究、为人处事方面有目共睹，对年轻一代既严格要求，又关心体贴，给我印象非常深刻。"

郑千钧提到有个叫周薇的女孩子，是《中国纺织报》的记者，跟随院士们到东华大学开会，进行会议采访和编写相关报道。在学校的喜天游宾馆吃晚饭的时候，梅自强就像爷爷对待孙女那样关切地问她的学习、工作和生活情况。周薇说她考取了香港理工大学纺织专业的硕士研究生，但因为父母都是纺织企业的下岗职工，家里生活很困难，没有钱去读书。梅自强仔细询问后就与她说："我可以无偿资助你，因为你想学习，但是有个要求，毕业之后必须要踏踏实实、认认真真地工作，要对纺织行业的发展做贡献。"后来，郑千钧了解到梅自强履行了承诺，无偿资助周薇二年半硕士研究生学习期间的学费。她觉得这是个很感人的故事，体现了梅自强对年轻一代的关心和爱护①。

江南大学副校长高卫东教授说，梅自强是一个很念旧的人。我请他到学校指导时，他就惦记着一批在南通的老同学，也就是我们江南大学的老先生、老教授。高卫东为此专门安排了他和这些老同学的聚会，当时梅自强非常开心。高卫东对梅自强说："您经常到兄弟学校去指导，来我们这里次数太少了。以后，只要您到无锡来，我保证都给您安排这样的聚会。"之后，梅自强来学校的机会真的多了。②

上海纺织科学研究院核心刊物《上海纺织科技》主编宋允说，自己当年在上海纺科院是情报所所长助理，后来到《上海纺织科技》任主编，因为那时候很年轻，觉得需要人带一把，就斗胆问梅自强能不能做《上海纺织科技》的名誉主编，梅自强说他回去考虑一下。到2004年底的时候，梅

① 郑千钧访谈，2013年12月10日，上海。资料存于采集工程数据库。

② 高卫东访谈，2013年12月13日，无锡。存地同①。

自强到东华大学做一个现代纺织研究院的项目验收，宋允又去求他，就定了下来。梅自强非常关注纺织专业媒体的发展，他与《纺织学报》《棉纺织技术》还有《四川纺织科技》都有工作联系，认为媒体是科学技术传播很好的平台。

在长期的工作交往中，宋允感受到了梅自强的人格魅力。宋允说："梅院士虽然不善言辞，就是不大轻易讲话，但是你跟他认识以后，能感觉到他的内心是很热的，是很容易接触的，也是很有人格魅力的。我们大家都愿意跟他交往，从生活情趣上说，梅院士也不是冷冰冰的，在一些场合，你能体会到他性格中的另一面。"

一次在武汉开会，宋允负责会务，会议结束后把梅自强送到了机场。那个航班很晚，大概是晚上十一点多起飞的，到了候机楼里，梅自强又把宋允送出来，宋允就劝他回去。梅自强说，这么晚了，你一个女孩，在武汉这里也是人生路不熟，我真的不放心，我要看着你走。后来一直等到宋允打上出租车之后，梅自强才进去候机。

宋允认为，另外一个能表现梅自强人格魅力的突出表现，是他学术上的公正、公平精神。宋允说："梅院士是以整个中国的纺织事业为己任的，所以他没有门户之见。现在，很多大学教授不是这样的，我这一派分得很清楚。自己的学生如果是求教其他教授的话，就不高兴，同行之间封锁也挺厉害。我感到真正做学问的大家，就应该是他这样的。我希望将来能够总结梅院士的这一点，这是促进行业科技进步很重要的一个方面。"①

教授级高级工程师、原上海纺织科学研究院副院长沈安京和梅自强比较熟，他说梅自强并不是外人看起来，不食人间烟火似的，要么是三顿饭，要么睡觉，要么就拼命地写，并不是这样的。梅自强的性格不是很刻板的，他的生活情趣也是非常丰富的。

有一次梅自强到上海来参加会议，沈安京去接他，因为航班晚点，接到以后一看饭点已经过了，回去安排来不及了，沈安京就在华山路找了一家西餐店，一般的，不是高档的，但是环境很好，俩人就进去吃。那天晚

① 上海纺织科学研究院访谈，2013 年 12 月 11 日，上海。资料存于采集工程数据库。

上梅自强一边吃西餐，一边讲起留学的许多事情，他讲罗宋汤，说这个面包比我当年留学的时候要好。沈安京说："梅自强不是一个善谈的人，他一般讲得少，是一个比较内向和沉稳的人，但他的内心世界也是蛮丰富的。我知道带他到这个地方来吃西餐，肯定是触动了他的一些记忆。上海西餐厅的环境都是比较讲究的，我们去的华山路的那家在丁香花园边上，是西班牙式的洋房，由台湾人开的。梅自强在上海上过学，他在苏联待了那么多年，这样的环境可能触动他了，他对那段经历其实也挺怀念的。"①

院士的衣食住行

梅自强在生活上清心寡欲，不讲吃穿，有什么就穿什么。从未听他说过自己哪件衣服是什么牌子，质地如何了，样子好坏了，合不合身了什么的，以至于《经济日报》的记者在采访文章里这样描绘他：

> 初见梅自强院士，他穿着的普通给人留下了深刻印象。一位与纺织打交道50多年的专家，穿的只是一件面料和款式都非常普通的圆领衫。在夏日的街头，这样的打扮随处可见。
>
> "我不讲究穿，我的生活很简单。但我是搞纺织技术的，喜欢看到新面料好面料，愿意我们纺织工业把大家打扮得舒服、漂亮。这不矛盾吧！"梅自强笑着解释，温和而从容②。

经常跟着他出差的东华大学教授程隆棣说，梅院士穿着非常简朴，很干净，多年来很少看到他穿新衣服。我去过他的家里，他儿子家我也去过，条件相当好，根本不差钱。但是从老先生的角度来讲，他们老一辈的艰苦朴素生活习惯已经养成了，改不了了。记得我小的时候被教育过，新

① 上海纺织科学研究院访谈，2013年12月11日，上海。资料存于采集工程数据库。

② 姜范：愿织桑麻成彩霞。《经济日报》，2009年9月6日。

三年旧三年，缝缝补补再三年。现在好像大家都觉得是不可能的，不可能新三年，一年新二年旧，三年肯定扔了，能穿三年已经是很好了。现在一般人穿衣服，就是一两年的事情，但是梅老师他能够做到。他穿着非常整洁，外衣里面有的时候能看到他毛衫的袖口都破了。我们总是说他的生活节俭，而他觉得就是应该节约，他传承了中国人的艰苦朴素传统美德①。

对梅自强来说，吃，可以很简单，他不喜欢在吃饭上浪费时间。

晚年的梅自强口味清淡，荤素搭配，以素为主，就是出席宴会，吃饱即止。

有一段时间，梅自强经常到东华大学来指导工作，学校按照规定在对面的银河宾馆安排他下榻，而他却愿意住在学校里的喜天游宾馆，认为这样既方便工作也节约。东华大学的许多老师都曾经陪他吃过饭，就在喜天游宾馆的餐厅里，对梅自强生活的简朴都有深刻的印象，和梅自强一起用餐，往往是工作交谈的延续。一些老师谈到梅自强到东华大学工作时，退休的老校长严灏景教授来陪梅院士共进晚餐的情景——在喜天游二楼餐厅的靠窗角落，两个白发苍苍的老者对坐，每人一瓶啤酒，就着面前三四个小碟子里的下酒菜浅斟慢饮，两位相交了半个多世纪的老朋友一边聊，一边喝，一个多钟头后，每人一瓶啤酒喝完，再吃一小碗面条，就含笑拱手而别。年轻的教授们说，这是一个令人感动的温馨画面。

中国纺织科学研究院院长赵强也有和梅自强一起吃饭的难忘经历。

一次，赵强和梅自强到绍兴开会，期间有一家与纺科院合作的企业老板来找赵强，说企业遇到了困难需要解决。赵强就拉着老院长梅自强抽空去企业会诊，因为路程较远加上路上堵车，回来的时候已经赶不上吃饭了。企业老板执意要请梅自强和赵强吃饭，但几个人对绍兴都不熟悉，梅自强提议去鲁迅笔下写过的咸亨酒店，他们就问着路找过去了。咸亨酒店有包间雅座，可是梅自强就喜欢在街边很简陋的桌子和长条板凳上坐着吃，酒菜也是按梅自强的意思点的，三个人边吃边聊，十分开心。等吃完后一结账，人均 20 多元，老板觉得特别不好意思。他半开玩笑地说，自

① 程隆棣访谈，2013 年 12 月 10 日，上海。资料存于采集工程数据库。

己虽然是个小老板，但是请朋友吃饭的钱还是有的。第一次有幸能请到大院士，还有大领导作陪，结果弄得像三个农民工似的吃了一顿，传出去以后恐怕自己在纺织圈子里都没脸混了。梅自强却说他今天晚上吃得非常满意非常高兴①。

梅自强晚年经常出差在外，深入企业，解决实际问题，对于食宿一贯抱着随遇而安的态度。一次，他听说有一个企业叫河南洛阳方智公司，发明了一种从棉花纤维中清除化学纤维等异纤的装置，想去看看。与企业联络的人与梅自强很熟悉，去了之后，才知道是在河南洛阳附近的一个小县城里，吃住条件都非常差，她赶紧向梅自强赔不是。而梅自强却说没关系，他只对那套清除异纤装置非常感兴趣。到了企业里，他问了很多问题，在现场试验，梅自强对企业的总经理说，你说这个设备的检出率有80%，我是要验证的。他把检验出来的异性纤维又扔回去，15分钟以后，这团东西真的被检出来了，他非常高兴，说这真是一个好东西。

异纤清除曾经是长期困扰纺织业的一个问题，由于染色性能不一样，在棉花里面混进了化学纤维等异纤，会造成纱线和布匹全部报废。这种清除一般靠人工挑拣，纺织厂要用很多女工来捡棉花，在白花花的棉花中挑出化学纤维等异纤，对眼睛的损伤非常大，很多纺织女工做这个工作两年之后眼睛都老花了。所以梅自强可以完全不在乎吃住条件，一定要亲临现场，亲自检验。他说这对纺织企业从业人员是一个福音，还对随行的中国棉纺协会负责人说，为了让更多的纺织女工不在年轻的时候眼睛就花了，你们一定要尽快推广②。

其实，说到院士的“住”，最能体现梅自强“生活上的低标准，个人待遇方面没要求”的事情，莫过于他们家住房的变迁。

梅自强和李椿和结婚之后，一直和别人合住一套单元房，厨卫共用，自己的卧室面积是17平方米。这样的居住状况从1959年结婚一直到1969年夫妻下放“五七”干校。

在安陆五七棉纺织厂下放期间，梅自强夫妇分到一个带厨房的单元套

① 赵强访谈，2014年10月11日，北京。资料存于采集工程数据库。

② 上海纺织科学研究院访谈，2013年12月11日，上海。存地同①。

间，面积是 30 多平方米，厕所在楼道里，是公用的。

1975 年，46 岁的梅自强从安陆“借调”回北京后，在东城区南湾子胡同 5 号原纺织工业部的单身宿舍居住，李椿和返京后，有关部门把南湾子胡同 5 号院里过去的一间实验室给夫妻俩栖身，说是临时过渡，最终梅自强夫妇在很多仪器、天平、烧杯中间“临时过渡”居住了 7 年。

1982 年，53 岁的梅自强任中国纺织科学研究院副院长，在这一年的最后一天 12 月 31 日，梅自强由南湾子胡同 5 号搬到研究院宿舍延静里中街 3 号院 1 号楼 5 单元 202 号，这是一套 4 室的套房，没有客厅，面积 70 多平方米。

1996 年 2 月，已当选为中国工程院院士，时任中国纺织总会科技委副主任的梅自强分了 2 套房间，搬到延静里中街 3 号院 3 号楼 1 单元，50 多平方米的一室一厅一套，60 多平方米的二室一厅一套，总面积不到 120 平方米，梅自强一住就是 13 年。

2009 年，80 岁的梅自强经中国纺织科学研究院院长赵强的再三劝说，搬入院新建的家属楼，新住宅配有电梯，方便老人上下楼，住宅面积 151 平方米。

说起院士的行，应该首先说说他平时上班的事。

从 1987 年梅自强任纺织部科技委副主任开始，当时的纺织部部长吴文英考虑科技委的老专家大多高龄，梅自强又住东郊纺科院宿舍，曾拨款购买轿车，结果被梅自强谢绝了，把车让给了其他部门。他认为自己的身体很好，每天坚持坐班车上下班。

梅自强去纺织工业部任职后，纺科院领导也作出规定，梅自强外出时由院办公室安排轿车接送，但他总是怕麻烦别人，特别是纺科院上下班以外的时间段，他总是自己在路边拦出租车。

出差时，多年来梅自强经常是坐火车，因为这样可以为单位节约路费。后来经过许多人的“批评”，才经常坐飞机了，不过，如果是老先生自己订票，他总是买经济舱，从来不买按国家规定可以享受的头等舱。

至于梅自强晚年常年出差在外，在全国各地的大专院校、科研院所和企业发生的出行中的感人事迹，更是不胜枚举。

比较典型的，就是梅自强去世那年，为了完成中国工程院关于生物质纤维材料发展前景项目的调研，与东华大学一批年轻的教授、副教授一起，开着一辆面包车，从山东、江苏一直跑到浙江，行程数千公里，历时近一个月。

参加这次调研的东华大学教授王华平说，2010 年那一年的夏天出奇的热。山东、江苏、浙江这一带的气温有两个多月维持在 38℃以上，最高的时候是 40℃。我们去山东，开的面包车车况不是很好，跑了好几个地方，每天要跑几百公里，而且生产生物质纤维的企业相对来说不像聚酯企业那么发达，都是初建，规模也比较小，相对来说也不是很规范。许多企业现场根本就没空调，我们年轻人都受不了。特别是后来到江浙一带的时候，气温天天在 40℃，到海安的华建、宁波的天安科技，包括在上海看上海纺织控股公司的企业，我记得很清楚，气温都是 40℃。每到一个地方，我们跟他先看车间，再听汇报，在整个行程中，大家整天都是大汗淋漓，因为车间里没空调，车上还稍微好一点。梅院士为了节省大家的时间，也相对把行程和考察时间定得比较紧凑，我们年轻人都感到吃不消，更何况他当年已经是 80 多岁高龄了。我们和他谈起来，他告诉我们他刚刚参加过体检，身体状况非常好。不料，回到北京会突发心脏病。我想，这和他太劳累，工作起来太拼命有关系。①

“独行侠”习惯的终结

纺织业内人士都知道梅自强的一个习惯，出差、开会，总是一个人外出，独来独往。这个习惯他坚持了几十年。说到底，无非是两个原因：一是怕给单位增加经济负担，二是怕麻烦别人。

东华大学教授汪军说：“梅院士是一位博学的、睿智的、谦逊的大家，

① 王华平访谈，2013 年 12 月 09 日，上海。资料存于采集工程数据库。

是一位平易近人、乐观豁达、生活俭朴的长者。他对我这样的青年科技工作者，在业务工作、学习、生活等方面给予了春风化雨般的关怀，让我受益匪浅，对做人、做事和做学问有了一个全新的感悟。对他有一个印象比较深，他出差开会时总是一个人，我碰到好多次，有几次还是我顺路把他送到火车站的。”①

与梅自强只有一面之交的常州中迈源纺织机械有限公司孙嘉良也说：“我觉得他是那种不喜欢麻烦别人的人，有什么困难喜欢自己背着扛着。”②

梅自强的这种习惯让一个人非常担心，甚至是非常“不满”，他就是中国纺织科学研究院院长赵强。自纺织工业部撤销后，梅自强的组织关系放在中国纺织科学研究院，作为曾经的老院长，中国工程院院士，纺科院有享受待遇的明文规定，可是梅自强从来不执行。为避免老院士一个人出差可能产生的风险，赵强不知道苦口婆心地和他谈过多少次，但梅自强好像不以为然。

2006年1月，在参加东华大学一系列学术活动中，赵强找到机会，召集了东华大学副校长在内，包括许多梅自强熟悉、信任、关系很好的人，大家一起郑重其事地跟老先生严肃地谈这个问题。

深知梅自强脾气、性格和思维方式的赵强，这次换了个角度去谈。他很认真地向梅自强诉苦，列举了一系列事实，因为他老人家个人的习惯，使赵强到处遭受熟人、朋友们的批评。赵强说，您是我的老领导，我的博士生答辩，您是评审委员会主任，是我的老师，您总不会希望您的弟子，还有您娘家的单位，到处被别人批评，在行业里被人家数落得抬不起头来吧。③

一些大学的老师也在旁边帮腔，大家的七嘴八舌让梅自强明白，这在大伙的心目中是一个很严肃很认真的问题。④

---

① 汪军访谈，2013年12月10日，上海。资料存于采集工程数据库。

② 中迈源纺织机械有限公司访谈，2013年9月26日，常州。存地同①。

③ 赵强访谈，2014年10月11日，北京。存地同①。

④ 黄秀宝访谈，2013年12月10日，上海。存地同①。

从那次之后，除了有中国纺织工业协会或者中国纺织工程学会领导陪同的出差开会以外，一般梅自强一个人外出时，老先生都能按照约定，到纺科院办公室说一声，然后带着纺科院的年轻人随行。

对母校的情意

南通大学校长徐山青教授，还有丁志荣、张瑜、廖萍等老师，在回忆梅自强的时候说，梅自强对母校和故人的情意让他们特别感动。

南通大学是梅自强的母校，老校址在南通唐闸，就是大生集团现在的地址。学校领导陪同他去大生集团考察时，梅自强特意指着大生集团的厂房说，这就是我当时的教室。2009 年年底，梅自强到南通博物院，博物院有一些学校的老照片，他驻足久久凝望，停留了很长时间[①]。

徐山青说，每次梅自强到学校来，不肯住大饭店，就住在学校的招待所，学校的招待所条件十分简陋，吃饭也很简单，就在学校的食堂，也不用人员陪他。梅自强说学校条件不好，如果有钱，把钱留下来做一些其他事情。学校聘用梅自强之后，要给他应得的工资，但是梅自强从来不领，于是学校给了他一张卡，可是梅自强从来不去用卡中的钱，他说以校友的名义，将钱留存在学校，一部分钱捐赠给在企业下岗退休后工资低的老校友，用于补助生活。90 周年校庆的时候，梅自强捐款 1000 元，又拿出 3000 多元赞助老校友的同学聚会[②]。

梅自强每次到母校来的飞机票从来不找学校报销，说是纺科院已经报销了这笔费用。他对学校的指导帮助是发自内心的，对母校有很深的感情，希望学校更好地发展。梅自强来母校一般不带助手，后来因为年纪大了，他所在单位考虑到安全问题，才带助手，但是他尽量带着相关专业的人员，来学校可以进行学术交流。

---

① 南通大学访谈，2013 年 9 月 27 日，南通。资料存于采集工程数据库。

② 同①。

2002年以前南通比较封闭，对外交流少，梅自强到母校来打开了一扇门、一扇窗，让学校开阔眼界，了解世界纺织的情况。梅自强根据学校需求介绍同行促进交流。在他的帮助引导下，学校目前已经形成了习惯，每年都会去参加国内国外的学术会议。南通大学校领导说，梅自强对我们的影响很重要的一点就是，眼界不同，看法就会不同，做法也就会更不同。

梅自强还将自己的一些资料、著作免费赠送给学校，每次到南通来，梅自强总是不顾年迈，自己带很重的一包资料送给学校。这些小事让南通大学的老师们记忆犹新，至今感念①。

一生中最后主持的鉴定

常州中迈源纺织机械有限公司自主研发的“全闭环双针床电子加卡经编机”，是梅自强一生中最后主持完成的一项科技成果鉴定。鉴定日期是2010年8月5日，开完鉴定会后，大概是8月6日晚上，中迈源董事长孙嘉良听东华大学教授陈南良说起，梅自强和他马上要去湖南长沙，做苎麻产业调研。当时孙嘉良就说，常州天气这么热，湖南的天气恐怕更热，梅自强超过80岁了，一定要好好休息，注意身体，注意保健。后来听说梅自强还是不顾劳累去了那个地方，一站接着一站出差、工作，回到北京以后没有几天，因突发心脏病，经抢救无效而辞世。

中迈源董事长孙嘉良至今在谈起往事时还是嘘唏不已。

鉴定会是在2010年8月5日召开的，专家组上午到企业去考察要鉴定的机器和运转情况，公司主要领导给他们介绍了机器的研发过程，碰到哪些技术瓶颈，有哪些创新点，技术上是怎样突破的。看完机器后，梅自强带领专家又去审查了中迈源的一些技术资料，在企业现场活动了一个半小时左右。孙嘉良记得那天在厂里梅院士走路很快，穿的是运动鞋，白色衬

① 南通大学访谈，2013年9月27日，南通。资料存于采集工程数据库。

衫，第二天穿的是黑色衬衫，他带着鉴定组的成员，各地的专家，还有东华大学的一些教授，一起很仔细地考察了这个机器。

在鉴定会上，当讨论到产品鉴定意见的时候，专家们对机器的技术性能指标进行审核以后意见发生了分歧。一些与会专家认为该机器是“达到国际先进水平”，属国内领先。但也有专家提出设备的“单纱夹卡控制技术”应该评为“国际领先”。因为德国当时还没有这种技术，是我国自主发明的。正因为这项独特技术，才会有生产出来的产品花型非常饱满、细腻。当时鉴定组内专家争论得非常激烈，本来应该在12点结束的鉴定会，一直争论到下午一点多，还是没有统一认识。梅自强就详细询问专家们的意见和证据。有人说这项技术的确是创新发明，属国际领先。也有专家说他们在国内鉴定了一辈子经编技术，还没有看到一项是国际领先的。这些专家说国内技术最多是达到国际先进水平，“国际领先”意味着在全世界你是最先发明的。梅自强与专家的反复讨论。会上，针织协会副会长把针织工业的最新技术一一列举，东华大学教授把世界最先进的单纱控制技术也一一列举出来。梅自强又在现场打电话咨询有关专家。经反复论证，最后确认了单纱控制技术确为创新发明，达到国际领先水平。这句话最后还是写进了鉴定意见[①]。

孙嘉良说：“这句话的分量很重，这是对我们发明创造的鼓励与鞭策。一些专家说鉴定的国内产品最多就是仿造，能达到国外一样的水平就不错了，不可能超越。事实上我们的确做到了创新发明，至少在某些方面实现了超越。梅院士主持的这次鉴定，坚持实事求是的方针，对我们企业极为重要，可以说是企业的转折点。鉴定小组的专家们统一意见后，对我们以前开发的产品进行了充分的肯定，坚定了我们对技术创新的信心，同时也给我们提出了很多建设性意见。”

中迈源自主研发的“闭环无缝成型双针床经编机”和“全闭环双针床电子加卡经编机”在2010年被鉴定为国际先进水平，其中公司发明的“单纱夹卡控制技术”鉴定为“国际领先”。

---

① 中迈源纺织机械有限公司访谈，2013年9月26日，常州。资料存于采集工程数据库。

令孙嘉良感动的是，梅自强不辞劳苦来主持鉴定，给了企业很大的帮助，而他和梅自强仅仅认识还不到两个月。

孙嘉良回忆，他认识梅自强是在 2010 年 6 月的上海纺机展上。当时中迈源展出的是刚刚开发出来的无缝内衣经编机，可一次成型，是国内首创的智能化机型。展览会开幕的第二天，中国纺织工业协会的一些领导来到中迈源的展位，其中一位年纪很大的长者，围着中迈源新型机器绕了两圈之后，对纺织协会的领导讲“这个机器不错。”后来中国纺织工业协会副会长高勇来了，给孙嘉良介绍了老人家，说这是梅院士。孙嘉良说：“当时给我的感觉，他非常平易近人，和蔼可亲，没有架子，是一个慈祥的长者。”在那次展会上，孙嘉良抓住机会向梅自强详细汇报了企业坚持创新的情况，例如开发了什么产品，企业以什么机型为主，每种机型开发过程中的瓶颈和难点等。孙嘉良感觉到梅自强关心的是产品的先进性在哪儿，推广性和市场在哪儿。梅自强告诉孙嘉良，以前他是搞科研的，光有好的技术还不行，要让市场接受，否则前面的投入都白花了。孙嘉良说，“以前我总觉得像院士这样高层的科学家造诣很深，应该特别重视理论问题，和梅院士接触后才发现他们也非常关注产品有没有市场。我对他说目前国内的品牌企业都需要这个产品，但是真正市场能不能拓展，产品是否畅销，还不得而知。”最后，孙嘉良大着胆子说：“过两个月我们有新产品需要鉴定，是中国纺织工业协会的项目，你能不能百忙之中抽出时间到我的工厂参观，做鉴定委员会的主任？”当时梅自强说要等他回京以后安排一下工作时间，尽量争取过来。

鉴定会结束后，孙嘉良组织了一个座谈，请专家们帮企业出谋划策。梅自强提到，作为中小企业，一定要搞科技创新，搞产品开发，这样企业才有持续的竞争力，否则的话很难在市场跟人家竞争。一旦产品形成自主知识产权，一定要加以保护，小企业一定要提高抗风险的能力。孙嘉良说，“按照梅院士的要求，我们后来又开发了 4 个高新技术产品，同时在 3 年中申请了 20 多个专利，其中 6 个是国家发明专利。现在可以告慰梅院士的是，他鉴定的机型，今年的销售有 3000 多万元，该产品已经在市场生根发芽，需求量非常大。该机型打破了德国设备的垄断局面，到目前为止在中国市场只有这种机型在销售，我们有价格优势。”

不久前，福建有两家企业在仿造中迈源的机器，其中一家是经编机制造企业，还有一家是中迈源的客户，预订了中迈源的机器，找理由说不要了，然后自己回去改，也在造这种机器。2014 年 5 月，中迈源向福建省知识产权厅提出了行政请求，状告两家专利侵权。孙嘉良说：“这件事被梅院士在几年前就预料到了，幸好我听话，当时就把专利申请了，现在得到授权了，专利请求的纠纷还在进行中。我们研发这个产品花了四五年时间，投入了几百万资金，现在在市场形成很大的销售后，利润不错，所以相关企业开始仿造。”

孙嘉良说，大企业可以依靠规模和产能、价格占领市场。像中迈源这样的小企业，核心竞争力必须建立在持续的产品开发上，靠高科技产品。当时梅自强在企业的座谈会上讲到，希望国内经编企业不要局限于用经编机专门做服装面料，他说中迈源的机器要拓展一些产业用纺织品的开发，这样的话市场会更大更广。虽然目前中迈源还没有达到梅自强的要求，但是国内的同行，也是梅自强家乡的企业常州润源经编机公司已经做得非常好了。孙嘉良感叹，回头想想，梅自强真有眼光，已经预见到未来。中迈源最近做了两款新机型，一些产品也开始推广到汽车行业。公司的产品已经被丰田公司用作汽车内饰，在试验过程中，中迈源做的是三面丝提花座椅布，一次织成，环保、透气又美观，完全符合国家产业标准。今后公司计划向产业用纺织品方向拓展，这样后劲会更足。

平凡的遗愿

2010 年 8 月 16 日，星期一，农历庚寅年七月初七，中国传统的乞巧节，也是牛郎织女一年一度鹊桥相会的日子。这一天一早，风尘仆仆冒着高温酷暑沿着长江流域考察生物质纤维发展情况的梅自强回到北京后，经过难得的周末休息上班了。下班前，梅自强来到中国纺织工程学会办公室，与相关人员了解了2010年香港桑麻纺织科技奖终审会议的准备情况，落实检查了定于月底召开会议的材料准备情况，又回到办公室，伏案写好准备参会的文章、发言稿以及近期的工作安排、近日的出差计划等。下班后，正好夫人李椿和从中国毛纺织行业协会回来顺道到办公室看他，老两口相伴着回到家中。

当天晚上，梅自强突然胸口剧烈疼痛，并发生呕吐现象。李椿和要打电话让单位派车去医院，梅自强摆手制止，他说可能是自己多年没有犯的老胃病发作了，时间很晚了，别麻烦别人了。因为不忍心看到梅自强一直忍着疼痛，还出现反复呕吐，李椿和最后还是自作主张打电话求助，纺科院立刻派司机于17日凌晨将他送到北京医院的高干病房。

在医生紧急为他做检查的时候，梅自强还对医生说："我下周要出差去参加会议，还要发言，发言稿还没有写好。"医生惊讶地回答："你的病情非常严重，参加会议肯定不行的。"清晨纺科院领导相继赶到医院，赵强要求医院用最好的药、最好的医疗器械予以抢救，他向医院表态医疗费用毫无问题，单位完全可以负担。接着中国纺织工业协会和中国工程院领导，以及两个单位医务室的医生都赶到医院探视，了解病情，大家只有一个祈求，希望在医生的努力下出现奇迹。

过去对医学常识的普及太不重视，按照这几年各种媒体的反复宣传，胃部、心前区、背部甚至肩膀部位的剧烈疼痛伴随呕吐，应该是急性心梗的典型症状。可惜的是，满腹经纶的老院士认为自己是老胃病犯了，错过了最佳的抢救时机。尽管名医云集，但最终没有能够挽回梅自强的宝贵生命。2010年8月19日晨8时，为中国纺织工业科技进步奋斗了一生的梅自强永远告别了他热爱的一切。

梅自强有一个愿望，就是在2010年的国庆节与夫人李椿和及小妹梅自珍一起逛逛王府井大街，还要去看看百货大楼，因为他十几年没有去过了。

梅自强的大弟弟梅自力和大妹妹梅自英都在北京工作。梅自力是总后设计院的总工程师，平常大家都很忙，没有什么机会见面，多年来一直是每年的国庆节大家才聚一聚，而且一般都是到他弟弟家去聚会、吃饭，几家人凑在一起，热热闹闹地过个节。2010 年，正好梅自强的小妹妹梅自珍到北京来了，就在逝世前，梅自强特地和李椿和、梅自珍说好，国庆节还是先到大弟弟梅自力家坐一坐，就不在那里聚餐了，我们自己打个出租车到百货大楼附近去吃饭，我也刚好可以去看看。梅自强说，我很想到王府井百货大楼去看看，王府井大街改成步行街了，我都不知道什么时候改建的，我有十几年没有去过了。

李椿和说，老梅在生活上没有一点追求，在工作上可以说是一直干到了死，就是这么一个情况，这么一个人。所以她现在最遗憾的事，就是梅自强想去王府井百货大楼走一走都没有实现。

于是，现在每年的 10 月 1 日，李椿和必定到王府井大街和百货大楼去走一走。她说，我必须去，我觉得我要替他去看看。[①]

一个曾经在纺织工业部上班的老院士，坚持 10 多年坐班车上下班，工作地点距离王府井南口的距离不到 300 米，王府井大街改成步行街了都不知道什么时候改建的，生前没有实现的遗愿就是想好好逛逛王府井大街，看看百货大楼，想想都令人心酸。

但是，也正是因为还有像梅自强这样的人，我们才可以对民族的复兴、国家的崛起、人民的幸福、社会的进步充满信心。

《老子》说：“上善若水”。最根本的一条就是“水善利万物而不争”，这恰恰是对梅自强的一生最适当的描述。

---

① 李椿和访谈，2014 年 8 月 14 日，北京。资料存于采集工程数据库。

结 语

勤奋一生，矢志不渝

梅自强生前总说，自己从来不是一个天才，所取得的一点点成就靠的是机会和勤奋。其实，从父亲只有小学文化，母亲是文盲的家庭中成长为中国工程院院士，这本身就带有传奇色彩。

机　　会

梅自强的父亲梅国芳一生聪明勤奋而又历尽坎坷，他从自身经历深感没有知识的艰难，因此在极为艰苦的生活条件下，不惜倾家荡产支持子女求学上进。望子成龙是中国家庭的习惯和传统，太多的父母，因为自己这辈子从来没有飞翔过，只能把自己不能飞的遗憾情结转化为对“蛋”的教育取向，一心指望着“蛋”能飞起来。

梅自强的童年和少年时代是在军阀混战、内乱不断，日本军国主义侵略中国、奴役中国人民、饱受亡国奴屈辱中度过的。从常州一中保存完好的 20 世纪 40 年代的学生学籍档案来看。梅自强也不是那种出自名校、师从名人，天资聪明的学生，他仅是一个以勤补拙、勤奋刻苦的好学生。在读初中时，各门功课成绩平平，甚至受到老师的批评，到了高中后，经过自己刻苦努力，在数学、物理等科目上才逐渐显示出一定的优势，为老师所青睐。

作为长子，梅自强从小得到父亲较多的言传身教。在家长眼中，长子应该成为弟妹们的榜样，无论在学业还是在为人处事上，必须表现出色。也许是梅国芳对长子所寄希望很大，平时要求过于严苛，因此造成梅自强从小比较沉默寡言，做事认真且刻苦的性格。在弟弟妹妹眼中，“大哥是一个外和内刚的人，不会嘻嘻哈哈、打打闹闹，跟人谈问题就认认真真地谈问题，比较认真，也比较严肃。”

在现存的梅自强初中毕业纪念册中，班上的同学这样描述他：

> 梅君自强，原籍江阴，为人刚直，有智略，能耐苦。对于学业，悉心研究，是以成绩优良。君更擅长运动，体格健壮。上课之时，挺坐静听，自始至终，毫无倦容焉。

梅自强在生前曾经谈起“机会”这个话题。他认为自己的人生经历了几次难得的机会。

第一次是在 1946 年夏，梅国芳将长子梅自强带到上海，进入上海复兴中学读高三。从家乡的小城市来到上海这个中国最大的都市，使梅自强的眼界从此开阔起来，并顺利考入南通学院纺织科纺织工程系。

第二次是 1951 年，梅自强从南通学院毕业时，国家号召无条件服从统一分配，他父亲深明大义，使他打消了顾虑，担任“1951 年华东区大专院校毕业生赴东北工作总队”副总队长率队奔赴东北，并于 1952 年 10 月加入中国共产党。

第三次是被选送到北京俄文专修学校留苏预备部学习。一点点俄文基础都没有的梅自强不仅攻下了语言关，在纺织专业上通过名校的进修得到了提高。

第四次是梅自强在莫斯科纺织学院读研究生四年，在拉科夫教授指导下研究高速梳理机理的重大问题。导师将当时国际上还没有解决的高速梳棉机气流分布及变化规律，以及气流与机械对梳棉效果的作用作为研究课题。梅自强重点研究了刺辊梳理棉层时纤维和杂质分离过程和机理，提出了改善刺辊除杂作用，控制刺辊落棉的建议；研究了高速梳理时梳棉机主要部件间气流对纤维分梳转移的影响，提出了改善和控制纤维转移的建议。梅自强的研究结果在苏联和国内外刊物上发表论文多篇，并编写了《苏联高产量梳棉花机》一书在国内出版。

第五次是 1958 年梅自强刚刚从苏联回国，就被纺织工业部和中国纺织科学研究院的领导委以重任，担任了国家研发高速梳棉机的工作组组长。高产梳棉机研究工作从 1958 年至 1966 年历时 8 年，试验工作从青岛扩展到山东、河南、浙江、上海又回到青岛，三次大幅度修改设计，三次批量制造全新的样机，终于使国产梳棉机的台时产量由 5 公斤左右提高到 25 公斤，达到了当时国际先进水平。棉纺厂万锭梳棉机配台由 48—50 台减少到 16—18 台，大幅度节省了棉纺工厂基建投资，取得了很大经济效益。A186 型高产梳棉机在以后 20 多年的时间里，成为我国纺织工业的主力设备。

在这 8 年中，梅自强和工作组发表了一系列论文，从理论和实践上奠定了我国高速高产梳棉机的基础，同时也奠定了他自己在纺织专业领域的学术地位。

五次机会就是梅自强成才的五个关键节点，他牢牢地把握住机会，在每一次机会中他都成为了佼佼者，并且为把握下一次机会创造了条件。其中缺少哪一次的努力，他都不会成功。

作为寒门学子，梅自强在先天和外在的资源方面没有任何优势，唯有通过自己的勤奋努力去争取机会。梅自强认为所谓的机会，就是社会发展产生的某些需要。可以满足这种社会需求的人其实很多，一旦自己有幸被选中成为参与者之一，那就要全力以赴去做一个佼佼者。

指望“蛋”飞的父母甚众，而真正可以飞起来的“蛋”寡，除了子女自身的努力外，重要的，莫过于“机会”的多少和能够抓住机会的能力。

勤　奋

梅自强把自己定义为普通而绝非天赋很高，这样，就很好理解他要求自己“笨鸟先飞”，“以勤补拙”，而达到“后来居上”的行为准则。

年轻时的梅自强有不少特长和爱好，比如他的田径和篮球成绩很好，他喜欢摄影并且熟练掌握暗室技术，他喜欢音乐，会吹笛子。但是在专业和事业的担子逐渐加重的情况下，他逐一放弃了所有的个人爱好。他曾经自嘲是一个比较“痴”（常州方言，有点傻而且“一根筋”的意思）的人，他认为人的精力有限，在学问及专业中不断地做“加法”，就意味着在业余爱好及个人生活方面不断地做“减法”。

在被称为“十年浩劫”的“文化大革命”中，大多数知识分子受到前所未有的冲击，被迫放弃专业，学习“政治”及接受劳动改造，梅自强也不例外，他被下放到位于湖北省安陆县的纺织部五七干校劳动，盖房子、挑粪、种地。1969 年纺织部主要领导为了保护下放的专家和技术骨干，在五七干校兴建了 4 万纱锭、1000 台织机规模的棉纺织厂，梅自强先后担任技术员、车间主任和党总支书记。在生产实践中，他和其他工程师对国产新型装备建立了工艺质量、运转操作、设备维修等一整套较为完整的管理制度，还对第二代设备作了许多改进，为我国纺织企业用好、管好国产棉纺新设备积累了丰富经验。

1966 年之后，全国各地陆续兴建的一大批国有棉纺织企业都是采用这套国产新设备，由于种种原因，生产水平、产品质量都比较低，设备故障多，达不到设计标准。1973 年 5 月轻工业部在长沙召开抓革命促生产经验交流会，要求各地企业学习安陆“五七”棉纺织厂的经验，提高生产技术及管理水平。梅自强参与组织了轻工部纺织局在全国新建棉纺厂推广安陆经验的活动，分期分批办学习班，并亲自登台讲课。

“文化大革命”的十年，梅自强在远离北京的一个偏僻的角落，从过去埋头搞科研，到把科研工作成果放在社会化生产的大舞台上具体运用，不断收获着专业技术上丰硕的成果。

“文化大革命”结束后，从 1978 年至 1980 年，梅自强带领工作组重点帮助了约占当时全国棉纺生产能力三分之一，合计 556 万纱锭的 122 个棉纺厂提高了生产技术管理水平。增产的棉纱约相当于新建 50 万锭生产能力。

1978 年全国科学大会以后，中国纺织科学研究院恢复重建，梅自强回到研究院任副院长，1984 年任院长。上世纪 80 年代初，改革开放以经济建设为中心，百业待兴，纺织工业作为传统产业承担了为国家整顿复兴积累原始资金的任务，急待打开国际市场。开发研制有自主知识产权的国产纱线条干均匀度仪是提高我国纺纱技术水平和突破国际贸易壁垒的关键。

国内虽早有学者着手这项工作，但由于这种仪器的高科技特性，研制技术难度较大，加之“文化大革命”的干扰破坏，十多年的研究进展不大。梅自强在分析了各方面情况后，总结了条干仪研制的难度在于行业本身的技术局限，提出要利用我国军工企业的高科技优势，用军民结合办法攻关。他任中国纺织科学研究院院长后，随即组织研究院与西安的陕西长岭机器厂（雷达军工企业）合作，由他担任技术总顾问。这个项目列入了纺织部科技攻关计划，历时三年于 1986 年年底研制开发成功并通过了有纺织部和电子部组织的联合鉴定，该项目 1988 年获国家经委技术开发优秀成果奖，1990 年获国家科技进步二等奖。

梅自强在“文化大革命”前是中国纺织科学研究院的重要科研骨干，“文化大革命”后又是研究院恢复重建的主要领导人之一，为中国纺织科学技术的发展作出了重要贡献。

1987 年纺织工业部成立科学技术委员会，梅自强担任科技委常务副主任主持日常工作。

上个世纪八九十年代，是我国纺织生产和技术迅猛发展和变革的年代。在产能急剧扩大，劳动生产率和质量水平急待提高的形势下，纺织工业部在“六五”“七五”和“八五”三个科技规划期间，进行科技攻关，辅之以引进技术消化吸收，组织研制开发了一大批技术含量高的纺织加工关键设备，使我国纺织设备配置和制造水平向国际水平靠拢，大大地改变了我国纺织工业落后的技术面貌。当时对于用高科技改造传统产业具体到纺织行业应该抓些什么是有不同看法的。梅自强明确提出了我国棉纺织设备的技术进步以开发研制清梳联合机、精梳机及自动络筒机和无梭织机为主攻方向。这是他实事求是地分析了国内外技术现状和发展方向后对棉纺织加工链整体进行技术思考所得出来的科学结论。

清梳联、自动络筒机和无梭织机是解决传统工艺的用工多、劳动强度大，产品质量品种受限的关键，而精梳机则是纺织产品上档次的关键。

1991 年，时任国务院副总理的朱镕基指出："中国的纺织企业只有加快技术改造才有前途，……必需当机立断地把新型纺织机械国产化抓上去，引进技术，技贸结合，走桑塔纳的道路。" 1992 年 7 月，梅自强在"自动络筒机和无梭织机引进技术与国产化总体方案"的评估论证中担任了自动络筒机项目专家评估组组长，为引进技术国产化提供决策依据。

上世纪 90 年代末，我国纺织工业经过压锭重组，摆脱了持续多年全行业亏损的局面，进入了调整结构，推进产业升级的新时期。梅自强又提出了"关于高新技术改造传统棉纺织工业的建议"。他还组织中国纺织工程学会各专业委员会，对我国纺织工业各行业的现状，面临的矛盾和问题，国际纺织科技发展趋向，我们的差距，我国纺织各行业科技发展方向及对策等进行调查研究，编写出版了纺织工业"八五"科技发展战略研究和"九五"纺织科技发展战略研究。

在"十五"计划期间，中国纺织工业在纤维加工能力和纺织品产量、产值，国际纺织品市场占有率和贸易总额等一系列主要指标上已位列世界第一。

梅自强当选中国工程院院士后，谢绝一般的社会活动，只出席涉及科技的活动。他在主持中国纺织工程学会工作之后，建立健全学会所属各专业委员会的组织，发挥各专业委员会下属学组的作用，开展多层次，各种形式学术交流活动。每年都有二十多项活动列入总会重点学术交流计划，连同专业委员会所属学组以至三级学组的学术交流活动，每年多达一、二百次。

中国科协第三次全国代表大会决定编写出版《中国科学技术专家传略》。中国纺织工程学会于 1992 年 11 月成立纺织卷编委会，梅自强任编委会主任。从筹组编委会，征集提名，确定入传人，组稿、审稿、定稿、出版直至筹集出版资金，梅自强都一丝不苟，事必躬亲。

1997 年香港桑麻基金会委托中国纺织工业协会评选桑麻纺织科技奖，梅自强作为在内地的基金受托人之一，负责每年的评选工作，桑麻纺织科技奖重点奖励创新研发项目及前沿探索项目，对激励培养优秀中青年人才，推动纺织科技创新发展发挥了积极作用。

2004 年，经科技部批准，中国纺织工业联合会科技进步奖设立并评奖。梅自强从第一届开始，就一直担任评审专家和评审委员会副主任，至 2014 年，已有 33 项中国纺织工业联合会科技进步奖项目获国家科技奖。

从梅自强当选中国工程院院士到他逝世的 20 年中，除了在纺织工业部、中国纺织工程学会及中国纺织科学研究院的工作外，行业发展规划的制定、重大科研项目的论证、重大研究成果的鉴定也占去了梅自强大量的时间。

熟悉他的人都知道，梅自强有自己的生活规律：每天晚上 9 点就寝，凌晨 3 点起床，3 点到 6 点是他的学习和查阅资料的时间，6 点以后吃早饭上班，开始一天忙碌的工作。这种习惯几十年如一日，就是出差开会期间也是如此，他每天能保证有 10 小时以上的工作时间。

在求学及工作中表现出来过人的勤奋，是所有与梅自强接触过的人都有目共睹和深刻感受到的。这种勤奋精神是日久天长的。已经成为了他的生活习惯。梅自强在逝世前，为答谢同事们庆贺他的八十寿诞写了一篇题为《80 年人生之路》的文章，结尾是这样的：

> 最后，我愿意用奥斯特洛夫斯基在《钢铁是怎样炼成的》这本小说中的那句名言结束我的发言。他说："人最宝贵的是生命，生命对于每个人只有一次，一个人的生命应该是这样度过的，当你回首往事的时候，不因虚度年华而悔恨，也不因碌碌无为而羞愧。"

这既是梅自强《80 年人生之路》的结尾，也是他一生的写照。

把　握

把握历史机遇，完成人生使命，是梅自强对自己一生的概括。

梅自强曾经写到："家庭对我的影响主要是：勤奋读书，找个好工作，有饭吃。学校和社会对我的影响使我认识到：国家要独立，人民要幸福，只有靠共产党。”

和大多数在国统区的大学期间投身革命的青年学生一样，梅自强在共产主义信念的影响下，把学门好手艺，找个好工作的理想，在实践中慢慢升华到为社会做贡献的理想。对梅自强来说，在新中国成立以后，作为纺织工程技术人员，最迫切的任务，就是在最短的时间里，改变人们穿衣困难的问题。为此，他做出了突出的贡献，也得到了党和国家充分的肯定。

可以说，从梅自强参加革命工作开始，“衣被天下”成为了他一生奋斗的目标。

从梅自强参与、主持及领导的科研项目，可以大致地看到梅自强“衣被天下”的理想，实际上也经历了两个阶段。

第一个阶段是从他大学毕业后到改革开放初期，约半个世纪的所作所为，都是围绕为中国人民解决衣被问题。从上世纪 90 年代开始，在中国从一个纺织弱国发展到纺织大国的变革中，梅自强善于把握机遇的天性，使他的所作所为在今天看起来依然可圈可点。梅自强把“衣被天下”的理想，真正变成为全世界人民解决衣被问题，并且在这个过程中，实现了中国成为世界第一的纺织大国的梦想。

上世纪 80 年代末，刚刚实行改革开放的中国百业待兴，财政及外汇收入甚少，中国纺织业靠产品出口成为中国外汇收入的支柱产业，因为原材料自给自足以及设备国产化率很高，所以出口净创汇能力强，约占当时全国各行各业总额的三分之一到一半的水平。对于这样一个被誉为“摇钱树”的行业，国家的投入和扶持却相对较弱，因此，业内有人戏称中国纺织业对外是“摇钱树”，对内是“苦菜花”，行业结构调整势在必行。

梅自强提出，纺织工业是一门从事纺织品生产的工业部门，它既古老又充满生机和活力，是生产人类生活消费品中难以替代的产业部门。纺织工业技术是为推动纺织工业生产力发展的一门带有鲜明技术经济色彩的实用技术。它既继承了几千年人类文明史和荟萃纺织品技术的精华，同时又无时无刻不在吸收新的科学技术知识来充实其领域而取得辉煌成就。世界第一次产业革命就是从纺织业吸取蒸汽动力的成就而开始的，代表现代高技术的核心微电子技术已在全面渗透到纺织工业各领域而使纺织工业面貌焕然一新。所以，纺织工业的专业技术源远流长，回顾过去和展望未来。世界纺织专业技术正在出现一个世纪性的变革时代。这个时代的到来同样是在世界高技术的浪潮冲击下而形成气候的。我们纺织技术工作者的使命就是紧紧跟踪这个时代潮流的新动向，把纺织工业生产推向一个新的高度。

在改革开放初期，高度强化的二元结构使中国经济发展面临着工业结构高级化和农业劳动力转移争夺资金的矛盾。面对困局，中国有几种选择：一是优先发展农业、轻工业，补上农村劳动力转移这一课；但由于国内市场容量有限，消费水平低下，经济建设还处于高积累阶段而无法实施。二是走拉美国家借取外债谋求发展的道路，但中国是大国，按人口规模和人均外债水平计算，外债总额要达到 1 万亿美元以上，出口规模和还债能力无法平衡。三是发展机电产品出口，通过国际交换为重工业的发展积累资金；但机电产品基本属于发达国家之间的圈内贸易，落后国家难以涉足。在当时的历史条件下，第四条道路，以劳动密集型产品切入“国际经济大循环”，为工业发展快速积累资金的同时，解决农村劳动力转移的问题，就成为了既符合国情，又有国际视野的新思路。于是，中国纺织工业成为了发展外向型经济、承接国际产业转移的先锋产业。

在 20 世纪 90 年代，中国纺织曾经经历了一次痛苦但是有效的结构调整。从 1997 年开始，历时 2 年，销毁了占总产能近三分之一的落后设备，导致上百万国企职工下岗，大批国企倒闭，或者改变所有制形式。到 2000 年，国有企业数量占行业总企业数量不到 5%，中国纺织工业成为中国制造业中最早完全开放和市场化的行业，用达到国际先进水平的装备武装起来的中国纺织企业（其中民营企业约占 90%）如上弦之箭，直指长期被发达国家操控和垄断的国际纺织品市场。

中国于 2001 年 12 月 11 日正式成为世贸组织成员，为中国纺织在中国融入世界经济一体化进程中的卓越表现提供了更大的舞台。

在 20 世纪 90 年代起连续 20 多年中，中国纺织业始终保持了两位数的增长，这既是一个奇迹，也是一种水到渠成的必然。

据不完全统计，从上世纪 80 年代起，梅自强发表的论文、考察报告、专题报告和建议材料有 80 多篇。这方面比较有代表性的，是他在跨入 21 世纪时为《中国纺织年鉴》撰写的《中国纺织工业发展报告》。在《报告》中他的总结涉及了纺织行业科技进步各个方面的前沿技术及发展趋势。

现在重新审视以梅自强为代表的纺织专家们在 20 多年前提出的建议和观点，依然深感其准确及正确。也正是由于像梅自强一样的纺织专家的不断研究和谏言，使国家不断加大了对纺织业改革力度的政策性支持，才使中国名副其实地成就了世界纺织大国的地位。

今天，当人们津津乐道“亚投行”，“中国高铁”，“一带一路”的时候，中国纺织产量持续保持在全世界的 50% 以上，在世界市场份额中持续保持在 30% 以上，显然已是微不足道了。纺织创汇对国民经济的贡献，也从几乎占了半壁河山，下降到只有百分之十几。中国纺织在整个国民经济中的地位日益式微，恰恰证明中国综合国力的日益强大，中华民族振兴和中国大国崛起的梦想实现有望了。

我们铭记为中国国民经济高速发展掘得“第一桶金”的中国纺织业，对像梅自强一样的几代纺织工程技术人员，那些新中国纺织的开拓者和实践者，那些贡献了毕生心血的普通劳动者，致以深深的敬意。

最后附上姚穆院士、俞建勇院士的文章以表达我们对梅自强院士的缅怀。

回忆梅自强院士的几件事

姚　穆

梅自强院士是我的学长，但在许多工作上，他是我的大哥。

梅自强同志 1947 年进入南通学院纺织科学习纺织工程专业，我是 1948 年进入南通学院纺织科学习纺织工程专业的。1947 年至 1949 年夏季，梅自强同志在上海分校学习。1949 年 2 月 2 日，南通解放。1949 年 8 月，梅自强同志回到南通。在相处一年中，梅自强同志对我们这些学弟处处照顾，处处关照，真是亲切的大哥。当时南通经过八年抗日战争，被日军占领，1945 年至 1949 年又在国民党“清乡”运动（国民党军队占领南通，对市镇区和农村的新四军部队和乡镇组织进行不断打击）不断进行中，极不安定，经济和生活十分困难。除了上课、阅读、作业外，极少活动。南通学院是大生棉纺织厂私营的大学，大生棉纺织厂在八年抗日战争中日军进驻厂区，三年半国民党统治期间，受政府胁迫，经济十分困难。课下活动很少。梅自强同志经过努力，向有关资助者动员购来两只篮球，在南通学院纺织科组织了篮球队。他带领大家打篮球，给学习生活添加了异样风采，受到广大同学的热烈欢迎和衷心感谢。

梅自强同志赴苏联留学，1958 年获莫斯科纺织学院科学技术副博士学位回国后，在棉纺织领域努力开发纺织设备。中华人民共和国 1949 年 10 月 1 日成立后，纺织工业部领导全国纺织产业发展。1952 年开始，自制棉纺织设备，开始建设棉纺织厂，建设纺织产业。但是当时设备水平很低、产量很低。梅自强同志率领团队，努力攻关，开发了大量纺织装备和器材。特别在梳棉机设计、制造、检测方面作出了卓越的贡献，使梳棉机分梳能力大幅提升，显著提高棉网质量；使梳棉机单产接近翻番；系统设计和改善了除尘刀、盖板、道夫斩刀等之外，在梳棉机大锡林动平衡调节上设计了专用测试轴承座，使大锡林轴一端轴承定位，另一端能随偏心力摆动，用粉笔在锡林表面画测锡林偏心质量偏心位置标志符号，并由偏心运动方程解出偏心质量位置的角度，可以快速准确地找到每一轴端的偏心质量位置。在轴两端分别准确测定偏心位置和加装平衡质量，使大锡林高速运动中无振动，显著提高了运动平稳性，大幅降低了能耗，还明显降低了噪音，取得了重大成果。

“文化大革命”中，由于“四人帮”的严重破坏，军宣队进驻纺织工业部，销毁了大量技术文件（中国纺织科学研究院技术档案被集中到院中当众焚毁）；纺织工业部和中国纺织科学研究院单位大批干部，特别是科技人员，下放劳动，主要集中在 60 年代中期新建的湖北省安陆棉纺织厂。当时梅自强同志任前纺车间主任。1973 年秋我带领工农兵学员赴安陆棉纺织厂实习两个半月期间，亲身感受到梅自强同志在生产一线，深入实际，密切联系运转工人和保全工人，对设备保养、工艺改进、器材革新、保证产品质量不断提高，坚持不断、克服困难、勇猛奋战的作风和态度。特别令我感动的是在这样的生产一线繁重工作环境中，梅自强同志继续重视理论研究工作，研究纤维开松状态、排列状态对最终品质的影响规律。在此期间他还给实习学生作过三次技术报告，教育学生学会分析问题的思路和方法，希望工农兵学员成为中国纺织产业发展的生力军。

梅自强同志一生为学术著作编辑出版作了大量的工作。20 世纪 90 年代即担任大量著作的主编任务，包括中国纺织学报的主编工作等，特别是中国科学技术专家传略、工程技术篇纺织卷第一卷（1996 年）第二卷（2004 年）第三卷（2007 年）的主编工作量非常大，组织了大批人力，收集了 1853 年出生以来的著名纺织专家的事迹和素材，编写了 170 位纺织专家的传略 124 万字。尤其突出的是《纺织辞典》的主编工作，连续十多年，集中了执笔编写人员 135 人，组织了编审出版人员 26 人，出版了包含纺织全面信息的专业大作 210 万字的巨篇，为祖国纺织科学技术作出了突出的贡献。

在最后十年期间，梅自强同志工作繁忙，参加了两个五年计划的制定和实施计划，繁忙地参加大量纺织学术会议，特别是为纺织科技创新发展废尽心机，参加大量纺织科技鉴定会议、验收会议和纺织机械设备研发的鉴定会议和验收会议。虽然非常繁忙，但非常认真，对每一次会议、每一项鉴定和验收都认真指导，仔细审阅修改文件、材料，掌握水平评价文字、认真细致，是我们所有科技工作者学习的榜样。

梅自强同志的精神和工作，教育和鼓励着我们好多代纺织科技工作者奋勇前进。

梅自强同志永垂青史。

忆梅自强院士

俞建勇

梅自强院士是我国纺织工程科技领军人物、战略科学家，我国高产梳棉机研究的奠基人。作为纺织工程科技界的泰斗，他一直是我敬仰的前辈。如果从上世纪80年代中期接触到梅先生的著述算起，到2010年老先生辞世，我与他所产生的“交集”有近30年之久，他对于我迈进纺织科技殿堂，投身纺织学科人才培养与科学研究，影响至深。

潜移默化，引入纺织科技学术殿堂

20世纪80年代，我还在中国纺织大学学习。由于选择了纺织科技作为主攻的专业，在认真学好学院老师安排的课程之外，我开始广泛涉猎纺织科技领域的文献资料，特别是进入硕士和博士研究生学习阶段，我更是加强了对纺织科技文献资料的学习和研究。期间，我读到梅先生的《棉纺生产中细纱特性的设计》《对棉纺织工业现代化的几点看法》《梳棉机速度、产量与分梳作用的关系》等系列著作和论文，对其纺织科技研究的科学方法论、对纺织产业流程细节的深入研究印象深刻。结合他对世界纺织科技发展的前沿解读和对我国纺织科技发展的前瞻性论述，使我对科学研究的目标及方法有了清晰的概念。

我和梅先生初次见面是20世纪90年代初，当时我还是一名留校任教不久的青年教师。在纺织学院，我曾参与他与学院的前辈教授们共同探讨我国纺织科技的前沿发展方向的多次会议。包括梅先生在内的前辈学者们为纺织学科明确发展目标，厘清发展思路，构建既符合国家纺织产业发展战略，又发挥学校学科优势的发展框架的诸多真知灼见，给了我很大的启发。这些耳濡目染的亲身经历，对我日后从事纺织学科的人才培养、科学研究产生了非常深刻的影响。

高瞻远瞩，领航纺织科技持续发展

2001年，学校任命我担任纺织学院院长。上任伊始，恰逢东华大学纺织科学与工程国家级学科建设平台——“十五”“211工程”重点学科建设项目立项。为了抓住学科发展机遇，建设国际一流的高峰学科，为我国纺织产业发展提供强有力的支撑，我们在“十五”“211工程”重点学科建设项目的立项工作中，积极咨询梅先生等国内纺织工程科技界的领军人物，请他们予以指点。当时正值我国加入世界贸易组织，我国的纺织产品获得了更多出口创汇的机遇，纺织产业也因此迎来规模大发展。然而，当大家将更多注意力放在如何抓住机遇，争取更多效益，做大纺织产业规模的时候，梅先生却未雨绸缪，思考了规模扩展后的问题，提出如何通过科技创新，将我国纺织产业由大做强的建议。

记得梅先生在当时叮嘱我们，建设“十五”“211 工程”重点学科要特别注意四个方面：一是依托学校的纤维材料改性国家重点实验室，开展差别化、功能性纤维研究；二是发挥学校高性能纤维研发优势，争取在芳纶、碳纤维等高技术纤维研究上出更多成果，并扩大产业化规模；三是纺织产业规模扩展后，我国纺织原料大量依靠进口，行业发展的风险增大，东华要在能够体现自身特色和水平的领域，开展对可再生纤维资源的开发研究；四是纺织装备方面，东华要充分发挥多学科交叉融合优势，加强纺织装备机电控制研究，自主研发纺织机械关键零部件，否则就会遭遇别人“卡脖子”。后来实践证明，我们沿着老先生指点的方向，在“十五”“211 工程”重点学科建设项目实施过程中切实加强了这几方面的工作，从中受益良多。

“211 工程”重点学科建设项目一个建设周期是五年，梅先生对我们的关怀与帮助贯穿了整个建设期，老先生不仅高度关注着项目进程，还亲力亲为参加了项目的中期检查和验收工作。记得项目验收进入实地检查阶段是在 2006 年的 6 月底，天气异常炎热，当时梅自强刚刚大病初愈，他不顾年事已高和身体状况，迈着有些蹒跚的步履，顶着高温，坚持深入学院、实验室和基地现场，对学科建设成果进行检查和指导，令我们非常感动。最终，东华大学“十五”“211 工程”整体验收获得教育部的优秀评价，学校的纺织科学与工程一级学科也从国内领先迈向了国际一流的行列。

梅先生对东华大学指导和关心的事例很多，多年来工作中间的桩桩件件点点滴滴，都让我们回忆和怀念。在我的心中，梅先生是一位心系国计民生的老科学家，他把推进我国纺织工程科技走向世界前列作为自己毕生的使命，把推进纺织高等教育发展作为毕生的事业，并且用心用情投入一辈子。我想，也正是有了这些老前辈无私的奉献与无悔的付出，我们后辈们才能前行得更加踏实稳健。

提携后学，倾心纺织科技人才培养

2005年，学校安排我担任东华大学现代纺织研究院常务副院长。从那时起至2010年8月梅先生逝世，5年间，我与老先生有了更多直接接触的机会。东华大学现代纺织研究院是在东华大学纺织及其相关学科现有资源和力量基础上成立的校属专职科研机构，建设目标旨在瞄准国家和行业重大需求，整合学校与企业科研力量，优势互补，布局关键技术研发、获取重大科研成果。梅先生十分关注我们现代纺织研究院的发展，也欣然担当研究院学术委员会主任一职，对这个多学科交叉融合发展平台的发展，特别是人才培养倾注了大量的心力与精力。

作为德高望重的业界泰斗、学术前辈，梅先生一直都将培养年轻纺织工程科技人才视为自己重要的责任。在他看来，长江后浪推前浪，新人辈出，才是我国纺织工程科技生生不息、创新发展的根本。他对包括我等后辈在学术发展上的培养和教诲，注重在创新实践中加强对年轻人才的培养和提携，令人终身难忘。梅先生常常告诫我们，科技创新就是要牢牢抓住不可替代的核心关键技术攻坚克难，这是科技创新的根本特性与意义。他还说，在科研和工程实践中承认自己尚有未知，是探究事物真谛的动力。科研和工程实践中的细节现象往往稍纵即逝，必须仔细观察、冷静思考，耐得住寂寞，锲而不舍，毫不懈怠，即使你已经取得了一定的成果，也必须如此。正是在这些科研思想和价值观的影响下，我们这些纺织科技界的后辈才能不为外界的纷扰所动，牢牢把握方向，坚持不懈地围绕我国纺织产业发展重大需求，一步一个脚印，脚踏实地地持续攻关。

梅先生对事业的执着追求，为人的大气谦和，处事的高瞻远瞩，以及高尚无私的人格魅力，为我们这些后辈树立了人生奋斗的标杆与榜样，激励我们为我国纺织产业可持续发展而不断奋斗与继续前行。至今，虽然梅自强离开我们已有4个年头，但每当我打开记忆闸门，浮现在我眼前的还是那个面庞消瘦、精神矍铄、脸上不时带着微笑的老人，那个时刻把我国纺织产业发展、纺织科技人才培养挂念在嘴边、惦记在心头的老科学家。

附录一　梅自强年表*

1929 年

4 月 26 日（农历三月十八日），出生于江苏省常州市。父亲梅国芳，母亲李芬，家住周家弄白云渡。

1935 年

9 月，入人范小学，一年级，家住关帝庙弄 12 号。

1937 年

秋，入小学三年级，日军轰炸常州，全家逃难去泰兴、泰州约半年。

1938 年

春，返回江南暂住利港，夏天回常州住东下塘约半年。

秋，回关帝庙弄 12 号，约住 2 年，在慈云里私塾借读约半年。

---

* 本年表由李椿和、张洁编撰。

1939 年

春，入新坊桥小学，四年级。

1940 年

春夏之交，由关帝庙弄 12 号搬到中马园巷，约住半年。

9 月，入常州市实验小学（茭蒲巷小学），六年级。

冬，由马园巷搬到青果巷 101 号。

1941 年

7 月，武进县立实验小学（江苏常州市实验小学）毕业。

9 月，就读江苏常州市正行中学。

1942 年

夏，搬到东下塘 48 号。

1943 年

搬到麻巷 30 号，后改 64 号，又改 72 号。

1946 年

9 月，父亲梅国芳到上海市复兴中学任教，随父亲转学到复兴中学，读高三，直至毕业。

1947 年

7 月，从复兴中学毕业。

9 月，考入南通学院，受三舅李艺安影响入纺织科纺织工程专业学习，并加入中国纺织学会。

1948 年

7—8 月，在常州国棉三厂（时大成三厂）实习。

9 月，经石汉铭介绍，参加中共上海学委领导的“通院团契”（与青年团性质相似的地下党外围组织）。受到进步同学影响，经常参加校内外活动。

1949 年

8 月，南通学院迁返南通。参加中国纺织学会在上海召开的 14 届年会，学会后改名为中国纺织染工作者协会。

11 月，经介绍人季学义介绍，在江苏南通加入中国新民主主义青年团，参加学生会工作。

1950 年

4 月，到东北化工局工作。

8 月，在青岛华新纱厂实习。

1951 年

5 月，被批准为党的宣传员，同时被选为南通市唐闸镇第一区人民代表大会特邀青年代表。

7 月，担任苏南北区高等学校毕业生暑期学习团的青年团南通学院支部组织委员、宣传委员；南通学院纺织系纺织工程专业毕业。

8 月，担任华东区大专院校毕业生赴东北工作总队副总队长，到东北参加经济建设。

9 月，任东北人民政府东北纺织管理局生产处技术员。

1952 年

春，参与筹建东北纺织管理局局属实验工厂，任东北人民监察通讯员。

10 月 10 日，由林光、郭淑梅介绍，在沈阳加入中国共产党，任小组长、支书等职。

同月，到北京俄文专修学校留苏预备部学习俄文，准备出国。

1953年

6月，入天津大学纺织系进修纺织专业课程近一年。

9月，在《中国纺织》杂志第19期发表题为《梳棉机前上罩板安装固定铁片的效用》的学术文章。

1954年

4月，从天津回到北京，准备出国。

5月，再入北京俄文专修学校学习，并翻译苏联A.H.索洛维耶夫的《棉纺生产中细纱特性的设计》一书，纺织工业出版社出版。

8月底，乘专列去苏联。

9月，入莫斯科纺织学院棉纺教研室攻读研究生，师从亚历山大·巴甫洛维奇·拉科夫教授。

1955年

暑假，和朝鲜研究生金光素到列宁格勒基洛夫棉纺织联合厂实习。

1956年

暑假，刘冉生、刘持钧率中国纺织代表团访苏，任翻译。

冬，在依万诺沃混色纺联合厂实习。

1957年

7月，在赫尔松棉纺织联合厂实习，同年在《中国纺织》第19期发表《赫尔松棉纺织联合厂实习散记》。

1958年

5月，在苏联学习期间，将收集的资料编写成《苏联高产量梳棉机》一书，较系统地介绍了苏联研究高产量梳棉机的经验和发展方向，由纺织工业出版社出版。

6月，以全票通过莫斯科纺织学院研究生论文答辩，获得科学技术副博士学位。

7 月，回国后经纺织工业部分配，到中国部纺织科学研究院从事梳棉研究工作。

9 月，参加纺织工业部高产量梳棉机工作组，任副组长，在青岛国棉四厂、五厂试验研究高产梳棉机。

1959 年

11 月 25 日，去郑州参加中国纺织工程学会学术年会。

12 月，在河南汲县华新纱厂代表纺工业织部组织全国金属锯条使用训练班，同时组织华新纱厂、青岛五厂、潍坊纺织厂 1181E 型生产试验。

1960 年

是年，担任棉纺课题组负责人，主持高产量梳棉机试验研究，组织编写试验研究报告。

3 月，1181E 型梳棉机在青岛五厂、河南华新纱厂、山东潍坊纺织厂进行生产试验总结。

4 月，参与筹备上海纺织工业技术革新技术革命大会。

1961 年

5 月 7 日—18 日，在青岛五厂召开梳棉机三自动经验座谈会。

1962 年

1 月，去上海国营第一棉纺厂研究梳棉机采用吸尘措施。

7 月—8 月，参加纺织工业部第 4 期党员干部学习班。

1964 年

3 月，在纺织工业部机械局讨论新样机设计方案。

11 月—12 月，在青岛参加金属锯条规格试验协作会议。

同年，受华东纺织工学院委托，评审该校一名研究生毕业论文。

1965 年

3 月 27 日，在上海纺织学会讨论台时产量 15 公斤梳棉机试验方案。

4 月 15 日，在上海国营第六棉纺厂研究金属锯条和盖板针布鉴定工作。

下半年，在上海国营第一棉纺厂组织高产量梳棉机试验研究工作。

9 月，根据试验研究结果，由青岛纺织机械厂修改制造了三台样机，经纺织工业部棉纺织新设备选型定型工作组鉴定，定型为 A185 型。

10 月，在青岛国营第五棉纺厂主持进一步提高梳棉机产量试验研究工作，在 A185 型基础上，台时产量由 15 公斤提高到 25 公斤，定型为 A186 型。

11 月，钱之光部长亲自听取梳棉机工作组研究试验情况汇报，要求工作组进一步调查研究，改进设计，提高加工质量，再制造一批新样机。

12 月，在青岛国营第五棉纺厂研究落实梳棉机台时 25 公斤计划。

1966 年

2 月，回院参加纺织科学研究院建院 10 周年纪念活动，并在全院大会上报告梳棉机课题组工作。

9 月，受部、院领导重视在研究院实验工场主持棉纺新设备一条龙生产试验工作，为国内新厂及援外项目采用棉纺织新设备提供经验，并培训技术干部和工人。

1967 年

1 月，一条龙生产实验完成总结。

1968 年

10 月，和纺织工业部机械局杨炳熏、马德邦组成三人小组，参加纺织工业部工作组在河南三门峡会兴棉纺厂组织的棉纺新设备样板厂生产实验工作，为国内新厂和援外项目提供生产经验。

1969 年

2 月，棉纺成套新设备在河南会兴棉纺厂进行生产实验的总结。

3 月，率领中国纺织科学研究院第一批下放干部去湖北安陆（纺织工业部安置下放干部的劳动基地）。

3 月—11 月，在湖北安陆五七棉纺织厂农场劳动。8 月，纺科院大批干部下放到农场后，任连长、支部副书记。

12 月，率队进安陆五七棉纺织厂，任前纺营长。

1970 年

1 月—5 月，在湖北安陆五七棉纺织厂任前纺车间主任、党总支书记，并兼任厂生产组副组长，从事生产技术管理工作。

4 月，参加湖北安陆五七棉纺织厂代表团出席纺织工业部第二届学习毛主席著作积极分子代表大会，并在大会上作《抓紧极好机会，认真重新学习》的报告。

1971 年

6 月，湖北安陆五七棉纺织厂成立革命委员会，任委员。

10 月，出席轻工业部在常州、南通、上海召开的“抓革命、促生产”座谈会。

1973 年

11 月 3 日，任湖北安陆五七棉纺织厂前纺车间党总支书记。

1975 年

5 月，调回北京，在轻工业部纺织局从事生产技术管理工作，参与组织领导轻工业部纺织局在全国新建棉纺厂推广安陆五七棉纺织厂生产经验的活动。

12 月，去东北三省了解推广安陆经验的情况。

1976 年

5 月，主持召开棉纺上水平第三次汇报交流会。

10 月—11 月，在石家庄国营第二棉纺厂主持布机学习班。

1977 年

4 月，在四川南充召开棉纺上水平汇报会。

5 月—8 月，筹备全国纺织工业科研技改展览会。

9 月—12 月，在上海主持全国纺织工业科研技改展览会。

1978 年

1 月，轻工、纺织两部分开，担任纺织工业部生产司工程师，去武汉筹备全国纺织工业科研技改展览会。

2 月—5 月，在武汉主持全国纺织工业科研技改展览会，并组织 15 项技术交流活动。

7 月，任纺织工业部生产司棉纺织印染处副处长。

8 月—10 月，主持纺织产品质量品种汇报展览。10 月 11 日晚，华国锋、李先念、汪东兴、纪登奎、康世恩等参观。期间，向中央领导汇报纺织工业产品质量品种情况。

1979 年

2 月中旬，在南昌江西棉纺织厂召开第二批棉纺企业生产上水平汇报会（38、50）。

2 月底—3 月初，参加西苑饭店纺织厅局长会议，并参观纺织品展览会。

4 月—5 月上旬，在石家庄、上海调查棉纺织生产水平综合经济效果。

5 月中下旬，参加西北第九棉纺厂召开利用 100% 化纤（纯维纶）生产篷盖布生产技术经验交流会。

5 月底，在西安第五棉纺厂和第一棉纺厂召开锥面钢领、回转钢领技术交流座谈会。

6 月，负责筹备“建国 30 周年工业展览”纺织馆。

6 月 15 日，参加进口中长纤维混纺织物染整设备使用情况经验交流会。

9 月—12 月，在成都筹备举办“纺织产品质量品种展览”，并主持“纺织产品质量品种经验交流会”。负责主持制订展出方案，挑选审定展品，对展品进行评价，审定展品说明、讲解词和其他文字材料，组织技术交流。

11 月，参加中国纺织工程学会第三届全国代表大会，并当选为全国理事。

11 月 12 日—30 日，在丹阳棉纺厂举办全面质量管理学习班。

1980 年

1 月，在北京举办 1980 年纺织技术改造座谈会。

2 月，在昆明召开棉纺工厂第二批上水平（38、50）汇报交流会。

3 月，召开维纶和棉花混纺军布生产质量交流座谈会。

4 月初，在山西召开纺织企业水煤气设计方案审查会。

4 月下旬，去临清了解棉纺厂细纱机降低断头率的经验。

5 月 5 日—16 日，在湖南召开纯维纶篷布技措项目进展情况交流汇报会。

5 月 20 日—31 日，在北京参加纺织工业部第二期党员干部训练班。

6 月 13 日—22 日，在无锡召开色织布产品技术改造座谈会，并到无锡第一色织厂、无锡色织厂、产品研究所和纺织研究所调研。

7 月 14 日—26 日，主持召开 1981 年度纺织技术改造项目审查会。

9 月，参加李竹平副部长率领的中国纺织工业代表团访问比利时，参加人员有：李竹平、刘瞻、华树嘉、梅自强、郑锡荣、郑增辉、王惠琴 7 人。

11 月 10 日—18 日，在北京举办针织外衣新产品经验交流会。

11 月 22 日—28 日，组织召开 1981 年度纺织工业生产工作座谈会。

1981 年

1 月，组织纺织工业针织新产品展销衔接会。

2 月，组织召开全国帘子布产品调整和转产座谈会。

3 月，在浙江余姚化纤棉纺厂召开第四批棉纺生产上水平（38、50）经验交流座谈会。

5 月 25 日—28 日，在北京国营第三棉纺织厂召开 13 省市化纤长丝针织品、中长丝织物规划座谈会。

5 月 29 日，在北京国营第三棉纺织厂召开 13 省市长绒棉扩大利用座谈会。

6 月 10 日—14 日，在江苏常州组织召开全国引进染整设备使用情况汇报交流会。

6 月 19 日—27 日，在山东潍坊组织召开提高涤棉色质布质量经验交流会。

8 月，在牡丹江纺织厂召开全国帆布生产企业调整转产座谈会。

9 月初，组织召开全国儿童用品座谈会。

10 月 4 日—8 日，在北京召开针织复制行业设备更新改造座谈会。

10 月 13 日—25 日，在郑州召开全国棉纺织企业青工操作经验交流会。

10 月 26 日—11 月 3 日，在国营西北第一棉纺厂组织电子清纱器使用情况经验交流会。

11 月 10 日—26 日，在广西柳州召开全国巾被手帕图案设计评比会。

11 月 29 日—12 月 15 日，在无锡召开针织品炼漂工序连续化和漂染工艺技术座谈会。

11 月，受纺织工业出版社委托，审阅上海纺织研究院曹瑞等同志翻译的《纤维材料的自调匀整》一书，并于 1981 年出版。

同年，牵头和长岭机器厂合作，研制条干均匀度仪，该项目的目标是代替瑞士乌斯特条干均匀度仪。

1982 年

1 月，中国纺织工程学会成立学术工作委员会，任副主任。

3 月，在江苏江阴举办全国巾被纹样设计学习班。

5 月 20 日—6 月 20 日，在北京展览馆主持全国儿童生活用品展销会纺织品部分展销。

6 月，任纺织工业部生产司技改处副处长，参与组织推广安陆五七棉纺厂用好并推广国产棉纺成套新设备的经验和石家庄织布工作经验。

8 月上半月，在吉林召开纺织工业技术改造座谈会。

8 月下半月，召开全国纺织工业系统防治污染经验交流会。

9 月 12 日—16 日，在上海金山石化总厂举办纺织系统环保学习班。

9 月 20 日—28 日，参加国家经济贸易委员会技改局举办的 5 省市引进技术改造中小企业座谈会。

10 月 8 日，任中国纺织科学研究院副院长，分管科研。27 日，任临时党委委员。上任以后，在抓紧各项基本建设的同时，重点领导开展科研工作，在合成纤维工艺研究和产品开发方面，棉和化纤的纺纱、织造、针织、染整工艺技术，产品开发和新设备研制方面，在纺织测试技术、仪器研制和纺织品标准方面，在计算机应用方面，逐步开展研究工作，并取得了较好的科研成果。

10 月 22 日—11 月 6 日，参加国家经济贸易委员会召开的技术改造工作座谈会。

同年，国产条干均匀度仪研制工作得到有关部门的支持，列入纺织工业部“六五”攻关新产品试制计划。与电子工业部 782 厂（即宝鸡长岭厂）合作，发挥军工企业的技术优势，研究开发高精度纺织电子仪器，以达到国际乌斯特条干仪同等性能水平，能替代进口为目标，并被聘为该厂“高精度纺织电子仪器研制生产基地”总技术顾问。

1983 年

2 月 18 日，被天津纺织工学院聘为特邀学术委员。

3 月 1 日—7 月 23 日，在中共中央党校中央党政机关干部进修班第一期学习。

6 月，申报高级工程师，申报高工的论文是《梳棉机刺辊部分的气流和除杂作用》。

10 月 6 日—16 日，在昆明组织召开纺织品标准学术讨论会。

11 月，在无锡召开的中国纺织工业技术经济和管理现代化研究会上当选第二届理事会常务理事。

11 月，中国纺织工程学会第四届代表大会通讯选举，当选全国理事。

11 月 30 日—12 月 5 日，应中国驻香港华润纺织品公司邀请，率纺织品标准考察团去香港，考察人员有梅自强、魏焕卿、苏心逸、郭永华、夏廷鸥 5 人。

1984 年

4 月 24 日—5 月 3 日，应常州市科协邀请去常州参加解放 35 周年纪念活动。在纺织系统讲“纺织产品的发展趋势和纺织工业的技术改造”。

6 月 18 日，赵紫阳总理签发国务院任命书（第 04803 号），任命梅自强为纺织工业部纺织科学研究院院长，负责全院行政管理工作。

7 月，国产条干均匀度仪的研制立项，作为课题负责人，主要做组织工作，确定研制方向，参与制订技术方案。

11 月，任《纺织通讯标准》编委会主编。

1985 年

1 月 7 日—11 日，在陕西组织召开条干均匀度仪第三次工作会议。

年初，为保证国产条干仪的性能和主要技术指标不低于国际乌斯特条干仪的水平，去长岭召开研制三方工作会议，对总体设计方案做重要改进，把波谱仪由原设计任务书中规定的 50 个频道扩展为 55 个频道，比乌斯特条干仪还多了一个频道，为实现国产条干仪达到乌斯特条干仪同等性能水平、替代进口的目标提供了保证。

3 月 15 日—4 月 20 日，率中国纺织科学研究院毛纺设备选购小组赴比利时、英国、西德、意大利四国考察，确定了研究院实验工厂毛纺设备选型，选购小组人员有梅自强、寿逸明、常象宗、王智、高桂莲 5 人。

6 月 14 日，在中国纺织工程学会第四届理事会第二次会议上当选学术部部长，郭大栋、屠仁溥为副部长。

9 月，指导天津纺织工学院合作培养的硕士研究生屈建国，其论文题目是“梳棉机自调匀整装置的研究”，基础课由天津纺院负责，科研和论文由费青协助指导。

在纺织科学研究院院刊第一期发表《端正业务工作指导思想，开创我院科研工作局面》一文。

10 月 17 日—11 月 8 日，参加南通纺织工业科技工作会议，并和李百长、徐朴、谢应安同行，参加南通纺织学院复校、南通博物苑 80 周年庆、大生一厂 90 周年庆、南通纺织博物馆开幕等活动。

1986 年

2 月 20 日，中国纺织科学研究院学术委员会改选，任第五届科技委主任。

3 月，审阅祝柏荣《自调匀整装置》一书，全书 24 万字，同年出版。

3 月 10 日，任中国纺织科学研究院职改领导小组组长。

3 月 28 日，中国纺织科学研究院建院 30 周年纪念大会，作《建院 30 周年回顾和为建设纺织科研基地而努力奋斗》的报告。

4 月 18 日—22 日，在宝鸡组织召开条干均匀度仪工作会议，和陕西长岭 782 厂研究确定鉴定方案及鉴定考核小组成员。

5 月 19 日，任中国纺织科学研究院专业技术职务评委会主任。

6 月 21 日，中国纺织科学研究院党委改选，院部党员 181 人，出席 128 人，其中正式党员 112 人，以最高票当选。

8 月 4 日—24 日，应邀率毛纺代表团访问新西兰、澳大利亚，代表团成员有梅自强、黄奕秋、倪雅葵、邓寿庆、胡肇庚、高桂莲 6 人。

8 月，指导天津纺织工学院合作培养的硕士研究生钱涛，其论文题目是“梳棉机锡林盖板梳理的研究”。

10 月 6 日，中国纺织大学建校 35 周年成立校友会，当选理事。

11 月 22 日—28 日，由纺织工业部纺机总公司和电子工业部雷达局联合主持召开国产 YG131 条干均匀度仪鉴定，结论认定“达到当前世界先进水平”，“建议批量投产”。国产条干仪研究成果于 1988 年 3 月获国家经委技术开发优秀成果奖，并于 1990 年 7 月获国家科技进步二等奖。

1987 年

1 月 2 日，纺织工业部科学技术委员会成立，任第一副主任（何正璋副部长任主任）。

2 月，担任纺织工业部科学技术委员会常务副主任，中国纺织工程学会副理事长、学术委员会主任。同月，被聘为中国纺织科学研究院顾问。

4 月 6 日—18 日，在上海第十二棉纺厂召开环锭纺纱机工业试验工作会议。

6 月 16 日，参加梳棉机研究工作 30 周年纪念活动。

10 月，调纺织部科技委主持日常工作，主要任务是对纺织工业科技政策、技术法规、科技发展方向等进行研究，并提出意见，供部领导决策时参考。

10 月 11 日—28 日，率纺织工业代表团参观巴黎第十届国际纺织机械展览会。代表团组成：梅自强、范正威、丁证青、付保罗、陆铁民、李大云、陆文栋、高春丽、孙同英、俞兆丰、薛庆时、张景芳、袁红萍。发表《国外棉纺织技术发展趋向和我国棉纺织工业的技术进步》一文，提出了棉纺织工业技术进步的重要性、紧迫性和对策的建议，指出：棉纺织工业的技术进步，应以提高产品质量、增强产品竞争能力、提高劳动生产率为目标，以发展清流联合机、精梳机、自动络筒机和无梭织机为重点，集中力量，把棉纺织生产的工艺技术装备水平搞上去。

1988 年

2 月 4 日，纺织工业部以（88）纺人字第 39 号文批准享受教授、研究员同等待遇。

3 月 9 日，纺织工业部以（88）纺人字第 81 号文聘任为科学技术委员会兼职教授级高级工程师。

4 月，率中国纺织工程学会代表团访问波兰，参加罗兹第六届国际纺织学术会议，并在波兰《纺织工业》杂志上发表介绍中国纺织工业的文章。代表团成员为梅自强、毛毓琴、李鸾贤、刘晓岚、袁红萍 5 人。

5 月，在中国纺织工程学会第十九届代表大会上当选常务理事、副理事长兼学术委员会主任。

同月，在国营无锡第一棉纺厂和国营上海第十二棉纺厂分别组织召开棉纺全流程技术鉴定会。

10 月 13 日—18 日，在山东诸城参加纺机产品工作会议。

1989 年

1 月，翻译《棉与化纤纺纱工程（上册）》一书并出版。

2 月 22 日，任第二届科技委常务副主任。

4 月 27 日，在天津纺织工学院参加纺织高校博士点评议会。

5 月 2 日，中国纺织科学研究院清梳组祝 60 岁生日聚会，送中堂一幅："一身正气，两袖清风；博学多识，建功立业；花甲之年，壮志更红。"

7 月—8 月，参加清钢联合机论证会、SFA252 清梳机鉴定、麻类产品开发座谈会。

9 月 4 日—14 日，在河北承德组织召开第一届陈维稷优秀论文奖评审会。

10 月，率团去日本参观大阪第四届国际纺机展览，团组人员为梅自强、杨铨嘉、薛惠新、孙煜生、陈书杰、陈重希、刘永和、林治全、钱培、王诚共 10 人。期间，首次和台湾纺织工程学会取得了联系，并邀请台湾组团访问大陆。

12 月，在无锡参加 FA355 条并卷机鉴定、粗纱锭翼鉴定，在苏州参加 GA742 普及型剑杆织机鉴定。

1990 年

牵头组织中国纺织工程学会各专业委员会，对我国纺织工业各行业的现状、面临的矛盾和问题、国际纺织科技发展趋向、我们的差距、我国纺织各行业科技发展方向及对策等进行调查研究，编写出版了纺织工业《"八五"科技发展战略研究》。

2 月 5 日，台湾纺织教授大陆旅游探亲访问团应邀来访中国纺织工程学会，并在相隔几十年后在大陆首次介绍台湾纺织工业情况。

3 月 16 日—18 日，参加北京机电研究院和石家庄三厂梳棉机改造方案座谈会。

3 月，审阅曹瑞、任焕金、周启澄主编的《国内外棉纺织工业技术的现状与前景》一书。

4 月，在深圳组织召开国际涂料应用学术讨论会。

5 月 7 日—16 日，在石家庄组织召开全国纺织工业第四次科技进步会议，并组织了纺科院和石家庄纺机厂合作的普及型剑杆织机鉴定。

7 月 20 日，石家庄三厂梳棉机改造鉴定。

8 月 22 日—9 月 8 日，去新疆考察，了解到新疆发展棉花生产有得天独厚的有利条件，提出了《关于大力支持新疆加快发展棉花生产的建议》。建议“从政策上、资金上大力支持新疆加快棉花生产发展，把新疆建设成为我国稳定的棉花生产和供应基地”。还提出了“关于发展棉花生产，稳定棉花产量的建议”，建议调整全国棉花种植地区布局，创造条件加快棉花生产和经营管理体制改革。

10 月 22 日—27 日，参加纺织工业部科技司推广应用新型金属针布交流会，及河北省科学技术委员会提高新型织机综合效益课题验收评审会。

10 月，与孙传已合译的《棉与化纤纺纱工程（下册）》一书出版。

11 月 9 日—10 日，在太原参加机电部 GA004D 型自动络筒机设计定型会。

11 月 14 日—15 日，参加陕西省科委 GA004H 型自动络筒机设计定型会。

11 月 26 日—12 月 11 日，率中国纺织科技考察团访问朝鲜，考察团人员为梅自强、陶洪炳、刘云谱、李万新、白正爱 5 人。

1991 年

1 月 7 日—11 日，在北京参加全国纺织工业厅局长会。

1 月 24 日—29 日，在石家庄参加“七五”科技攻关新型纺纱项目的验收工作。

2 月 11 日，纺织工业部第三届科技委换届，任第一副主任。

2 月 26 日—28 日，参加纺织工业“八五”行业科技发展规划评审。

3 月 15 日，中国纺织工程学会向中国科协推荐中国科学院技术科学部学部委员候选人。

3 月 19 日—25 日，在常州参加纺织工业全国质量工作会议，到常州合成纤维厂、东方印染厂、常州灯芯绒厂参观并指导工作。

5 月 9 日—11 日，参加中国纺织工程学会组织的机电一体化学术研讨会，并做学术演讲。

6 月 1 日—5 日，在常州参加梳棉机金属针布推广应用工作会议，并发表“金属针布在梳棉机上研发应用前景”的演讲。

6 月 10 日—11 日，出席纺织工业部教育司在上海纺专举办的“全国棉纺织工程高级技术研修班”，讲“国内外棉纺织技术现状和发展趋势”。

6 月 22 日—29 日，参加“八五”科技攻关“棉纺织新设备的研究”论证，发表了“棉纺织新设备的发展趋势”的演讲，并参加 GA004 型自动络筒机鉴定。

7 月 3 日，在纺织工业部人事司举办的各省市纺织工业厅局总工程师研修班上讲“国内外棉纺织技术现状和发展趋势”。

9 月 4 日—8 日，组织召开第二届陈维稷优秀论文奖评审会。何正璋去世以后，担任评委会主任。

9 月 24 日—28 日，在无锡马山参加清钢联合机鉴定，发表了对清钢联合机发展趋势的意见。

11 月 1 日—6 日，在杭州参加全国纺织工业计划工作会议，发表了“纺织工业发展动态”的演讲。

11 月 19 日，中国纺织工程学会召开常务理事会，被任命为陈维稷优秀论文奖评委会主任。

12 月 20 日，纺织工业部成立纺织重大装备领导小组，聘为成员。

12 月 26 日—30 日，在北京参加全国纺织工业厅局长会议，发表了“纺织工业科学技术发展动态”的演讲。

1992 年

1 月，被聘任为纺织工业部专业技术职务评审委员会，工程技术高级职务评委会主任。

4 月 2 日—3 日，应邀在河北省纺织学会作题为“棉纺织工业技术改造”的报告。

4 月 7 日，被聘为国家发明奖特邀审查员。

5 月 11 日—15 日，在天津纺织工学院参加自动络筒机国产化研发和 1332 络筒机技术改造研讨会，发表了国外自动络筒机发展趋势和国内自动络筒机技术改造的意见。

5 月 21 日—22 日，任“当代科技重要著作丛书”编委会纺织组副主编。

6 月 28 日—7 月 7 日，参加国家组织的“重中之重”自动络筒机选型专家评估。

7 月，在“自动络筒机和无梭织机引进技术与国产化总体方案”的评估论证中担任自动络筒机项目专家评估组组长，为引进技术国产化提供决策依据。

8 月 10 日—11 日，以中国纺织工程学会名义在北京召开“海峡两岸纺织学术研讨会”，交流海峡两岸纺织界学术、科技、生产、贸易情况，为加强海峡两岸合作迈出了开创性的一步。

10 月，获国务院颁发的政府特殊津贴。

11 月 15 日—17 日，在中国纺织工程学会第二十届全国代表大会上，全票当选副理事长、学术委员会主任、陈维稷优秀论文奖评委会主任。

11 月 18 日，按照中国科协的部署，中国纺织工程学会成立中国科学技术专家传略纺织卷编委会，任编委会主任，负责筹组编委会，征集提名，确定入传人，组稿、审稿、定稿、出版以及筹集出版资金。先后召开了 10 次编委会议，纺织卷第一卷于 1996 年 4 月由中国纺织出版社出版。

12 月 10 日—12 日，在南通参加梳棉机技术改造交流会。

1993 年

2 月 19 日，在北京参加政协第七届全国委员政协会议，本届会议第 22

次常务会议决定，任第八届全国政协委员。

3 月 14 日—27 日，在北京参加中国人民政治协商会议第八届全国委员会第一次会议。

7 月 30 日—8 月 6 日，参加纺织工业“八五”科技攻关项目的中评估会，研讨并商定纺织科技“八五”攻关项目。

8 月 26 日，主持召开 1993 年部级科技进步奖评审会。

9 月 20 日—25 日，在北京组织召开第三届陈维稷优秀论文评审会。

9 月 29 日—10 月 15 日，在南通组织召开中国科学技术专家传略纺织卷编委扩大会，确定入传专家名单及专家业绩的审定。

12 月 27 日—30 日，参加全国纺织行业工作会议，总结纺织工业的发展状况，并商议下一年度的工作大纲。

1994 年

1 月 8 日，中国纺织总会科学技术委员会、咨询委员会换届，任中国纺织总会第四届科学技术委员会常务副主任。

5 月 26 日，在德州参加国产清梳联合机工艺技术鉴定会，审定国产清梳联合机的合理工艺技术。

7 月 28 日—30 日，参加上海第十化纤厂细旦涤纶纤维鉴定。

10 月 10 日，担任《纺织科技信息》杂志编委会主任。

12 月 26 日—28 日，参加全国纺织工业行业工作会议，总结纺织工业的发展状况，并商议下一年度的工作大纲。

1995 年

2 月 15 日—17 日，在北京参加中韩纺织科技研讨会，并发表《中国纺织工业现状和展望》，该文章被收入《中韩纺织科技研讨会论文集》。

5 月 23 日—26 日，在无锡马山参加宜昌纺机厂研制的 CGFA541 超长细纱机鉴定。在苏州参加江苏东南纺机公司研制的 SAGA012 络筒机鉴定。

6 月，当选中国工程院院士。

8 月 28 日—31 日，在石家庄参加中长绒陆地棉鉴定，并发表“新疆种植长绒棉的地理和气候优势的想法”的演讲。

10 月 18 日—22 日，在北京组织召开第四届陈维稷优秀论文奖评审会。

10 月 30 日—11 月 3 日，在济南参加清梳联合机交流会，研讨国产清梳联合机的优缺点，并提出了改进意见。

11 月 9 日—12 日，在金轮集团参加金属针布交流会，研讨金属针布在国产梳棉机的使用情况，提出改进意见。

11 月 22 日—23 日，在北京参加中俄经贸与科技合作研讨会，以促进中俄间的贸易和技术合作。

1996 年

1 月 29 日—2 月 1 日，在曹县参加郑州纺织机械厂研制成功的清梳联合机验收。

2 月 3 日，参加国家科学技术委员会 1995 年十大科技成就评选会。

2 月 8 日，中国纺织总会科学技术委员会换届，任第五届科技委常务副主任。

2 月 9 日，参加纺织工业“八五”科技攻关项目清梳联合机的验收工作。

2 月，中国科协启动中国科学技术专家传略第二期工程，任编委会主任。

3 月 27 日—30 日，在青岛参加 85-608 棉纺织成套新设备研制项目验收会，发表关于棉纺新设备的发展动态和趋势的演讲。

4 月 16 日—17 日，在洛阳参加并条机复合环自调匀整方案论证会。

4 月 18 日—19 日，参加无锡太湖器材厂新型盖板针布应用技术交流会，发表关于盖板针布的使用和发展动态的演讲。

7 月 16 日—17 日，在中国纺织大学参加“九五”科技攻关项目涤纶细旦丝机器后加工产品立项论证。

10 月 7 日，在中国纺织工程学会第二十一届代表大会上当选副理事长。

10 月 10 日—15 日，参加第五届中国国际纺织机械展览会，担任展品评估报告总顾问，并组织编写参展展品的生产技术汇编。

10 月 15 日—25 日，率中国纺织工程学会代表团赴日本大阪参观“96’国际高技术纺织品展览”，并访问有关企业：太洋化学汽车内装饰材料厂、大阪机工株式会社、安田机工株式会社。

12 月，应邀参加山西高级纺织科技人员继续教育学习班，并在学习班上讲“我国纺织工业现状和发展前景”，到忻州棉纺厂、定襄色织厂、山西涤纶厂、山西兔毛纺厂、山西化纤所。

1997 年

1 月 16 日—17 日，在青岛纺机厂进行“八五”攻关项目自动络筒机的关键部件金属槽筒和捻接器鉴定。

6 月，在青岛纺机厂召开国产清梳联设备及应用技术交流会。

8 月—9 月，主持 1997 年中国纺织总会科技进步奖评审会。

9 月 20 日—26 日，参加“97’全国棉纺梳棉技术进步研讨会”，并发表“国际梳棉技术发展动态及趋势”的演讲。

10 月 13 日—17 日，组织召开第五届陈维稷优秀论文评审会，审定论文等级并推荐优秀论文在纺织全行业会议上进行交流。

11 月 9 日，受托主持首届桑麻纺织科技奖评审，该奖项对激励培养优秀中青年人才，推动纺织科技发展发挥了积极作用。

1998 年

1 月 22 日，政协八届全国委员会第 23 次常委会议通过，任第九届全国政协委员。

5 月 28 日，在人民大会堂参加世纪之交科学发展研讨会暨中国现代科学全书编纂工作会议。

6 月 21 日—22 日，在安徽参加全国纺织工程学会秘书长工作会议，研讨年度学术活动的内容和安排。

11 月 20 日，参加开清梳联合机论文评审。

1999年

2月2日—3日，在中国科技会堂参加工程院咨询项目报告会。

3月23日，在北京参加全国棉纺织企业结构调整研讨会，并作“棉纺织企业技术改造和产业升级”的专题演讲。

4月6日，参加青岛纺织机械厂研制的清梳联合机现场交流评议会。

5月16日，在青岛参加1999年中国国际纺织发展战略研讨会，并在会议上发表“中国棉纺织工业在结构调整中前进”的演讲。

6月29日—30日，在上海参加全国环锭纺纱新技术应用研讨会，并发表“我国棉纺织工业结构调整和产业升级”的演讲。

10月4日，19：55中央电视一台《科技博览》栏目播放“经纬之美”，报道梅自强从事纺织科研的成就。

10月12日—15日，在北京组织召开第六届陈维稷优秀论文评审会，审定论文等级并推荐优秀论文在纺织全行业会议上进行交流。

11月11日—13日，在北京组织召开“二十一世纪青年论坛——高新技术改造传统纺织工业学术讨论会”，并发表“关于高新技术改造传统棉纺织工业的建议”。

2000年

1月，参加纺织辞典及中国现代科学全书审稿会。同月，发表《无锡一棉三纺车间大幅度减少用人的初步调查》的报告。

3月20日—23日，在上海参加二十一世纪现代纺织与产业用纺织品发展研讨会，并发表现代纺织品发展动态的意见。

9月24日—29日，参加青岛纺织机械厂清梳联合机科技成果鉴定。

9月30日，受聘国家科学技术委员会委产业发展司轻纺工业专家组专家，为期三年。

11月，作为《纺织辞典》主编，主持召开《纺织辞典》定稿会。

11月10日，中央电视台一台“走近科学”栏目播放梅自强专辑。

2001 年

5 月 20 日—27 日，参加东华大学“211 工程”重点学科验收。

6 月，在中国纺织工程学会第二十二届代表大会上当选名誉副理事长。

10 月，应香港理工大学的邀请，赴香港参加“杰出中国访问学人计划”颁奖活动，并获得该荣誉。

11 月 6 日—9 日，组织召开第七届陈维稷论文评审，审定论文等级并推荐优秀论文在纺织全行业会议上进行交流。

2002 年

1 月 16 日—17 日，参加郑州纺织机械厂召开的清梳联合机技术研讨会，发表关于清梳联合机设备及技术发展趋势的演讲。

3 月 28 日，参加 2002 年国家技术进步奖评审会。

5 月 14 日—16 日，在西安参加新型纺纱研讨会，并发表“新型纺纱技术与设备的发展趋势”的演讲。

5 月 21 日—23 日，在无锡参加棉纺织技术改造研讨会，并发表了“技术改造的趋势”的演讲。

6 月 18 日—7 月 4 日，访美考察，先后到康奈尔大学、乔治亚理工学院、田纳西大学、亚特兰大南方研究中心参观交流。

7 月，参加东华大学纺织新产品鉴定、前织学术讨论会、无梭织机技术交流产品开发、东华大学纺织面料重点实验室中评估座谈、JSFA286 精梳机鉴定。

9 月 6 日—8 日，参加 2002 年国家技术进步奖复评。

9 月 19 日，在上海参加国家技术创新项目圆中空细旦纤维立项论证。

9 月 20 日，在无锡马山参加 FA224 梳棉机鉴定，并发表梳棉机发展动态的演讲。

9 月 22 日，受托桑麻科技奖评审，并主持纺织行业科技论文评审会。

10 月 30 日—31 日，参加东华大学纺织学院精纺毛型面料性质预测、长丝短纤复合纱、虚拟条干仪三项成果鉴定。

12 月 5 日—6 日，参加东方论坛，并主讲“现代纺织和上海纺织工业结构调整”。

2003年

7月3日—6日，参加中国科学技术协会组织的中国科学技术专家传略纺织卷2编委会。

9月28日，参加上海第二纺织机械厂EJP438型自动络筒机在无锡第二棉纺厂的鉴定。

10月29日—30日，在北京参加国家科技进步奖终评。

11月11日—14日，在北京组织召开第八届陈维稷优秀论文评审会，审定论文等级并推荐优秀论文在纺织全行业会议上进行交流。

12月7日—9日，在苏州参加2003年全国清梳联合机、精梳工艺技术研讨会及传统纺环锭细纱机技术进步专题研讨会，发表“清梳联合机和精梳工艺及环锭细纱机的国内外技术进步的发展动态”的演讲。

12月26日，受聘任东华大学教授、现代纺织研究院学术委员会主任，聘期三年。

2004年

6月6日—8日，在上海参加梳理新技术在棉纺织厂的应用的研讨会，并到金轮针布厂、南通工学院参观。

6月12日—13日，参加天津工业大学中空纤维膜材料省部共建重点实验室论证。

11月19日，参加山东如意集团和东华大学共同承担的国家技术创新项目“纺织品敏捷加工的工艺智能设计及质量预测”鉴定。

2005年

3月21日—26日，在北京参加《清梳联合机工艺设备与管理》书稿的统稿会。

4月4日—5日，在无锡参加全国环锭细纱机和纺纱器材技术交流，并发表纺纱技术与器材的发展动态的演讲。

6 月 3 日—4 日，参观第十一届上海国际纺机展。

8 月，主持 2005 年中国纺织工业协会科学技术进步奖评审会，参加 2005 年度国家科学技术进步奖评审会。

8 月 30 日—9 月 2 日，在北京组织召开第九届陈维稷优秀论文奖评审会，审定论文等级并推荐优秀论文在纺织全行业会议上进行交流。

9 月 18 日，受托 2005 年桑麻科技奖评审，并主持纺织行业科技论文评审会。

10 月，受聘任中国纺织工程学会高级顾问。

11 月 1 日，参加教育部新建重点实验室评审会。

11 月 8 日—10 日，参加第四届中国国际棉纺织会议，受聘任中国棉纺织行业协会顾问。

12 月 9 日—12 日，在无锡参加 2005 年全国现代纺纱技术研讨会。

12 月 13 日—15 日，在无锡参加第十二届全国花式纱线及其织物技术进步研讨会，发表了国内外新型纺纱技术发展动态的演讲。

2006 年

1 月 6 日，在北京参加“十一五”科技计划“新一代纺织机械装备”规划研讨会，发表了国内外纺织机械装备发展动态的演讲。

1 月，参加东华大学“十五”“211 工程”染整科学与工程子项目、纺织服装科学与工程子项目建设验收。

2 月，召开中国纺织工业“十一五”发展规划纲要论证会。

2 月 23 日—26 日，主持中国科学技术专家传略纺织卷 3 审稿会。

5 月，在青岛参加 HVI 棉花检验与现代配棉技术研讨会、2006 年全国用好自动络筒机扩大无结纱生产技术研讨会、中国纱线质量暨新产品开发技术论坛、全国新型棉纺设备应用技术交流会。

6 月 25 日—27 日，参加东华大学“十五”“211 工程”建设项目整体验收。

8 月 6 日—9 日，主持中国纺织工业协会 2006 年科技奖评审。

8 月 27 日，受托桑麻科技奖评审，并主持纺织行业科技论文评审会。

10 月 19 日—23 日，参加国家发展改革委员会组织的纺织专项资金评审会。

11 月 2 日，参加 2006 中国国际工业博览会论坛，发表纺织工业“十一五”发展战略思考的演讲。

12 月 10 日—12 日，参加 2006 中国棉纺织行业技术进步战略学术研讨会，发表了棉纺织工业“十一五”发展战略的演讲。

12 月 20 日—22 日，在山东参加东华大学、江南大学共建“生态纺织教育部重点实验室”建设计划论证，发表了关于发展生态纺织教育重要性的演讲。

2007 年

1 月 29 日，主编的《纺织辞典》在京首发。

3 月 12 日—15 日，在上海参加现代纺织新技术应用研讨会，发表了现代纺织新技术在我国应用的动态和发展趋势的演讲。

4 月 8 日—10 日，在无锡参加环锭细纱机纺纱器材、专件应用技术研讨会，发表了“器材、专件在提高纺纱设备整体水平中占有重要地位”的演讲。

4 月，参加财政部“自动络筒机和喷气织机进口零部件税收政策”专家评审会和科技部高新司国家技术支撑计划“新一代纺织机械装备”评审会，论证了自动络筒机和喷气织机在我国研制发展的重要性。

5 月 20 日—23 日，在江苏扬州参加 2007 清梳新技术及清梳联推广研讨会，发表了“我国清梳联技术的发展和展望”的演讲。

5 月 28 日—29 日，在江苏南京参加 2007 马佐里杯棉纺织高效工艺及应用推广研讨会，发表了“国内外纺织技术发展现状和展望”的演讲。

5 月 30 日—31 日，在上海参加新型织造设备、新技术与新产品国际研讨会。

6 月，参观中国上海第十三届国际纺织工业展览会。

8 月 5 日—10 日，在青岛主持 2007 中国纺织工业协会科技奖评审会。

8 月 19 日，受托桑麻科技奖评审，并主持纺织行业科技论文评审会。

8 月 20 日—22 日，在北京参加国家科技支撑技术评审会，着重对纺织科技支撑项目提出评定意见。

10 月 25 日—27 日，参加国家科技支撑计划“自动络筒机及细纱络筒联合机”的研制可行性论证，并发表自动络筒机及细纱络筒联合机在我国发展的重要性的演讲。

2008 年

2 月 29 日，在北京参加 2008 年纺织科技创新示范企业评审会。

3 月 26 日，在北京参加全国纺织行业科技工作会议，在会上发表关于纺织行业科技工作动态的演讲。

4 月 8 日—10 日，在青岛参加 2008 全国现代纺纱技术研讨会，发表了棉纺织行业要积极转变发展方式的演讲。

6 月 2 日—4 日，在无锡参加 2008 年第三届全国用好自动络筒机扩大无结纱生产技术交流会。

6 月 26 日—30 日，主持 2008 年度“纺织之光”中国纺织工业协会科学技术奖评审会，该奖项推动了我国纺织技术创新。

7 月 27 日—31 日，在上海参观 2008 中国国际纺织机械展览会，ITMA 亚洲展览会，担任展品评估报告总顾问，并组织编写参展展品的生产技术汇编。

12 月，在南通参加 2008 中国棉纺织行业技术改造交流研讨会。

2009 年

2 月 27 日—28 日，江苏联发纺织公司成立“江苏省企业院士工作站”，任首席科学家，领衔东华大学研究团队。

3 月 17 日，在上海进行东华大学“产业用纺织品教育部工程研究中心”建设验收。

4 月 24 日，参加辽宁丹东恒星集团 2009 年国家支撑计划“无水印染新技术及智能装备”评审。

4 月 28 日，在中国纺织科学研究院庆祝梅自强院士八十华诞暨从事纺织科技研究五十八周年活动中发表“80 年人生之路”的演讲。

5 月 9 日，在北京组织 2009 年国家科技奖纺织组评审会。

6 月 11 日—12 日，在南通参加“金轮杯”2009 年全国梳理技术应用研讨会，到海门白兔纺织厂、展阳纺织厂参观。

6 月 28 日，在北京会议中心参加国家科技支撑计划重点项目“嵌入式复合纺纱关键技术研究与应用示范”课题评审会，嵌入式复合纺纱关键技术荣获国家科技进步一等奖。

8 月 2 日—6 日，在无锡江南大学主持 2009 年度中国纺织工业协会科技奖评审会。

8 月 26 日，以纺织科学学科主编身份出席《中国大百科全书（第二版）》出版总结表彰大会。

8 月 29 日，受托桑麻科技奖评审，并主持纺织行业科技论文评审会。

2010 年

6 月，参观上海国际纺织机械展览会。

8 月上旬，主持中迈源纺织机械有限公司自主研发的双针床经编机论证及鉴定会，该机型系国内首创，达到国际先进水平。

8 月中旬，为即将在苏州召开的全国学术会议搜集资料并准备发言稿。

8 月 15 日，制订 8 月 16 日—9 月 26 日工作计划和出差安排。当晚，心脏病突发住院。

8 月 19 日 8 时，在北京去世，享年 81 岁。

附录二　梅自强主要论著目录

书籍论著

[1]（苏联）索罗维耶夫著. 梅自强译. 棉纺生产中细纱特性的设计. 北京：纺织工业出版社，1954.

[2] 梅自强编著. 苏联高产量梳棉机. 北京：纺织工业出版社，1958.

[3]（苏）鲍尔如诺夫等. 梅自强译. 棉与化纤纺纱工程（上）. 北京：纺织工业出版社，1989.

[4] 梅自强，孙传己译. 棉与化纤纺织工程（下）. 北京：纺织工业出版社，1990 年.

[5] 中国纺织工程学会学术委员会编. 梅自强主编. 纺织工业"八五"科技发展战略研究. 北京：纺织工业出版社，1990.

[6] 中国科学技术协会编. 梅自强主编. 中国科学技术专家传略・工程技术编・纺织卷 1. 北京：纺织工业出版社，1996.

[7] 中国纺织工程学会学术委员会编. 梅自强主编. "九五"纺织科技发展战略研究. 北京：纺织工业出版社，1997.

[8] 梅自强主编. 林其棱，屠仁溥编. 纺织工业中的表面活性剂. 北京：中国石化出版社，2001.

[9] 中国科学技术协会编. 梅自强主编. 中国科学技术专家传略·工程技术编·纺织卷 2. 北京：纺织工业出版社，2004.

[10] 梅自强主编. 纺织辞典. 北京：纺织工业出版社，2007.

[11] 中国科学技术协会编. 梅自强主编. 中国科学技术专家传略·工程技术编·纺织卷 3. 北京：纺织工业出版社，2007.

[12] 梅自强主编. 牛仔布和牛仔服装实用手册（第二版）. 北京：纺织工业出版社，2009.

[13] 中国大百科全书总编辑委员会. 中国大百科全书·纺织 [M]. 中国大百科全书出版社，北京上海：1984.

论文

[1] 梅自强. 梳棉机前上罩板安装固定铁片的效用. 中国纺织，1953 年第 19 期.

[2] 梅自强. 赫尔松棉纺织联合厂实习散记. 中国纺织，1957 年第 19 期.

[3] 梅自强. 论梳棉机刺毛辊除尘刀部分气流对落棉的影响. 中国纺织工程学会，学术年会论文，1958.

[4] 梅自强. 试论刺毛辊与漏底间气流的运动、作用和调节. 纺织通报. 1958 年第 4 期.

[5] 梅自强. 高产量梳棉机刺辊部分气流对落棉的影响（俄文）. 莫斯科纺织学院研究生论文及摘要本并教研室报告稿. 1958.

[6] 梅自强. 关于纤维自刺辊向锡林转移的问题（俄文）. 苏联纺织工业工艺学. 1958.

[7] 斯伐托斯拉伏夫，梅自强. 棉纺织自动化生产线（俄译中）. 中国纺织. 1958 年第 15 期.

[8] H·B·巴伯夫、梅自强. 改造棉纺机器设备的经验（俄译中）.

[9] 梅自强. 刺毛辊罩盖部分气流的测定、调节和对后落棉的影响. 纺织通报. 1959 年第 6 期.

[10] 梅自强. 高产梳棉机的某些理论和试验情况（俄译中）. 纺织快报 .

[11] 梅自强. 华东纺织工学院 1960 年版棉纺学参考书目. 华东纺织工学院主编《棉纺学（上）》. 1960.
[12] 梅自强. 刺辊锯齿作用力分析. 纺织技术. 1963 年第 10 期.
[13] 梅自强. 刺辊锯齿作用力分析. 纺织技术，1963（10）.
[14] 梅自强. 金属锯条常见弊病的检查和处理. 中国纺织. 1963 年第 11 期.
[15] 梅自强. 有关梳棉机高产的几个问题. 纺织快报. 1963 年第 12 期.
[16] 梅自强. 关于正确处理金属锯条磨砺的问题. 中国纺织. 1964 年第 3 期 .
[17] 梅自强，费青. 高速刺辊的分梳作用. 纺织技术. 1964 年第 11 期.
[18] 梅自强. 采用金属锯条是挖梳棉生产潜力的技术方向. 中国纺织. 1965 年第 3 期.
[19] 梅自强. 采用金属锯条是挖掘梳棉机生产潜力的技术方向. 中国纺织，1965（3）.
[20] 梅自强，费青. 梳棉机速度、产量与分梳作用的关系. 纺织技术 1965.
[21] 梅自强，王至薰，黄孝城，邹志广. 梳棉机气流除尘设备的研究与应用. 纺织技术. 1965 年第 9 期.
[22] 梳棉机工作组. 高产量梳棉机单机生产技术鉴定报告及附录（梅自强主要执笔）. 1965 年第 9 期.
[23] 梳棉机工作组. A186 型高产量梳棉机技术鉴定报告及附录（梅自强主要执笔）. 1966 年第 5 期.
[24] 梳棉机工作组. A185 高产量梳棉机 8 台生产试验报告（梅自强主要执笔）. 1966 年第 9 期.
[25] 梅自强. 对棉纺织工业现代化的几点看法. 棉纺织技术. 1979，12.
[26] 梅自强. 钢领和钢丝圈（英译中）. 纺织译丛. 1981，12.
[27] 梅自强译，段先圣校. 苏联国家籽棉标准（俄译中）（手摘籽棉标准和种用籽棉标准）. 纺织译丛. 1982，5.
[28] 梅自强. 梳棉机刺辊部分气流和除杂作用. 晋升高工论文. 1983，8.

[29] 梅自强（执笔）．纺织工业部纺织标准考察团赴香港考察情况汇报．1984，1.
[30] 梅自强．端正业务工作指导思想开创我院科研工作新局面．研究院院刊．1985，1.
[31] 梅自强（主要执笔）．粗梳毛纺设备选型小组考察报告．1985，6.
[32] 梅自强．建院 30 周年的回顾与展望．研究院院刊（30 周年特辑）．1986，3.
[33] 梅自强．纺织科学研究院在前进．中国纺织报．1986，3.
[34] 梅自强．访问新西兰、澳大利亚报告．1986，8.
[35] 梅自强．继往开来勇攀高峰．梳棉机研究工作 30 年纪念专刊．1987，6.
[36] 梅自强（主要执笔）．第十届国际纺织机械展览会考察报告．梳棉机研究工作 31 年纪念专刊．1987，12；中国纺织报．1988，1.
[37] 梅自强．从 ITMA'87 看我国纺织工业技术进步的重要性和迫切性．中国纺织．1988，2.
[38] 梅自强．国外棉纺织技术发展趋向和我国棉纺织工业的技术进步．中国纺织工程学会 1989 年学术年会论文；棉纺织技术．1990，5.
[39] 梅自强．国外棉纺织技术发展趋向和我国棉纺织工业的技术改造．研究院院刊．1989，3.
[40] 梅自强．棉纺织工业技术进步的重要性、紧迫性和对策．科技委委员建议之一．1989，6.
[41] 梅自强．目前纺织工业的形势和科技工作者任务．研究院科技开发简讯（第六、七、八期）．1989，818-19，0901.
[42] 梅自强．第 4 届大阪国际纺织机械展览会参观摘记．纺织导报．1989 年 23 期.
[43] 梅自强．纺织生产向技术密集型发展——日本纺织制造厂参观印象．中国纺织报．1990，01，08.
[44] 梅自强．大力推进科技进步，努力振兴纺织工业．研究院院刊．1990，1.
[45] 梅自强．台湾的纺织工业——现状、科研、教育及展望．海峡科技

交流研究. 1990，2.
[46] 梅自强. 我国纺织工业现状及发展方向. 新疆农垦纺织. 1990，2.
[47] 梅自强. 再论我国纺织工业技术进步的重要性和紧迫性. 中国纺织. 1990，4.
[48] 梅自强. 第二届中国国际纺织展观感. 纺织机械. 1990，6.
[49] 梅自强. 记第四届大阪国际纺机展览会. 纺织学会动态. 1989，12，20.
[50] 梅自强. 关于加快我国络筒技术改造的建议. 科技委委员建议之六. 1990，12.
[51] 梅自强（执笔）. 朝鲜纺织科技考察报告. 1990，12，10.
[52] 梅自强. 第二届中国国际纺织机械展览会纵览——综述. 研究院院刊. 1991，1.
[53] 梅自强（主要执笔）. 第四届大阪国际纺织机械展览会考察报告. 研究院院刊. 1991，2.
[54] 梅自强. 加强领导，努力把质量品种效益年活动引向深入. 中国纺织报 1991，04，08.
[55] 梅自强. 国内外棉纺织技术发展的现状和趋势. 教育司全国棉纺织技术高研班讲稿（上海师专）. 1991，06，10；纺织部干部培训资料汇编. 1991,7；人事司省市纺织厅局总工程师研修班讲稿. 1991,7,3.
[56] 梅自强. 国外络筒技术发展趋向和我国络筒机的技术改造. 棉纺织技术. 1991，7.
[57] 梅自强. 关于推广应用新型金属针布的建议. 科技委委员建议之九. 1991，8.
[58] 梅自强. 关于加快纺织工业技术改造的建议. 科技委委员建议之十. 1991，10.
[59] 梅自强. 依靠技术进步振兴纺织工业. 纺织科普. 1992，1，16.
[60] 梅自强. 自动络筒机浅谈. 纺织科普. 1992，2，16.
[61] 梅自强. 清梳联合机浅谈. 纺织科普. 1992，3，16.
[62] 梅自强. 精梳棉机浅谈. 纺织科普. 1992，4，16.
[63] 梅自强. 无梭织机浅谈（上）. 纺织科普. 1992，6，1.

[64] 梅自强. 无梭织机浅谈（下）. 纺织科普. 1992，8，1.
[65] 梅自强. 台湾纺织工业与科技. 台湾科技要览（国家科委台湾事务办公室）. 1992 年.
[66] 梅自强. 国内外棉纺织技术发展的现状和技术改造. 河北省纺织工程学会 1991 年棉纺年会上的学术报告. 1992，4.
[67] 梅自强. 大陆纺织工业概况和 2000 年展望. 海峡两岸纺织学会研讨会论文集. 1992，8；台湾棉纺会讯. 1992 年 79 期.
[68] 梅自强. 国内外棉纺织技术现状和发展趋势. 安全部学习班讲稿. 1992，10.
[69] 梅自强. 第三届中国国际纺机展览会观感. 纺织机械. 1993，1.
[70] 梅自强. 纺织针布使用手册序. 陕西科学技术出版社. 1993，1.
[71] 梅自强. 依靠科技，推动纺织工业再上一个台新阶. 纺织导报. 1993，1.
[72] 梅自强. 中国科技专家传略纺织卷编委会工作报告. 1993，10，07.
[73] 梅自强. 关于大力支持新疆加快发展棉花生产的建议. 科技委委员建议之二十一. 1994，3.
[74] 梅自强. 关于发展棉花生产、稳定棉花产量的建议. 科技委委员建议之二十二. 1994，4.
[75] 梅自强. 关于宁夏发展棉花生产、发展纺织工业的建议. 科技委委员建议之二十五. 1994，9.
[76] 梅自强. 第一届中国国际非织造布 / 产业用纺织品展览会专辑前言. 台湾综述. 1994，9.
[77] 梅自强，刘树梅. 适应国际纺织技术的总趋势、加速实现我国纺机的现代化水平——CITME'94 棉纺织机械展出述评. 棉纺织技术. 1995，1；台湾棉纺会讯. 1995，5.
[78] 国家关键技术选择研究组. 国家关键技术选择研究报告. 1995. 1.
[79] 梅自强. 纺织工业战略布局调整之我见. 中国纺织报. 1995，1，1.
[80] 梅自强. 中国纺织工业现状和展望. 中韩纺织科技研讨会论文集. 1995，2.

[81] 梅自强. 浅议棉花生产. 中国纺织经济. 1995，2.
[82] 梅自强. 大陆纺织工业的现状和展望. 海峡科技与产业. 1995，3.
[83] 梅自强. 台湾的纺织工业. 海峡科技与产业. 1995，4.
[84] 吴生林，梅自强. 关于进一步发挥无锡纺机试验中心作用的建议. 科技委委员建议之二十七. 1995，6.
[85] 梅自强. 纱线强力与伸长率测试及应用序. 中国纺织出版社. 1995,6.
[86] 梅自强. 关于支持建立"中国纺纱质量统计公报"的建议. 科技委委员建议之二十八. 1995，8.
[87] 梅自强. 关于开发中长绒陆地棉资源的建议. 科技委委员建议之三十. 1995，9.
[88] 梅自强. 河北高邑王同庆乡棉田调查. 科技委工作简报. 1995，9.
[89] 梅自强. 中国纺织工业现状与展望——中俄科技发展与经贸合作研讨会报告. 1995，11，22.
[90] 梅自强. 关于积极推进1332络筒机技术改造的建议. 科技委委员建议之三十一. 1996，1.
[91] 梅自强. 努力提高捻接器制造质量，积极推进1332型络筒机改造. 棉纺织技术. 1996，5.
[92] 梅自强. 我国纺织工业现状和发展前景. 常州市科协院士报告会. 1996，6，20；山西高级科技人员继续教育学习班讲稿. 1996，12，4；河南纺织工程学会代表大会讲稿. 1996，12，25.
[93] 梅自强. 开创新局面，建设国家队. 庆祝中国纺织科学研究院建院40周年特刊. 1996，8.
[94] 梅自强，刘树梅. 继往开来，为振兴纺织工业服务——贺《棉纺织技术》出刊300期. 棉纺织技术. 1996，10.
[95] 梅自强. 从大阪展览看国际高技术纺织品的发展（上）. 纺织科普. 1996，12，25.
[96] 梅自强. 从大阪展览看国际高技术纺织品的发展（下）. 纺织科普. 1997，1，5.
[97] 梅自强. 96' 亚洲高技术纺织品展览考察报告. 1996，10；江苏纺报，

1997，2.

[98] 梅自强，林其棱．关于国外腾赛尔纤维生产情况和加快我国开发研制工作的几点研究．科技委委员建议之 38．1997，8.

[99] 梅自强．发展科技教育，振兴纺织工业．南通工学院学报．1997，9.

[100] 梅自强．溶剂法生产纤维素纤维．中国纺织报．1997，10，01.

[101] 梅自强.《清梳联技术文献汇编》序．1998，1.

[102] 梅自强．世纪之交的纺织工业．世纪之交科学发展研讨会暨中国现代科学全书编纂工作会议．1998，5，28.

[103] 梅自强．98' 全国剑杆织机使用经验及品种开发研讨会论文专刊序言 .1998，5.

[104] 梅自强．抓住机遇，调整机构，振兴纺织工业．无锡纺织工程学会讲稿．1998，6，12；棉纺织技术．1999，1.

[105] 梅自强．纺织工业怎样走向下个世纪．陕西智囊杂志．1998，10.

[106] 梅自强．纺织工业现状和展望．香港桑麻基金会会刊创刊号．1998，12.

[107] 梅自强．台湾的纺织业．吴文英主编《辉煌的二十世纪新中国大记录・纺织卷》494 页．1999.

[108] 吴生林，梅自强．关于妥善处理无锡纺机和常州印染机械两个试验中心的领导关系，继续发挥其中试作用的建议．科技委委员建议之四十三．1999，3.

[109] 梅自强．棉纺织企业技术改造和产业升级．全国棉纺织企业结构调整研讨会讲稿．1999，3，23；浙江纺织行业发展战略研讨会讲稿 .1999，6，20；上海全国环锭纺新技术应用交流会讲稿．1999，6，29.

[110] 梅自强．新型棉精纺机工艺设计序．1999，5.

[111] 梅自强．中国棉纺织工业在结构调整中前进．99' 中国国际棉纺织发展战略研讨会讲稿．1999，5，18.

[112] 梅自强．推动技术进步，实现产业升级．中国纺织报．1999，6，9.

[113] 梅自强．我国棉纺织工业的技术进步和产业升级．桑麻会刊第 2 期.

1999，9.
［114］梅自强，吴生林．关于高新技术改造传统棉纺织工业的建议．科技委委员建议之四十五．1999，10；二十一世纪中青年论坛讲稿．1999，11，11.
［115］梅自强．关于全面考核国产棉纺新设备技术经济性能和总结使用管理经验的建议．科技委委员建议之四十六．1999，10.
［116］梅自强．关于推进纺织工业技术进步、产业升级的几点意见．科技委委员建议之四十七．1999，11.
［117］梅自强．我国棉纺织工业在新的基础上继续前进．棉纺织技术．2000，1.
［118］梅自强．无锡一棉三纺车间大幅度减少用人的初步调查．科技委工作简报．2000，1.
［119］梅自强．棉纺业高新技术改造方案．中国纺织经济．2000，2.
［120］梅自强，吴生林．加强高新技术应用，改造传统棉纺织工业．纺织导报．2000，2.
［121］梅自强．振兴纺织工业的战略决策．二十一世纪现代纺织与产业用纺织品研讨会，上海．2000，3.
［122］梅自强．用高新技术改造传统棉纺织工业．中国纺织工业发展论坛，北京．2000，3.
［123］梅自强．国际纺织工业发展趋势和我国纺织工业的结构调整．南通工学院讲稿，2000，9；西北纺织工学院讲稿，2000，11；麻纺织技术设备交流研讨会讲稿，2000，12.
［124］梅自强．尊重知识，尊重人才，为专家立传．中国纺织工程学会70周年纪念刊．2000，10.
［125］梅自强．振兴纺织工业，迎接加入世贸组织的机遇和挑战．桑麻会刊第3期．2000，10.
［126］梅自强．2000年亚洲高科技纺织品展览会参观报告．2000，10，8.
［127］梅自强．国际纺织工业发展趋向及我国纺织工业技术进步和结构调整．2000，12.

[128] 梅自强. 奋力创新迎挑战. 中国纺织报. 2001，1，1.

[129] 梅自强. 推进结构调整，建设纺织强国. 中国纺织报. 2001，1.

[130] 梅自强. 中国纺织工业的现状和发展. 81 届国际纺织工业研讨会，澳大利亚墨尔本. 2001，4.

[131] 梅自强. 抓住机遇，深化改革，迎接挑战——在竞争中自强. 中国纺织报记者严斐约稿. 2001，11.

[132] 梅自强. 跨入新世纪的中国纺织工业. 香港理工大学讲稿. 2001，10；梳理技术. 2002，2.

[133] 梅自强. WTO 与中国纺织工业. 南京自调匀整学术研讨会讲稿. 2002,4；锡棉纺织技改研讨会讲稿. 2002,5；江南大学讲稿. 2002,5；西安新型纺纱研讨会讲稿. 2002，5.

[134] 梅自强. WTO 与中国棉纺织工业的结构调整. 常州前织会讲稿. 2002，7；杭州无梭织机会讲. 2002，7；德州山东省技术创新座谈会讲，2002，8；中国棉纺织信息网. 2002 第 24 期；桑麻会刊第 5 期. 2002，10；棉纺织技术. 2003，1.

[135] 梅自强. WTO 与我国纺织工业结构调整. 江苏省纺织工程学会棉织年会讲稿. 2002，10.

[136] 梅自强. WTO 与上海纺织工业结构调整. 上海市第 25 期东方论坛“现代纺织与上海纺织产业结构调整”座谈会讲稿. 2002，12，5.

[137] 梅自强. WTO 与常州纺织工业结构调整. 常州市首届科技论坛“科技创新与现代制造业基地建设座谈会”讲稿. 2002，12，11.

[138] 梅自强. 纺织工业 2002 年回顾和展望. 中国纺织报（胡晓玉约稿）.2003，1，6.

[139] 梅自强. 高新技术在纺织工业中的应用. 2002/2003 中国纺织工业发展报告；ChinaTextile 月刊. 2003，5.

[140] 梅自强. “十一五”纺织科技发展的几点意见. 2003，5，19.

[141] 梅自强. 关于纤维自刺辊向锡林转移的原因及二者的速比问题. 中国纺织工程学会编《棉纺织学术论文选辑》（中国纺织工程学会 1962 年学术年会论文）. 中国财政经济出版社.

[142] 梅自强. 开发创新，建设纺织强国.
[143] 梅自强. 国内外织造技术的现状和展望. ChinaTextile 月刊. 2003，08-09.
[144] 梅自强. 国内外织造技术的发展方向. 朱苏康主编《机织学》(普通高等教育“十五”国家级规划教材).
[145] 梅自强. 构筑江苏纺织高地，建设纺织强省.
[146] 梅自强. 国内外现代棉纺织技术发展展望.
[147] 梅自强. 关于我国织机合理结构的调研简况.
[148] 梅自强. 中国纺织工业的现状和展望.
[149] 梅自强. 在竞争中自强
[150] 梅自强. 调整结构推进我国非织造材料工业的发展. 亚洲非织造材料协会——中国论坛发言稿(初稿). 0902.
[151] 梅自强. 加快技术进步促进产业升级振兴纺织工业. 面向 21 世纪的科技进步与社会经济发展(下册).
[152] 梅自强. 现代棉纺织技术发展趋向. 棉纺织技术第 32 卷第 1 期. 2004 年 1 月；梳理技术. 2004 年 1 月第 8 期.
[153] 梅自强. 大力推进我国纺织技术现代化. 上海纺织科技第 32 卷第 4 期. 2004 年 8 月；梳理技术. 2004 年 7 月第 9 期.
[154] 梅自强. 上海市纺织科学研究院重访见闻. 上海纺织科技.
[155] 梅自强. 积极推进我国棉纺织技术现代化. “经纬杯”全国环锭细沙机技术进步和纺纱器材、专件应用技术交流研讨会论文集.
[156] 梅自强. 我国纺织工业近期形势与对策. 棉纺织技术第 33 卷第 1 期 .2005 年 1 月.
[157] 梅自强. 现代纺织技术的主要特征是智能化生产. 2005 年金昇杯第一届全国棉纺织行业中青年科技工作者论坛；纺织信息周刊第 40 期 .2005 年 10 月 31 日.
[158] 梅自强. 走新型工业化道路自主创新再上新台阶. 2005 年全国现代纺织技术研讨会论文集.
[159] 梅自强. 着力自主创新加快结构调整. 2005—2006 中国纺织工业发

展报告.
[160] 梅自强. 纺织工业再上台阶必须走新型工业化道路. "青岛宏大杯"用好自动络筒机扩大无结纱技术交流会研讨会. 2006年.
[161] 梅自强. 自主创新，走新型工业化道路. 上海纺织科技第34卷第1期. 2006年1月；"青岛宏大杯"用好自动络筒机扩大无结纱技术交流会研讨会. 2006年.
[162] 梅自强. 自主创新，着力转变增长方式——纺织工业"十一五"发展战略思考. 上海纺织科技第34卷第5期. 2006年5月.
[163] 梅自强. 做好两个方面的创新. 中国纺织报. 2006年11月23日第002版.
[164] 梅自强. 自主创新要着力突破关键技术. 第十三届全国花式纱线及其织物技术进步研讨会. 2006，12，13-15.
[165] 梅自强. 棉纺织工业"十一五"展望. 2006中国棉纺织行业技术进步战略学术研讨会论文集.
[166] 梅自强. 进入"十一五"以来，我国纺织行业运行情况、面临的挑战和应对措施. 香港桑麻基金会优秀论文奖论文选.
[167] 梅自强. 我国棉纺织工业"十一五"展望. 棉纺织技术第35卷第1期. 2007年1月.
[168] 梅自强. 国内外纺织技术发展现状与展望. 2007'东飞马佐里杯全国棉纺高效工艺及应用推广研讨会.
[169] 梅自强. 器材、专件在提高纺纱设备整体水平中占有重要位置. 纺织器材第34卷第3期. 2007年5月.
[170] 梅自强. 加强自主创新转变增长方式. 河北科技大学学报第28卷第2期. 2007年6月.
[171] 梅自强. 寄语. 金昇杯第二届全国棉纺织行业中青年科技工作者论坛. 2007年11月.
[172] 梅自强. 棉纺织行业运行面临的挑战和应对措施. 金昇杯第二届全国棉纺织行业中青年科技工作者论坛. 2007年11月；浙江省重点棉纺厂第20次总师研讨会暨棉纺专业委员会年会论文选编.

[173] 梅自强. 国内外精梳技术现状与展望. 东飞马佐里杯 2007 全国棉纺高效能精梳机工艺技术交流与应用研讨会论文集.
[174] 梅自强. 我国棉纺织行业面临的挑战与应对措施. 棉纺织技术第 36 卷第 1 期. 2008 年 1 月.
[175] 梅自强. 国内外精梳技术现状和发展展望. 上海纺织科技第 36 卷第 1 期. 2008 年 1 月.
[176] 梅自强. 棉纺织行业面临的挑战和应对措施——在第二届全国棉纺织行业中青年科技工作者论坛上的演讲摘要. 中国纤检. 2008 年第 1 期.
[177] 梅自强. 纺织器材、专件要着力提高质量，提高工艺性能. 纺织器材第 35 卷第 3 期. 2008 年 5 月.
[178] 梅自强. 获得市场竞争力的“三大法宝”：科技、管理、品牌. 中国纺织报. 2008 年 7 月 3 日第 003 版.
[179] 梅自强. 见证技术改造 30 年. 中国纺织. 2008，09.
[180] 梅自强. 紧密纺纱技术的发展和应用. “同和杯”2008 年全国紧密纺纱技术开发应用研讨会论文集.
[181] 梅自强. 棉纺织行业要积极转变发展方式. 2008 全国现代纺纱技术研讨会.
[182] 梅自强. 棉花是保证纺织工业持续发展的必要条件. 2008’国际棉花棉纺织高层论坛暨供需洽谈会.
[183] 梅自强. 着力转变发展方式，保持行业持续、平稳、协调发展. “常纺院杯”全国织造新产品开发学术研讨会暨 2008 织造年会论文集.
[184] 梅自强. 国内外棉纺织技术的现状和展望. 第十届中国科协年会论文集（四）.
[185] 梅自强. 国产纺织新设备对关键纺织器材、专件的新要求及关键纺织器材、专件的研发概况——在无锡会议上的讲话. 纺织器材 36 卷第 1 期. 2009 年 1 月.
[186] 梅自强.《中国科学技术专家传略》纺织卷第一卷即将出版. 纺织学报第 17 卷第 2 期.

[187] 梅自强. 对棉纺织工业现代化的几点看法. 棉纺织技术 .

[188] 梅自强. 棉纺织企业技术改造要再上新台阶. 棉纺织技术第 37 卷第 1 期. 2009 年 1 月.

[189] 梅自强. 着力转变发展方式以保持行业平稳较快发展. 棉纺织技术第 37 卷第 2 期. 2009 年 2 月.

[190] 梅自强. 两岸携手共度时艰振兴纺织工业. 海峡两岸新型纺纱技术和纤维高峰论坛论文集. 2009 年 6 月.

[191] 梅自强. 落实调整振兴计划要加快结构调整转变发展方式保持行业平稳较快发展. “无锡锡海杯”2010 年全国推广应用创新型纺织器材提高成纱质量技术研讨会论文集. 2010 年 3 月 9 日.

[192] 梅自强. 发展产业用纺织品要着力开发应用功能性纤维和高技术纤维. 雪莲杯第 10 届功能性纺织品及纳米技术应用研讨会. 2010，5.

[193] 梅自强. 后危机时代棉纺行业结构调整和专件、器械的创新. 纺织器材第 37 卷增刊. 2010 年 6 月.

[194] 梅自强. 我国原创的两种纺纱新技术. 棉纺织技术第 38 卷第 9 期. 2010 年 9 月.

参考文献

[1] 新中国纺织工业三十年上册 [M] 北京：纺织工业部研究室编. 纺织工业出版社，1980.

[2] 纺织工业部研究室编. 新中国纺织工业三十年下册 [M] 北京：纺织工业出版社，1980.

[3] 中国大百科全书总编辑委员会. 中国大百科全书·纺织 [M]. 北京上海：中国大百科全书出版社，1984.

[4] 当代中国的纺织工业 [M] 北京：中国社会科学出版社，1984. 当代中国丛书编辑委员会.

[5] 中国纺织工业年鉴 1984—1985. [M] 北京：纺织工业出版社，中国纺织工业年鉴编辑委员会编.

[6] 中国纺织工业年鉴 1986—1987. [M] 北京：纺织工业出版社，中国纺织工业年鉴编辑委员会编.

[7] 中国纺织工程学会学术委员会编. 纺织工业“八五”科技发展战略研究 [M] 北京：纺织工业出版社，1990.

[8] “九五”纺织科技发展战略研究 [M] 北京：中国纺织出版社，1997. 中国纺织工程学会学术委员会编.

[9] 中国工程院院士自述·农业、轻纺与环境工程学部 [M]. 上海：上海教育出版社，1998.

[10] 李剑农. 中国近百年政治史：1840—1926，[M]. 上海. 复旦大学出版社，2002，第 221 页.
[11] 中国科学技术协会编. 中国科学技术专家传略·工程技术编·纺织卷 1[M]. 北京：中国纺织出版社，1996.
[12] 中国科学技术协会编. 中国科学技术专家传略·工程技术编·纺织卷 2[M]. 北京：中国纺织出版社，2004.
[13] 刘道玉. 一个大学校长的自白 [M]. 长江文艺出版社，2005.
[14] 何明，罗锋. 中苏关系重大事件述实 [M]. 北京：人民出版社，2007.
[15] 中国科学技术协会编. 中国科学技术专家传略·工程技术编·纺织卷 3[M]. 北京：中国纺织出版社，2007.
[16] 中国纺织科技获奖三十年 1978—2008，[M]. 北京：中国纺织出版社，中国纺织工业协会编. 2009.
[17] 沈志华.《苏联专家在中国》[M]. 北京：新华出版社出版，2009.
[18] 郝淑霞. 二十世纪五十年代留苏热潮与中国俄语教育 [J]. 中国俄语教育. 2011 年 5 月.
[19] 曹振宇. 中国纺织科技史 [M]. 上海：东华大学出版社，2012.
[20] 20 世纪中国知名科学家学术成就概览·环境与轻纺工程卷·第二分册 [M]. 北京：科学出版社，2014.

后记

梅自强院士学术成长资料采集工作开始于 2013 年 6 月。同年 11 月，梅自强院士夫人李椿和老师邀请我参加采集工作并担任研究报告和传记的撰稿人。当时我颇为踌躇。我自 2012 年 1 月退休后，决意淡出行业，计划行万里路读万卷书以不负人生，并无一日闲暇。大约交涉一两个月后，最终还是拗不过中国纺织科学研究院院长赵强的“循循善诱”，答应为熟悉且尊重的梅先生立传。

我和梅先生认识是在 1969 年，那时我是在陕西延安插队的北京知青，到湖北安陆纺织部干校探望父母，和梅先生参加过建厂的义务劳动。1971 年 5 月，我进入纺织部五七棉纺织厂当工人，梅先生是前纺车间主任。

1979 年 10 月，中国纺织工程学会第三届代表大会暨学术年会在广西南宁召开，梅先生当选为全国理事。那时我正在武汉纺织工学院读本科，因为一篇论文入选而成为大会最年轻的代表。

1998 年起，我任中国纺织报社专题部主任期间，参加了中国工程院组织的数次“院士行”活动，与梅先生在内的各位院士们建立了工作联系。

1999 年，因创办《中国纺织报》科技版，多次得到梅先生的指导与支持。

进入 21 世纪，因为参加桑麻奖、纺织科技奖、中国纺织工业协会和中国纺织工程学会的各项活动，经常追随梅先生左右。

2010 年 8 月 19 日，惊悉梅先生仙逝，我坐在电脑前一个字也写不出来。是日夜不能寐，百感交集中文思若涌，“点滴回忆”一气呵成，随即发到自己的博客中。在中国纺织报准备刊登梅先生讣告时，几个看过我博文的同事共同推荐，总编辑徐波决定将我的博文全文刊登，作为报社同仁对梅先生的怀念。

还有一个鲜为人知的缘由。家父曾长期任中国纺织工程学会副秘书长，在陈维稷、杜燕孙领导下致力于学会建设事业，在 2010 年学会 80 周年庆典上，被授予最高的“终身成就奖”。梅先生后来领导学会工作，从家学渊源上说是我的长辈。

熟悉这些的赵强院长以此为据，让我相信，参加采集工作并担任学术传记的撰稿人，是我应该承担的义务和责任。

在我参与之前，梅先生采集工作小组已经完成了大量的采访工作。我加入后，面临几个主要问题：在“文化大革命”中，纺织科学研究院被解散，梅先生留学归国至“文化大革命”前最重要的研究成果等技术档案被当众付之一炬，采访当年和梅先生一起工作的老专家成为当务之急；梅先生在“文化大革命”中坚持学术研究的事迹及证据需收集和整理；梅先生晚年致力于人才培养，在多所高校任职中的学术成就的采集；还有，担任纺织部科技委副主任，当选中国工程院院士，当选全国政协委员，参与国家两个五年规划的制定，加入世贸组织后中国变成世界纺织大国的过程中他所发挥的作用等，这些梅先生人生轨迹中的几个关键点的证据、资料需要收集整理。

值得庆幸的是，梅先生采集工作小组是一个高效的团队，成员的年龄结构跨度从上世纪 40 年代到 90 年代，专业结构合理，分工明确，协调配合顺畅。到 2014 年 6 月，采集的录音录像材料时长超过 2800 小时，口述文字资料超过 50 万字。在此，我特别对采集小组全体成员四年来的辛勤劳动致以衷心的感谢。中国纺织工业联合会原会长王天凯大力支持并协调相关单位；中国纺织科学研究院原院长赵强高度重视此项工作，统筹管理项目，指导采集整理、传记撰写等工作；梅院士遗孀李椿和提供了大量资料，指导采集工作，并审读了传记；同时也要感谢梅自强学术成长资料采集小组全体组员在采访、调研、文档收集整理、历史背景考证等诸多方面所做出的重要努力。

采集中的事也令人感动。与梅先生相识或共事多年的王至薰、黄淑珍、黄秀宝女士，郁铭芳、姚穆、丁力、刘恒琦、周启澄、华用士、张怀良、蒋文惠、费青、夏鹤龄、梅建华、邱冠雄、戴顺林、谢应安等先生均年事已高，多数年届耄耋，不仅接受单独采访，有些还出席座谈会共同回忆探讨。原中国纺科院副总工程师梅建华在2014年春节前后两次，不顾胃癌晚期的病痛折磨，以羸弱之躯来到纺科院，坚持两个多小时，详述与梅自强在“文化大革命”前从事科研、“文化大革命”中一起下放的经历。2014年4月，当赵强带领我们采集小组在湖北安陆采访时，传来梅建华先生在京逝世的噩耗。

2014年上半年是紧张的采访，传记报告构思始于2014年6月，真正动笔是在8月初，夜以继日地写作，草稿完成于11月，后几经删勘增减，于12月上旬完成初稿。

在写作中，颇多思考和感悟。

有两种情况是写不了文章的，一是资料太少，二是资料太多。刚刚参与接手时，在许多重要历史节点上梅先生的资料空缺，是第一种情况，而后来，则是第二种情况。面对超过2800小时的录像录音，超过50万字的口述访谈，我只能采取挂一漏万的办法，在许多精彩纷呈的素材中，极力对比选择了一些我自认为可以表现梅先生精神的材料，用这些素材中对其学术风格、科学成就产生深刻影响的关键人物、重大事件和重要节点来进行描述，试图勾勒出梅先生学术思想、观点和理念产生、形成、发展的过程。

传记是严肃的学术传记，要以史实来还原梅先生的学术成长过程，容易写成事迹或者事件的堆砌。所以，我加入了不少当时历史背景材料，希望读者在了解梅先生一生的过程中，看到中国纺织工业乃至我们国家、社会的历史发展变化。

现代工业社会发端于纺织业，从这一点说，纺织似乎是“老掉牙”的传统产业。其实，纺织科技创新的步伐从未停止过。伴随着网络技术、现代材料、生命科学等相关产业的发展，新型纤维材料、高技术纺织品、高端装备等领域的先进技术不断涌现，信息网络技术与传统制造业的深度融合，实现了制造设备、生产管理系统的智能化，以及商业链条的重构，促进纺织产业在制造模式、生产组织形式、营销模式等方面发生了重要改变。通过了解梅先生的学术成就，可以改变人们普遍认为纺织没有高科技的偏见。

纺织是目前中国为数不多的具有国际竞争力的行业，其能力和规模占世界总量的50%以上，贸易总额也达到世界纺织品贸易的1/3以上。从新中国成立时纺织工业极端落后的情况，发展到名副其实的世界第一，中间经历的艰难曲折是中国工业现代化的缩影，对目前处于转轨升级中的中国制造业应该具有普遍的意义。

“老科学家学术成长资料采集工程”对学术传记的撰写有明确的要求：传记的重点在于以史实还原传主的学术成长过程，应通过其个人的学术成长经历这一主线，反映出其所属学科领域、技术门类的国际发展背景和国内发展过程、传主所在单位研究状况等。传记必须是真实的，不能推测，不能虚构；议论、评述不能脱离史实，论从史出。做到史料翔实，评价公允；不溢美、不拔高，不掩过，不推诿。引文与引用他人评论均须准确注明出处。报告应表达流畅，线索清晰，忌用文艺创作笔法，可以夹叙夹议，但议论不宜过多，避免对传主作不切实际的评价。

我虽然长期从事文字工作，但囿于新闻领域，没有从事历史研究的经历，过去的文章基本上都是谈论纺织经济和技术问题的，对严肃的学术传记一窍不通，要以史实来还原梅先生的学术成长过程是一种艰难的尝试。

这次借助采集工程获得的大量访谈记录，结合有关的档案史料，特别是通过当事人回忆的鲜为人知的史料记录，呈现和还原一些历史细节，最终完成了传记。成稿与“老科学家学术成长资料采集工程”的要求还有一定的差距，但是，只要严格按照学术研究的基本规范，准确使用他人研究的史料、史实和观点，把转引的资料或引述的观点、说法的原始出处注释清楚，宏观背景不错误，基本史实不虚构，专业叙述不离谱，就可以算是及格的产品吧。

“文章千古事”，为梅先生这样在业界奉为大师级的人物写传，已经超出了我的能力。鉴于采集小组已有走马换将的先例，我只好勉力为之。

在我没有加入团队之前，东华大学教授程隆棣曾坦言：“我觉得采集工程的事情应该有个专业基础较深的人士来参与，这不是一个简单的采访和编撰的事情。要有专业的人士参与的话才能写出灵魂来。不然的话，仅仅是个文字堆积记录，不是很合适。”我敢承担撰写也因为还比较熟悉纺织行业，除“文化大革命”中三年半插队外，先后有七年多纺织企业的历练，四年纺织本科学习，十多年纺织科研工作的经历和二十多年中国纺织报的专业报道经历，曾长期目睹梅先生的学术建树和高风亮节，常年追随先生出席各种专业研讨、项目论证、成果鉴定和科技奖项评审会议。在我看来，有幸能以科学研究为职业的人不少，而真正适合这一职业的人不多，能胜任并且干出卓越成就的人就更少了，可以把科研工作干出精神和事业的人，在任何时代、任何国家都属于凤毛麟角。梅先生就是凤毛麟角。

梅先生没有专门的传记著作。以我的愚钝，给属于凤毛麟角的梅先生作传，只能是诚惶诚恐，勉为其难，书中疏漏勘误定然不少，还望方家指正。

陆慕寒

2014 年 12 月 7 日于北京

老科学家学术成长资料采集工程丛书

已出版（76种）

《卷舒开合任天真：何泽慧传》
《从红壤到黄土：朱显谟传》
《山水人生：陈梦熊传》
《做一辈子研究生：林为干传》
《剑指苍穹：陈士橹传》

《情系山河：张光斗传》
《金霉素·牛棚·生物固氮：沈善炯传》
《胸怀大气：陶诗言传》
《本然化成：谢毓元传》
《一个共产党员的数学人生：谷超豪传》

《含章可贞：秦含章传》
《精业济群：彭司勋传》
《肝胆相照：吴孟超传》
《新青胜蓝惟所盼：陆婉珍传》
《核动力道路上的垦荒牛：彭士禄传》

《探赜索隐　止于至善：蔡启瑞传》
《碧空丹心：李敏华传》
《仁术宏愿：盛志勇传》
《踏遍青山矿业新：裴荣富传》
《求索军事医学之路：程天民传》

《一心向学：陈清如传》
《许身为国最难忘：陈能宽》
《钢锁苍龙　霸贯九州：方秦汉传》
《一丝一世界：郁铭芳传》
《宏才大略：严东生传》

《此生情怀寄树草：张宏达传》
《梦里麦田是金黄：庄巧生传》
《大音希声：应崇福传》
《寻找地层深处的光：田在艺传》
《举重若重：徐光宪传》

《魂牵心系原子梦：钱三强传》
《往事皆烟：朱尊权传》
《智者乐水：林秉南传》
《远望情怀：许学彦传》
《没有盲区的天空：王越传》

《行有则　知无涯：罗沛霖传》
《为了孩子的明天：张金哲传》
《梦想成真：张树政传》
《情系粱菽：卢良恕传》
《笺草释木六十年：王文采传》

《妙手生花：张涤生传》
《硅芯筑梦：王守武传》
《云卷云舒：黄士松传》
《让核技术接地气：陈子元传》
《论文写在大地上：徐锦堂传》

《铃记：张兴铃传》
《寻找沃土：赵其国传》
《虚怀若谷：黄维垣传》
《乐在图书山水间：常印佛传》
《碧水丹心：刘建康传》

《我的气象生涯：陈学溶百岁自述》
《赤子丹心 中华之光：王大珩传》
《根深方叶茂：唐有祺传》
《大爱化作田间行：余松烈传》
《格致桃李半公卿：沈克琦传》
《躬行出真知：王守觉传》
《草原之子：李博传》
《我的教育人生：申泮文百岁自述》
《阡陌舞者：曾德超传》
《妙手握奇珠：张丽珠传》
《追求卓越：郭慕孙传》
《走向奥维耶多：谢学锦传》
《绚丽多彩的光谱人生：黄本立传》

《宏才大略 科学人生：严东生传》
《航空报国 杏坛追梦：范绪箕传》
《聚变情怀终不改：李正武传》
《真善合美：蒋锡夔传》
《治水殆与禹同功：文伏波传》
《用生命谱写蓝色梦想：张炳炎传》
《远古生命的守望者：李星学传》
《探究河口 巡研海岸：陈吉余传》
《胰岛素探秘者：张友尚传》
《一个人与一个系科：于同隐传》
《究脑穷源探细胞：陈宜张传》
《星剑光芒射斗牛：赵伊君传》
《蓝天事业的垦荒人：屠基达传》